自我技术

福柯文选　III

[法] 米歇尔·福柯 著　汪民安 编

北京大学出版社
PEKING UNIVERSITY PRESS

图书在版编目(CIP)数据

自我技术 /(法)福柯(Foucault, M.)著；汪民安编.——北京：北京大学出版社，2015.11

ISBN 978-7-301-26304-4

I.①自… II.①福…②汪… III.①福柯(1926~1984)—哲学思想—文集 IV.①B565.59-53

中国版本图书馆 CIP 数据核字(2015)第 216116 号

书　　名	自我技术：福柯文选Ⅲ ZIWO JISHU: FUKE WENXUAN Ⅲ
著作责任者	[法]米歇尔·福柯 著　汪民安 编
责 任 编 辑	于海冰
特 约 编 辑	郭　峰
标 准 书 号	ISBN 978-7-301-26304-4
出 版 发 行	北京大学出版社
地　　　址	北京市海淀区成府路205号　100871
网　　　址	http://www.pup.cn　新浪微博:@北京大学出版社　@阅读培文
电 子 邮 箱	编辑部 pkupw@pup.cn　总编室 zpup@pup.cn
电　　　话	邮购部 010-62752015　发行部 010-62750672 编辑部 010-62750883
印 刷 者	天津联城印刷有限公司
经 销 者	新华书店
	880毫米×1230毫米　32开本　14.25印张　257千字 2016年11月第1版　2025年5月第14次印刷
定　　　价	57.00元

未经许可，不得以任何方式复制或抄袭本书之部分或全部内容。
版权所有，侵权必究
举报电话：010-62752024　电子邮箱：fd@pup.cn
图书如有印装质量问题，请与出版部联系，电话：010-62756370

目 录

编者前言：如何塑造主体 / III

对活人的治理 / 1

主体性和真理 / 11

为贞洁而战 / 23

自我技术 / 49

主体和权力 / 105

论伦理学的谱系学：研究进展一览 / 139

安全的危险 / 191

自我书写 / 219

自我关注的伦理学是一种自由实践 / 247

何谓直言？ / 285

说真话的勇气 / 373

"我想知道这关涉到什么"：福柯的最后一次访谈 / 413

编者前言 | 如何塑造主体

汪民安

福柯广为人知的三部著作《古典时代的疯癫史》《词与物》和《规训与惩罚》讲述的历史时段大致相同：基本上都是从文艺复兴到十八九世纪的现代时期。但是这些历史的主角不一样。《古典时代的疯癫史》讲述的是疯癫（疯人）的历史；《词与物》讲述的是人文科学的历史；《规训与惩罚》讲述的是惩罚和监狱的历史。这三个不相关的主题在同一个历史维度内平行展开。为什么要讲述这些从未被人讲过的沉默的历史？就是为了探索一种"现代主体的谱系学"。因为，正是在疯癫史、惩罚史和人文科学的历史中，今天日渐清晰的人的形象和主体形象缓缓浮现。福柯以权力理论闻名于世，但是，他"研究的总的主题，不是权力，而是主体"[1]。即，主体是如何形成的？也就是说，历史上到底出现了多少种权力技术和知识来塑造主体？有多少种模式来塑

---

[1] 见《主体与权力》一文，载本书第105页。

造主体？欧洲两千多年的文化发明了哪些权力技术和权力/知识，从而塑造出今天的主体和主体经验？福柯的著作，就是对历史中各种塑造主体的权力/知识模式的考究。总的来说，这样的问题可以归之于尼采式的道德谱系学的范畴，即现代人如何被塑造成型。但是，福柯无疑比尼采探讨的领域更为宽广、具体和细致。

由于福柯探讨的是主体的塑形，因此，只有在和主体相关联，只有在锻造主体的意义上，我们才能理解福柯的权力和权力/知识。权力/知识是一个密不可分的对子：知识被权力生产出来，随即它又产生权力功能，从而进一步巩固了权力。知识和权力构成管理和控制的两位一体，对主体进行塑造成形。就权力/知识而言，福柯有时候将主体塑造的重心放在权力方面，有时候又放在知识方面。如果说，《词与物》主要考察知识是如何塑造人，或者说，人是如何进入到知识的视野中，并成为知识的主体和客体，从而诞生了一门有关人的科学的；那么，《规训与惩罚》则主要讨论的是权力是怎样对人进行塑造和生产的：在此，人是如何被各种各样的权力规训机制所捕获、锻造和生产？而《古典时代的疯癫史》中，则是知识和权力的合为一体从而对疯癫进行捕获：权力制造出关于疯癫的知识，这种知识进一步加剧和巩固了对疯人的禁闭。这是福柯的权力/知识对主体的塑造。

　　无论是权力对主体的塑造还是知识对主体的塑造，它们的历史经历都以一种巴什拉尔所倡导的断裂方式进行（这种断裂在阿尔都塞对马克思的阅读那里也能看到）。在《古典时代的疯癫史》中，理性（人）对疯癫的理解和处置不断地出现断裂：在文艺复兴时期，理性同疯癫进行愉快的嬉戏；在古典时期，理性对疯癫进行谴责和禁闭；在现代时期，理性对疯癫进行治疗和感化。同样，在《规训与惩罚》中，古典时期的惩罚是镇压和暴力，现代时期的惩罚是规训和矫正；古典时期的惩罚意象是断头台，现代时期的惩罚意象是环形监狱。在《词与物》中，文艺复兴时期的知识型是"相似"，古典时期的知识型是"再现"，而现代知识型的标志是"人的诞生"。尽管疯癫、惩罚和知识型这三个主题迥异，但是，在18世纪末19世纪初，它们同时经历了一个历史性的变革，并且彼此之间遥相呼应：正是在这个时刻，在《词与物》中，人进入到科学的视野中，作为劳动的、活着的、说话的人被政治经济学、生物学和语文学所发现和捕捉：人既是知识的主体，也是知识的客体。一种现代的知识型出现了，一种关于人的新观念出现了，人道主义也就此出现了；那么，在此刻，惩罚就不得不变得更温和，欧洲野蛮的断头台就不得不退出舞台，更为人道的监狱就一定会诞生；在此刻，对疯人的严酷禁闭也遭到了谴责，更为"慈善"的精神病院出现了，疯癫不再被视作是需要惩罚的罪恶，而被看做是需要疗救的疾病；在此刻，无论是罪犯还是疯人，都重新被一种人道主义的目光所打量，同时也以一种人道主义的方式所处置。显然，《词与物》是《古典时代的疯癫史》和《规训与惩罚》的认识论前提。

无论是对待疯癫还是对待罪犯，现在不再是压制和消灭，而是改造和矫正。权力不是在抹去一种主体，而是创造出一种主体。对主体的考察，存在着多种多样的方式：在经济学中，主体被置放在生产关系和经济关系中；在语言学中，主体被置放在表意关系中；而福柯的特殊之处在于，他将主体置放于权力关系中。主体不仅受到经济和符号的支配，它还受到权力的支配。对权力的考察当然不是从福柯开始,但是,在福柯这里,一种新权力支配模式出现了,它针对的是人们熟悉的权力压抑模式。压抑模式几乎是大多数政治理论的出发点:在马克思及其庞大的左翼传统那里,是阶级之间的压制;在洛克开创的自由主义传统那里,是政府对民众的压制;在弗洛伊德,以及试图将弗洛伊德和马克思结合在一起的马尔库塞和赖希那里,是文明对性的压制;甚至在尼采的信徒德勒兹那里,也是社会编码对欲望机器的压制。事实上,统治—压抑模式是诸多的政治理论长期信奉的原理,它的主要表现就是司法模式——政治—法律就是一个统治和压制的主导机器。因此,20世纪以来各种反压制的口号就是解放,就是对统治、政权和法律的义无反顾的颠覆。而福柯的权力理论,就是同形形色色的压抑模式针锋相对,用他的说法,就是要在政治理论中砍掉法律的头颅。这种对政治—法律压抑模式的质疑,其根本信念就是,权力不是令人窒息的压制和抹杀,而是产出、矫正和造就。权力在制造。

在《性史》第一卷《认知意志》中,福柯直接将攻击的矛头指向压制模式:在性的领域,压制模式取得了广泛的共识,但福柯还是挑衅性地指出,性与其说是被压制,不如说是被权力所造就和生产：与其说权力在到处追逐和捕获性，不如说权力在到处滋生和产出性。一旦将权力同压制性的政治一法律进行剥离，或者说，一旦在政治法律之外谈论权力，那么，个体就不仅仅只是被政治和法律的目光所紧紧地盯住，进而成为一个法律主体；相反，他还受制于各种各样的遍布于社会毛细血管中的权力的铸造。个体不仅仅被法律塑形，而且被权力塑形。因此，福柯的政治理论，绝对不会在国家和社会的二分法传统中出没。实际上，福柯认为政治理论长期以来高估了国家的功能。国家，尤其是现代国家，实际上是并不那么重要的一种神秘抽象。在他这里，只有充斥着各种权力配置的具体细微的社会机制——他的历史视野中，几乎没有统治性的国家和政府，只有无穷无尽的规训和治理；几乎没有中心化的自上而下的权力的巨大压迫，只有遍布在社会中的无所不在的权力矫正；几乎没有两个阶级你死我活抗争的宏大叙事，只有四处涌现的权力及其如影随形的抵抗。无计其数的细微的权力关系，取代了国家和市民社会之间普遍性的抽象政治配方。对这些微末的而又无处不在的权力关系的耐心解剖，毫无疑问构成了福柯最引人注目的篇章。

这是福柯对十七八世纪以来的现代社会的分析。这些分析占据了他学术生涯的大部分时间。同时，这也是福柯整个谱系学构造中的两个部分。《词与物》和《临床医学的诞生》讨论的是知识对人的建构，《规训与惩罚》和《古典时代的疯癫史》关注的是权力对人的建构。不过，对于福柯来说，他的谱系研究不只是这两个领域，"谱系研究有三个领域。第一，我们自身的历史本体论与真理相关，通过它，我们将自己建构为知识主体；第二，我们自身的历史本体论与权力相关，通过它，我们将自己建构为作用于他人的行动主体；我们自身的历史本体论与伦理相关，通过它，我们将自己建构为道德代理人。"显然，到此为止，福柯还没有探讨道德主体，怎样建构为道德主体？什么是伦理？"你与自身应该保持的那种关系，即自我关系，我称之为伦理学，它决定了个人应该如何把自己构建成为自身行动的道德主体。"[1] 这种伦理学，正是福柯最后几年要探讨的主题。

在最后不到10年的时间里，福柯转向了伦理问题，转向了基督教和古代。为什么转向古代？福柯的一切研究只是为了探

---

[1] 见《论伦理学的谱系学：研究进展一览》一文，载本书第139页。

讨现在——这一点，他从康德关于启蒙的论述中找到了共鸣——他对过去的强烈兴趣，只是因为过去是现在的源头。他试图从现在一点点地往前逆推：现在的这些经验是怎样从过去转化而来？这就是他的谱系学方法论：从现在往前逆向回溯。在对17世纪以来的现代社会作了分析后，他发现，今天的历史，今天的主体经验，或许并不仅仅是现代社会的产物，而是一个更加久远的历史的产物。因此，他不能将自己限定在对十七八世纪以来的现代社会的探讨中。对现代社会的这些分析，毫无疑问只是今天经验的一部分解释。它并不能说明一切。这正是他和法兰克福学派的差异所在。事实上，十七八世纪的现代社会，以及现代社会涌现出来的如此之多的权力机制，到底来自何方？他抱着巨大的好奇心以他所特有的谱系学方式一直往前逆推，事实上，越到后来，他越推到了历史的深处，直至晚年抵达了希腊和希伯来文化这两大源头。

这两大源头，已经被反复穷尽了。福柯在这里能够说出什么新意？不像尼采和海德格尔那样，他并不以语文学见长。但是，他有他明确的问题框架，将这个问题框架套到古代身上的时候，古代就以完全的不同的面貌出现——几乎同所有的既定的哲学面貌迥异。福柯要讨论的是主体的构型，因此，希腊罗马文化、基督教文化之所以受到关注，只是因为它们各自以自己的方式在塑造主体。只不过是，这种主体塑形在现代和古代判然有别。我们看到了，17世纪以来的现代主体，主要是受到权力的支配和塑造。但是，在古代和基督教文化中，权力所寄生的机制并没有大量产生，只是从17世纪以来，福柯笔下的学校、医院、军营、工厂以及它们的集大成者监狱才会大规模地涌现，所有这些都是现代社会的发明和配置（这也是福柯在《规训与惩罚》中的探讨）。同样，也只是在文艺复兴之后的现代社会，语文学、生物学、政治经济学等关于人的科学，才在两个多世纪的漫长历程中逐渐形成。在古代，并不存在这如此之繁多而精巧的权力机制的锻造，也不存在现代社会如此之烦琐的知识型和人文科学的建构，那么，主体的塑形应该从什么地方着手？正是在古代，福柯发现了道德主体的建构模式——这也是他的整个谱系学构造中的第三种主体建构模式。这种模式的基础是自我技术：在古代，既然没有过多的外在的权力机制来改变自己，那么，更加显而易见的是自我来改变自我。这就是福柯意义上的自我技术:"个体能够通过自己的力量,或者他人的帮助,进行一系列对他们自身的身体及灵魂、思想、行为、存在方式的操控,以此达成自我的转变,以求获得某种幸福、纯洁、智慧、完美或不朽的状态。"[1]通过这样的自我技术,一种道德主体也因此而成形。

这就是古代社会塑造主体的方式。在古代社会,人们自己来改造自己,虽然这并不意味着不存在外在权力的支配技术(事实上,城邦有它的法律);同样,现代社会充斥着权力支配技术,但并不意味不存在自我技术(波德莱尔笔下的浪荡子就保有一种狂热的自我崇拜)。这两种技术经常结合在一起,相互应用。有时候,权力的支配技术只有借助于自我技术才能发挥作用。不仅如此,这两种技术也同时贯穿在古代社会和现代社会,并在不断地改变自己的面孔。古代的自我技术在现代社会有什么样的表现方式?反过来也可以问,现代的支配技术,是如何在古代酝酿的?重要的是,权力的支配技术和自我的支配技术是否有一个结合?这些问题

---

[1] 见《自我技术》一文,载本书第1页。

非常复杂，但是，我们还是可以非常图式化地说，如果在70年代，福柯探讨的是现代社会怎样通过权力机制来塑造主体，那么，在这之后，他着力探讨的是古代社会是通过怎样的自我技术来塑造主体，即人们是怎样自我改变自我的？自我改变自我的目的何在？技术何在？影响何在？也就是说，在古代存在一种怎样的自我文化？从希腊到基督教时期，这种自我技术和自我文化经历了怎样的变迁？这就是福柯晚年要探讨的问题。

事实上，福柯从两个方面讨论了古代的自我文化和自我技术。一个方面是，福柯将自我技术限定在性的领域。即古代人在性的领域是怎样自我支配的。这就是他的《性史》第二卷《快感的运用》和第三卷《关注自我》要讨论的问题。对于苏格拉底和柏拉图时代的希腊人而言，性并没有受到严厉的压制，并没有什么外在的律法和制度来强制性地控制人们的欲望，但是，人们正是在这里表现出一种对快感的主动控制，人们并没有放纵自己。为什么在一个性自由的环境中会主动控制自己的欲望和快感？对希腊人而言，这是为了获得一种美的名声，创造出个人的美学风格，赋予自己以一种特殊的生命之辉光：一种生存美学处在这种自我控制的目标核心。同时，这也是一种自由的践行：人们对自己欲望的控制是完全自主的，在这种自我控制中，人们获得了自由：对欲望和快感的自由，自我没有成为欲望和快感的奴隶，而是相反地成为它们的主人。因此，希腊人的自我控制恰好是一种自由实践。这种希腊人的生存美学，是在运用和控制快感的过程中来实现的，这种运用快感的技术，得益于希腊人勤勉的自我训练。我们看到，希腊人在性的领域所表现出来的自我技术，首先表现为一种生活艺术。或者也可以反过来说，希腊人的自我技术，是以生活艺术为目标的。但是，在此后，这种自我技术的场域、目的、手段和强度都发生了变化，经过了罗马时期的过渡之后，在基督教那里已经变得面目全非。在基督教文化中，性的控制变得越来越严厉了，但是，这种控制不是自我的主动选择，而是受到圣律的胁迫；自我技术实施的性领域不再是快感，而是欲望；不是创造了自我，而是摒弃了自我；其目标不是现世的美学和光辉，而是来世的不朽和纯洁。虽然一种主动的禁欲变成了一种被迫的禁欲，但是，希腊人这种控制自我的禁欲实践却被基督教借用了；也就是说，虽然伦理学的实体和目标发生了变化，但是，从希腊文化到基督教文化，一直存在着一种禁欲苦行的自我技术：并非是一个宽容的希腊文化和禁欲的基督教文化的断裂，相反，希腊的自我技术的苦行通过斯多葛派的中介，延伸到了基督教的自我技术之中。基督教的禁欲律条，在希腊罗马文化中已经萌芽了。

在另外一个方面，自我技术表现为自我关注。它不只限定在性的领域。希腊人有强烈的关注自我的愿望。这种强烈的愿望导致的结果自然就是要认识自我：关注自我，所以要认识自我。希腊人的这种关注自我，其重心、目标和原则也在不断地发生变化：在苏格拉底那里，关注自我同关注政治、关注城邦相关；但是在希腊文明晚期和罗马帝政时代，关注自己从政治和城邦中抽身出来，仅仅因为自己而关注自己，与政治无关；在苏格拉底那里，关注自己是年轻人的责任，也是年轻人的自我教育；在罗马时期，它变成了一个普遍原则，所有的人都应当关注自己，并终其一生。最重要的是，在苏格拉底那里，关注自己是要发现自己的秘密，是要认识自己；但在后来的斯多葛派那里，各种各样的关注自己的技术（书写、自我审察和自我修炼等），都旨在通过对过去经验的回忆和辨识，让既定真理进入主体之中，被主体消化和吸收，使之为再次进入现实做好准备——这决不是去发现和探讨主体的秘密，而是去改造和优化主体。而在基督教这里，关注自己的技术，通过对罪的忏悔、暴露、坦承和诉说，把自己倾空，从而放弃现世、婚姻和肉体，最终放弃自己。也就是说，基督教的关注自己却不无悖论地变成了弃绝自己，这种弃绝不是为了进入此世的现实，而是为了进入另一个来世现实。同"性"领域中的自我技术的历史一样，关注自我的历史，从苏格拉底到基督教时代，经过斯多葛派的过渡发生了一个巨大的变化：我们正是在这里看到了，西方文化经历了一个从认识自己到弃绝自己的漫长阶段。到了现代，基督教的忏悔所采纳的言词诉说的形式保留下来，不过，这不再是为了倾空自我和摒弃自我，而是为了建构一个新的自我。这就是福柯连续三年（1980、1981、1982）在法兰西学院的系列讲座《对活人的治理》《主体性和真理》以及《主体的解释学》所讨论的问题。

不过，在西方文化中，除了关注自我外，还存在大量的关注他人的现象。福柯所谓的自我技术，不仅指的是个体改变自我，而且还指的是个体在他人的帮助下来改变自我——牧师就是这样一个帮助他人、关注他人的代表。他关心他人，并且还针对着具体的个人。它确保、维持和改善每个个体的生活。这种针对个体并且关心他人的牧师权力又来自哪里？显然，它不是来自希腊世界，希腊发明了城邦—公民游戏，它衍生的是在法律统一框架中的政治权力，这种权力形成抽象的制度，针对着普遍民众；而牧师权力是具体的、特定的，它针对着个体和个体的灵魂。正是在此，福柯进入了希伯来文化中。他在希伯来文献中发现了大量的牧人和羊群的隐喻。牧人对于羊群细心照料，无微不至，了如指掌。他为羊群献身，他所做的每一件事情都有益于羊群。这种与城邦—公民游戏相对的牧人—羊群游戏被基督教接纳了，并且也做了相当大的改变：牧人—羊群的关系变成了上帝—人民的关系。在责任、服从、认知和行为实践方面，基督教对希伯来文化中的牧师权力都进行了大量的修改：现在，牧人对羊的一切都要负责；牧人和羊是一种彻底的个人服从关系；牧人对每只羊有彻底的了解；在牧人和羊的行为实践中贯穿着审察、忏悔、指引和顺从。这一切都是对希伯来文化中的牧人—羊群关系的修改，它是要让个体在世上以苦行的方式生存，这就构成了基督教的自我认同。不过，这种从希伯来文化发展而来，在基督教中得到延续和修正的牧师权力，同希腊文化中发展而成的政治—法律权力相互补充。前者针对着个体，后者针对着全体；前者是拯救性的，后者是压抑性的；前者是伦理的和宗教性的，后者是法律和制度性的；前者针对着灵魂，后者针对着行为。但是，在18世纪，它们巧妙地结为一体，形成了一个福柯称之为的被权力控制得天衣无缝的恶魔国家。因此，要获得解放，就不仅仅是要对抗总体性的权力，还要对抗那种个体化的权力。

显然，这种牧师权力的功能既不同于法律权力的压制和震慑，也不同于规训权力的改造和生产，它的目标是救赎。不过，基督教发展出来的一套拯救式的神学体制，并没有随着基督教的式微而销声匿迹，而是在十七八世纪以来逐渐世俗化的现代社会中以慈善和救护机构的名义扩散开来：拯救不是在来世，而是在现世；救助者不是牧师，而变成了世俗世界的国家、警察、慈善家、家庭和医院等机构；救助的技术不再是布道和忏悔，而是福利和安全。最终，救赎式的牧师权力变成了现代社会的生命权力；政治也由此变成了福柯反复讲到的生命政治：政治将人口和生命作为对象，力图让整个人口，让生命和生活都获得幸福，力图提高人口的生活和生命质量，力图让社会变得安全。就此，救赎式的牧师权力成为对生命进行投资的生命权力的一个重要来源。

以人口—生命为对象，对人口进行积极的调节、干预和管理，以提高生命质量为目标的生命政治，是福柯在70年代中期的重要主题。在《性史》的第一卷《求知意志》（1976），在法兰西学院讲座《必须保卫社会》（1976），《安全、领土、人口》（1978）、《生命政治的诞生》（1979）中，他从各个方面探究生命政治的起源和特点。我们已经看到了，它是久远的牧师权力技术在西方的现代回声；同时，它也是马基雅维利以来治理术的逻辑变化：在马基雅维利那里是对领土的治理，在16世纪末至17世纪初变成了对人的治理，对交织在一起的人和事的治理，也即是福柯所说的国家理性的治理：它将国家看成一个自然客体，看成是一套力量的综合体，它以国家本身、国家力量强大作为治理目标。这种国家理性是一种既不同于基督教也不同于马基雅维利的政治合理性，它要将国家内的一切纳入到其治理范围之内（并为此而发展出统计学），它无所不管。显然，要使国家强大，就势必要将个体整合进国家的力量中；要使国家强大，人口，它的规律、它的循环、它的寿命和质量，或许是最活跃最重大的因素。人口的质量，在某种意义上就是国家的质量。人口和国家相互强化。不仅如此，同这样的促进自己强大的国家理性相关，国家总是处在同另外国家的对抗中，正是在这种对抗和战争中，人口作为一个重要的要素而存在，国家为了战争的必要而将人口纳入到考量中。所有这些，都使得人口在18世纪逐渐成为国家理性的治安目标。国家理性的治理艺术是要优化人口，改善生活，促进幸福。最后，国家理性在18世纪中期出现了一个新的方向：自由主义的治理艺术开始了。自由主义倡导的简朴治理同包揽一切的国家理性是如此不同，以至于它看上去像是同国家理性的决裂。自由主义针对"管得太多"的国家理性，它的要求是尽可能少的管理。它的质疑是，为什么要治理？治理的必要性何在？因为自由主义的暗示是，"管得过多"虽然可能促进人们的福祉，但也可能剥夺人们的权利和安全，可以损害人们的利益，进而使人们置身于危险的生活——在整个19世纪，一种关于危险的想象和文化爆发出来。而自由主义正是消除各种危险（疾病的危险、犯罪的危险、经济的危险、人性堕落的危险等）的方法，它是对人们安全的维护和保障。如果说，17世纪开始发展出来的国家理性是确保生活和人口的质量，那么，18世纪发展起来的自由主义则是确保生活的安全。"自由与安全性的游戏，就位居新治理理性（即自由主义）的核心地位，而这种新治理理性的一般特征，正是我试图向大家描述的。自由主义所独有的东西，也就是我称为权力的经济的问题，实际上从内部维系着自由与安全性的互动关系……自由主义就是通过对安全性/自由之间互动关系的处理，来确保诸个体与群体遭遇危机的风险被控制在最低限度。"[1]正是在这个意义上，福柯将自由主义同样置放在生命政治的范畴之内。

就此，十七八世纪以来，政治的目标逐渐地转向了投资生命：生命开始被各种各样的权力技术所包围、所保护。福柯法兰西学院讲座的标题是：社会必须保护！生命政治，是各种治理技术、政治技术和权力技术在18世纪的一个大汇聚。由此，社会实践、观念和学科知识重新得以组织——福

---

[1] 见《自由主义的治理艺术》一文，载《什么是批判：福柯文选 Ⅱ》第247页。

柯用一种隐喻的方式说——以血为象征的社会进入到以性为象征的社会，置死的社会变成了放生的社会，寻求惩罚的社会变成了寻求安全的社会，排斥和区分的社会变成了人道和救赎的社会，全面管理的社会变成了自由放任的社会。与此相呼应，对国家要总体了解的统计学和政治经济学也开始出现。除此之外，福柯还围绕生命政治，从各个不同的角度来谈论18世纪发生的观念和机制的转变：他以令人炫目的历史目光谈到了医学和疾病的变化、城市和空间的变化、环境和自然的变化。他在《认知意志》中精彩绝伦的（或许是他所有著作中最精彩的）最后一章中，基于保护生命和保护社会的角度，提出了战争、屠杀和死亡的问题——也即是，以保护生命为宗旨的生命政治，为什么导致屠杀？这是生命政治和死亡政治的吊诡关系。正是在这里，他对历史上的各种杀人游戏作了独具一格的精辟分析。这些分析毫无疑问击中了今天的历史，使得生命政治成为福柯在今天最有启发性的话题。

在这里，我们看到了福柯的塑造主体的模式：一种是真理的塑造（人文科学将人同时建构为主体和客体）；一种是权力的塑造（排斥权力塑造出疯癫，规训权力塑造出犯人);一种是伦理的塑造(也可以称为自我塑造,它既表现为古代社会的自我关注,也在古代的性快感的领域中得以实践)。后两种塑造都可以称为支配技术,一种是支配他人的技术,一种是支配自我的技术,"这种支配他人的技术与支配自我的技术之间的接触,我称之为治理术"[1]。它的最早雏形无疑是牧师权力,经过基督教的过渡后转化为国家理性和自由主义,最终形成了现代社会的权力结构。这就是福柯对现代主体谱系的考究。

这种考究非常复杂。其起源既不稳定也不单一。它们的线索贯穿于整个西方历史,在不同的时期,相互分叉,也相互交织;相互冲突,也相互调配。这也是谱系学的一个核心原则:起源本身充满着竞争。正是这种来自开端的竞技,使得历史本身充满着盘旋、回复、争执和喧哗。历史,在谱系学的意义上,并不是一个一泻千里、酣畅淋漓的故事。

显然,在主体的谱系这一点上,福柯对任何的单一叙事充满了警觉。马克思将主体置于经济关系中,韦伯和法兰

---

[1] 见《自我技术》一文,载本书第 1 页。

克福学派将主体置于理性关系中，尼采将主体置入道德关系中。针对这三种最重要的叙事，福柯将主体置于权力关系中。这种权力关系，既同法兰克福学派的理性相关，也同尼采的道德相关。尽管他认为法兰克福学派从理性出发所探讨的主题跟他从权力出发探讨的主题非常接近，他的监狱群岛概念同韦伯的铁笼概念也非常接近，并因此对后者十分尊重，但他还是对法兰克福学派单一的理性批判持有保留态度。他探讨的历史更加久远，绝不限于启蒙理性之中；他的自我支配的观点同法兰克福学派的单纯的制度支配观点相抗衡；他并不将现代社会的个体看做是单面之人和抽象之人（这恰恰是人们对他的误解），同样，尽管他的伦理视野接续的是尼采，他的惩罚思想也来自尼采，但是，他丰富和补充了尼采所欠缺的制度维度，这是个充满了细节和具体性的尼采；尽管他对权力的理解同尼采也脱不了干系，但是，权力最终被他运用到不同的领域。正如德勒兹所说的，他把尼采射出来的箭拣起来，射向另一个孤独的方向。

事实上，福柯的独创性总是表现在对既定的观念的批判和质疑上面。针对希腊思想所发展的普遍性的政治—法律权力，福柯提出了缘自希伯来文明中针对个体的牧师权力；针对国家对民众的一般统治技术，福柯提出了个体内部的自我技术；针对权力技术对个体的压制，福柯提出了权力技术对个体的救助；针对着对事的治理，福柯也提出了对人口的治理；针对着否定性的权力，福柯提出了肯定性的权力；针对着普遍理性，福柯提出了到处分叉的特定理性；针对着总是要澄清思想本身的思想史，福柯提出了没有思想内容的完全是形式化的思想史；针对着要去索取意义的解释学，福柯提出了摈弃意义的考古学；针对着往后按照因果逻辑顺势推演的历史学，福柯提出了往前逆推的谱系学。针对自我和他人的交往关系，福柯提出了自我同自我的关系；针对着认知自己，福柯提出了关注自己。他总是发现了历史的另外一面，并且以其渊博、敏感和洞见将这一面和盘托出，划破了历史的长久而顽固的沉默。

福柯雄心勃勃地试图对整个西方文化作出一种全景式的勾勒：从希腊思想到20世纪的自由主义，从哲学到文学，从宗教到法律，从政治到历史，他无所不谈。这也是他在各个学科被广为推崇的原因。或许，在整个20世纪，没有一个人像福柯这样影响了如此之多的学科。关键是，福柯文化历史的勾勒绝非一般所谓的哲学史或者思想史那样的泛泛而谈，不是围绕着几个伟大的哲学家姓名作一番提纲挈领式的勾勒和回顾。这是福柯同黑格尔的不同之处。同大多数历史学家完全不一样，福柯也不是罗列一些围绕着帝王和政权而发生的重大历史事件，在这些历史事件之间编织穿梭，从而将它们贯穿成一部所谓的通史。在这个意义上，福柯既非传统意义上的哲学家，也非传统意义上的历史学家。他也不是历史和哲学的一个奇怪的杂交。他讨论的是哲学和思想，但这种哲学和思想是在历史和政治中出没；对于他来说，哲学就是历史和政治的诡异交织。不过，福柯出没其中的历史，是历史学无暇光顾的领域，是从未被人赋予意义的历史。福柯怎样描述他的历史？在他这里，性的历史，没有性；监狱的历史，没有监狱；疯癫的历史，没有疯子；知识的历史，没有知识内容。用他的说法，他的历史，是无源之水、无本之木的历史——这是他的考古学视角下的历史。他也不是像通常的历史学家那样试图通过历史的叙述来描写出一种理论模式。福柯的历史，用他自己的说法，是真理游戏的历史。这个真理游戏，是一种主体、知识、经验和权力之间的复杂游戏：

主体正是借助真理游戏在这个历史中建构和塑造了自身。

　　他晚年进入的希腊同之前的海德格尔的希腊完全是两个世界，希腊不是以一种哲学起源的形象出现。在福柯这里，并没有一个所谓的柏拉图主义，而柏拉图主义无论如何是尼采、海德格尔、德里达和德勒兹都共同面对的问题。在希腊世界中，福柯并不关注一和多这样的形而上学问题，甚至也不关注城邦组织的政治问题；尽管在希腊世界，他也发现了尼采式的生存美学，但是这种美学同尼采的基于酒神游戏的美学并不相同，这是希腊人的自由实践——福柯闯入了古代，但决不在前人穷尽的领域中斡旋，而是自己新挖了一个地盘。他的基督教研究的著述虽然还没有完全面世（他临终前叮嘱，他已经写完的关于基督教的《肉欲的告白》不能出版，现在看到他讨论基督教的只有几篇零星文章），但毫无疑问同任何的神学旨趣毫无关联。他不讨论上帝和信仰。基督教被讨论，只是在信徒的生活技术的层面上，在自我关注和自我认知的层面上被讨论。他谈到过文艺复兴，但几乎不涉及人的发现，而是涉及一个独特的名为"相似"的知识型，涉及大街上谈笑风生的疯子。他谈及他所谓的古典时期

（17世纪到18世纪末），他谈论这个时期的理性，但几乎没有专门谈论笛卡尔（只是在和德里达围绕着有关笛卡尔的一个细节展开过争论）和莱布尼兹，他津津乐道的是画家委拉斯贵支。作为法兰西学院的思想系统史教授，他对法国的启蒙运动几乎是保持着令人惊讶的沉默——即便他有专门的论述启蒙和批判的专文，他极少提及卢梭、伏尔泰和狄德罗。而到了所谓的现代时期，他故意避免提及法国大革命（尽管法国大革命在他的内心深处无所不在，大革命是他最重要的历史分期）。他谈到了19世纪的现代性，但这个概念同主导性的韦伯的理性概念无关。他的19世纪似乎也不存在黑格尔和马克思。他几乎不专门谈论哲学和哲学家（除了谈论过尼采），他也不讨论通常意义上的思想家，不在那些被奉为经典的著述的字里行间反复地去爬梳。福柯的历史主角，偏爱的是一些无名者，即便是被历史镌刻过名字，也往往是些声名狼藉者。不过，相对于传统上的伟大的欧洲姓名，福柯倒是对同时代人毫不吝惜地献出他的致敬：不管是布朗肖还是巴塔耶，不管是克罗索斯基还是德勒兹。

在某种意义上，福柯写出的是完美之书：每一本书都是一个全新的世界,无论是领域还是材料;无论是对象还是构造本身。他参阅了大量的文献——但是这些文献如此地陌生,似乎从来没有进入过学院的视野中。他将这些陌生的文献点燃,使之光彩夺目,从而成为思考的重锤。有一些书是如此地抽象,没有引文,犹如一个空中楼阁在无穷无尽地盘旋和缠绕(如《知识考古学》);有一些书如此地具体,全是真实的布满尘土的档案,但是,从这些垂死的档案的字里行间,一种充满激情的思想腾空而起(《规训与惩罚》);有一些书是如此地奇诡和迥异,仿佛在一个无人经过的荒漠中发出狄奥尼索斯式的被压抑的浪漫呐喊(《古典时代的疯癫史》);有一些书如此地条分缕析,但又是如此艰深晦涩,这两种对峙的决不妥协的风格引诱出一种甜蜜的折磨(《词与物》);有一些书如此地平静和庄重,但又如此地充满着内在紧张,犹如波澜在平静的大海底下涌动(《快感的运用》)。福柯溢出了学术机制的范畴。除了尼采之外,人们甚至在这里看不到什么来源。但是,从形式上来说,他的书同尼采的书完全迥异。因此,他的书看起来好像是从天而降,似乎不活在任何的学术体制和学术传统中。他仿佛是自己生出了自己。在这方面,他如同一个创造性的艺术家一样写作。确实，相较于传承，他更像是在创作和发明——无论是主题还是风格。我们只能说，他创造出一种独一无二的风格：几乎找不到什么历史类似物，找不到类似于他的同道（就这一点而言，他和尼采有着惊人的相似），尽管在他写作之际，他的主题完全溢出了学院的范畴，但是，在今天，他开拓的这些主题和思想几乎全面征服了学院，变成了学院内部的时尚。他的思想闪电劈开了一道深渊般的沟壑：在他之后，思想再也不能一成不变地像原先那样思想了。尽管他的主题征服了学院，并有如此之多的追随者，但是，他的风格则是学院无法效仿的——这是他的神秘印记：这也是玄妙和典雅、繁复和简洁、疾奔和舒缓、大声呐喊和喃喃低语的多重变奏，这既是批判的诗篇，也是布道的神曲。

对活人的治理

编者按

　　这是福柯1980年法兰西学院同名课程的总结。这门课程的完整讲稿也已整理出版。这门课程主要讨论的是公元2世纪之后的基督教的自我治理艺术——也就是说，福柯关注的对象从个体的如何被治理，转变为个体如何自我治理。而自我治理，或者说，自我技术，正是在基督教突出的忏悔实践中表现出来——福柯在这里着重分析了两种忏悔实践。在福柯已经出版的所有著作中，就是缺乏对基督教的专门研究。事实上，福柯对希腊罗马时期、文艺复兴时期，以及现代时期都有不少专门的著作进行讨论。他关于基督教的研究文章收录在《肉体的忏悔》（*The Confession of the Flesh*）中，也即他的《性史》计划中的第四卷。但福柯生前不让人出版这本著作。福柯有关基督教方面的文章，现在能够看到的主要有《自我技术》（见本书），以及《为贞节而战》（*The Battle for Chastity*）等。

今年课程的内容源于前些年对"治理"这个主题的研究。广义上，可以将"治理"理解为指导人行为的技术和程序。对儿童的治理，对灵魂和良心的治理，对家政、城邦或者自身的治理，正是在这一宽泛的框架中，我们可以对自我审察和忏悔进行研究。

在谈到苦修的圣礼时，托马索·德·维欧（Tomaso de Vio）将罪行的忏悔称之为"真理行为"（act of truth）。[1]我们是在柯赫坦（Cajetan）的意义上使用这一术语的。这里有一个问题：在西方基督教文化中，对人的治理不仅要求这些被引导的人有遵守和服从的行为，还需要有"真理行为"，后者特别地要求，不仅仅是主体要讲出真理，而且，他还要讲出有关他自身、他的过错、他的欲望以及他的灵魂状况等的真理。这是怎么回事？不是简单地要求一个人遵从，而是要通过一种陈述来揭示他自身，这样一种对人的治理模式是如何形成的？

在对"真理制度"的概念做了理论上的介绍之后，这次课程的主要部分还是放在研究早期基督教中灵魂审察以及忏悔的程序上。这其中有两个概念需要注意，它们分别伴

---

[1] Father T. De Vio, *De Confessione questiones*, in *Opuscula*（Paris: Regnault, 1530）.

随着一种特殊的实践："对事实的认知"（exomologēsis）和坦承（exagoreusis）。对"exomologēsis"这一术语的研究表明，它经常是在一个宽泛的意义上加以运用的：它指的是这样一种行为：不仅要揭示真理，还要展示主体对这一真理的坚守；要把一个人的信仰展示出来，就不仅仅是要证实信仰的内容，还要证实这个信仰行为；这就使证实的行为成为需要被证实的对象，进而为自身或他人作出确证。"exomologēsis"是对证实行为的强调，它首当其冲要强调的是这样一种事实：主体将自身和证实行为捆绑在一起，并接受其后果。

对基督徒而言，作为一种"信仰行为"的展示是必不可少的，在他们看来，教导和启示的真理并非简单的是他所接受的信仰，而是自身要承担的义务：坚持他的信仰；接受对这些信仰作出证实的权威；如果需要的话，要公开表明自己的信仰；根据信仰来生活；等等。然而，早期也有一种不同类型的展示：罪的展示。这两者之间有很大的不同。认识到自己已是罪人，这对即将接受洗礼的新信徒和易于犯错的基督徒来说，都是一项义务。对于后者，《使徒遗训》（Didascalia）中规定，教徒要在会众面前展示出他们的罪行。[1]看起来，这种"忏悔"在当时所采用的方式，并非是对越轨行为进行公开而详细的陈述；而是一种集体化的仪式过程：每个人在内心都承认，自己是上帝面前的罪人。正是那些严重罪行——特别是邪神崇拜、通奸、杀人，以及在宗教迫害和叛教之际——才使过错展示的特殊性得以彰显：它是回复原状的一个条件，并与一种复杂的公开仪式紧密相连。

2世纪到5世纪忏悔实践的历史表明，展示并没有采用言语坦白的形式审察各种罪行及其境况，另外，它是在有权减免忏悔的人面前按照一套规范的形式进行的，但也不能因此而得到豁免。苦修是一种状态，它在举行一种仪式后开始，在另一种仪式后结束（通常是在临终之时）。在这两个时刻之间，忏悔者通过禁欲、苦行、生活方式、服饰，明确的悔罪态度展示自己的罪过——总之，这是一个完整的戏剧化情景，在此，言语表达退居其次，对具体过失的陈述分析似乎也消失了。可能，在和解之前，要举行一场特殊仪式，而把这个仪式说成是"公开展示"，这有点特别。但即便如

---

[1]《使徒遗训》(*Didascalia*)，十二使徒及其门徒的教义，一本3世纪的基督教会文献，其古希腊原本已经佚失了。现仅存一种改编本，收录于abbé F. Nau 译 的 *Apostolic Constitutions: Constitutions apostoliques: Didascalie, c'està-dire l'enseignement catholique des douze apôtres et des saints disciples de Notre Saveur*(Paris: Firmin Didot, 1902)头六本书中。

此,在这种情况下,"公开展示"仍然是一种戏剧性和综合性的展现,在此,罪人对所有罪过供认不讳;他也可以通过这种展示证实他的认罪,这种展示既明显地将他与罪人状态联系在了一起,同时也为其解脱做好了准备。苦修教规中的罪的忏悔,系统地采用言语表达的方式,这是在后来才开始的——先是因为苦修实践要付出高昂的代价,后来是从12、13世纪开始——在这个时候,这种忏悔仪式才被组织起来。

在修道制度中,忏悔行为采用了一种完全不同的形式(但当修士犯了相当严重的罪行时,也没有完全排除当众展示的形式)。要研究修士生活中这种忏悔行为,在涉及引导心灵的技术时,我们需要对格西安(Cassian)的著作《演说集》(*Conferences*)以及《隐修规章》(*Institutes of Cenobites*)[1]进行更为细致的研究。这里有三个方面需要着重加以分析:对年长者和教师的依赖模式;对个体自身良心审察进行引导的方法;事无巨细毫不保留地描述出自身心灵冲动的责任——"坦承"(*exagoreusis*)。与古代哲学相比,这三个方面呈现出很多的不同之处。大致说来,在修道

---

[1] J. Cassian, *Institutions cénobitiques*, J. C. Guy trans.(Paris: Cerf, 1965). *Conférences*, Dom E. Pichery trans.(Paris: Cerf):卷一(1966),卷二(1967),卷 三(1971) [*The Institutes of the Coenobia and Conferences*, Edgar C. S. Gibson trans. in *A Select Library of Nicene and Post-Nicene Fathers* (Grand Rapids, Mich.: Eerdman's, 1978),卷十一].

体制中，在生活的各个方面，与导师之间都是一种绝对而牢靠的遵从关系，而且，原则上，新的信徒没有任何主动权；尽管这种关系的功效取决于导师自身的水平，但无论其遵从的导师是谁，这种遵从形式本身无疑具有积极的作用；最后，尽管这种服从对于新的信徒而言是完全必要的，而且按照规定导师必须为年长的人，但是，仅仅年龄上的差距并不足以合理地确定这样一种关系——一方面是因为指导能力是一种感召力，另一方面，服从也必须以一种谦卑的形式建构自我与他人的持久关系。

对良心的审察同样与古代哲学流派的要求有很大的差别。当然，和后者一样，它包含了两种主要的形式：在晚上，对刚逝去的一天的回想；持续地充满警惕地关注自己。第二种形式在格西安所描述的隐修生活方式中最为重要。它的步骤清楚地表明，它并非是要明确，做什么可以防止越轨，做什么可以去辨识人们的所作所为是否已经越轨。它是要控制思想事件，要深入探究思想的源头并研究其从何而来（上帝，自我，还是魔鬼），还要对之进行一番清理（格西安在描述这些清理时使用了一些隐喻，其中最重要的，是那个关于检查硬币的货币兑换商的）。格西安《演说集》中最令人关注的一篇是探讨"思想的不稳定性"——这与圣雪吕纳（Abbot Serenus）的观点相关——由此确立了自我审察的主导地位，这种审察无疑使得沉思的一致性和连续性成为可能。[1]

至于格西安所规定的忏悔，它不仅仅是对所犯罪行的简单陈述，也并非个体灵魂状况的全面袒露；它的必然趋势是用言词连续不断地说出全部的思想冲动。这种忏悔使得导师可以提供建议并给予诊断：格西安由此讲述了咨询的例子；有时会有些年长者参与其中并提出意见。但是言词讲述对内心也有作用，这仅仅是因为它将内心冲动转化为言辞，向另一个人诉说。尤其是，"清理"，它作为审察的目标之一，也是通过言辞诉说而完成的，同时，它也借助了羞愧的三种机制：因为表述邪念而羞愧；因为内心状况被言辞说出来而变成可见的事实而羞愧；因为藏在意识阴暗处的诱惑性和欺骗性的魔鬼被与它势不两立的光亮暴露在众目睽睽之下而羞愧。就此而言，忏悔就是通过言说将意识的"秘密"持续不断的外在化。

无条件的服从，持续不断的审察，以及巨细无遗的忏悔形成了一个统一的整体，每一个部分都暗示着另外两个

---

[1] Cassian, *Première conférence de l'abbé Serenus, de la mobilité de l'âme et des ésprits du mal,* in *Conférences,* I, pp.242-277.

部分。将个体内部深藏的真理用语词表达出来是实现人和人之间相互治理的必要因素,这种方式在4世纪初时就在僧侣——特别是住院修士——机构中开始施行了。但需要特别指出的是,这种表达并非是为了确立个体对自我的绝对主权;相反,它所期望的是谦卑和克制、是对自我的摆脱,是去建构一种自我关系从而将自我的形式摧毁。

(张凯　译)

主体性和真理

编者按

　　这是福柯1981年法兰西学院同名课程的总结。接着上一年度讨论的（2世纪以后的）基督教的自我技术，福柯这一年讨论的是基督教之前的几个世纪（公元前1世纪到公元2世纪）的自我技术。这种自我技术在性快感领域中展开。详细的讨论还可以参考福柯的《性史》第三卷《关注自我》。更早期的自我技术，福柯在《性史》第二卷《快感的运用》中进行了讨论。实际上，福柯分三个时期来讨论从希腊到基督教时期的自我技术的特点。这次课程讨论的是中间的一个时期，在某种意义上，这个时期的自我技术呈现出从希腊时期到基督教时期过渡的特点。

今年的课程是关于一本即将出版的著作，所以这里做一个简要的概述就可以了。

在"主体性和真理"这个总标题下，开始探讨的是关于自我认知的制度化模式及其历史的问题：主体作为认知的可能的、渴望的，甚至是不可或缺的对象，在不同的时刻、不同的制度条件下，是如何确立起来的？人可能具有的经验和人对自身的认知是如何按照一定的方案组织起来的？这些方案是如何被规定、估价、推荐、利用的？显然，不管是诉诸原始经验，还是对灵魂、情感或身体的哲学理论所作的研究，都无法作为这种调查研究的主线。对这种研究最有用的指导线索，似乎是由人们可能称作的"自我技术"构成的。"自我技术"，也就是说，无疑是存在于一切文明中的对个体进行建议或规定的一系列措施，为的是按照某些目的、通过自我控制或自我认知的关系，去确定个体的身份、保持这种身份或改变这种身份。简言之，这使得"认识自我"这一命令——这在我们看来是我们文明的典型特征——重新受到更加宽泛的质询，这种质询是它或隐或现的语境。一个人对自己应该做些什么？对自己应该展开什么样的活动？一个人应该如何通过下述的行为来"管理自己"？——在这些行为中，人自身就是行为的对象，也是行为实施的领域，是行为工具，也是行为主体。

我们可以将柏拉图的《亚西比德》视为出发点[1]："关注自我"的问题，在这个文本中是作为总体框架而出现的，在这个框架内，自我认识的命令获得了重要意义。这一系列研究就是从这里开始设想的，它们可能形成一种"自我关注"的历史，自我关注被理解为一种经验，因此也被理解为阐释和改变这种经验的技术。这一项计划处于以前讨论过的两个主题的交叉点：主体性的历史和对各种"治理术"形式的分析。主体性历史始于对社会区分的研究，而对社会进行区分，凭借的是疯癫、疾病和过失，以及它们对理性而正常的主体的建构所产生的影响。当在一些诸如讨论语言，劳动和生命的知识学科中努力确定主体的客体化模式时，主体性研究也开始着手了。至于"治理术"的研究，符合双重目的：对"权力"的普遍观念进行必要的批判（这个权力，即多少有些含混地设想为围绕着一个中心所组织起来单一体系，这个中心同时也是权力的源泉；它也是一个由其内在扩张动力所驱动的体系）；进而，将权力分析为一种战略性的关系领域：关注他者的行为；根据情形、体制框架、社会群体以及它们的历史发展阶段，来运用不同的步骤

---

[1] Plato, *Alcibiade*, trans. M. Croiset (Paris: Belles Lettres, 1925). [Plato, *Alcibiades*, trans. W.R.M.Lamb, in *Plato* (Cambridge, Mass.: Harvard, 1967), vol. 12.]

和技术。我已经出版的关于监禁和规训的研究、我致力于国家理性和"治理艺术"的课程,以及我与阿莱特·法尔热(Arlette Farge)正在准备出版的关于18世纪国王手谕(letters de cachet)[1]的合著,构成了对"治理术"进行分析的诸要素。

因此,"自我关注"和"自我技术"的历史,将是研究主体性历史的一种方式。然而,这种方式不再是对疯癫和正常、疾病和健康、罪犯和非罪犯之间进行区分,也不是对科学的客体性领域(它包括生命主体、语言主体和劳动主体)进行建构。相反,它是在我们文化中去理顺和改变"自我与自我的关系"及其技术装备和知识效应。以这种方式,人们可以从一个不同的角度着手处理治理术的问题:将人们的自我管理同他与他人的关系联系在一起(诸如人们在教育学、行为忠告、精神指导、生活方式的规定等等中所看到的那样)。

今年所作的研究在两方面限定这个总体框架。历史的限定:我们研究的是希腊和罗马文化中发展出来的,从公元前1世纪延续到公元2世纪的存在于哲学家、道德家和医生那里

---

[1] M. Foucault and A. Farge, le Desordre des familles: Lettres de cachet des archives de la Bastille au VIII siecle (Paris: Gallimard-Julliard, 1982).

的"存在技术"和"生活艺术"。领域的限定：只考虑这种生活技术在希腊人称为"性快感"（aphrodisia）的那类行为中的运用，对此，我们的"性"（sexuality）的概念显然是一个十分不恰当的翻译。这样，就产生了下面的问题：在基督教发展的前夕，哲学的和医学的生活技术是如何界定和管理性行为实践的？我们看到，这离由古老的压抑假说及其习惯性的问题（欲望为何被压抑，怎样被压抑）所建构的性历史是多么的遥远！这是行为和快感的问题，而不是欲望的问题。它关涉的问题是，生活技术如何导致自我的形成，而不是法律和禁令产生怎样的压制。我们试图要说明的，不是性如何受到抑制，而是在我们的社会中将性和主体联系起来的那个漫长的历史是如何开端的。

将性行为方面的关注自我，及时地看做是在某个特定时刻出现的，这是完全武断的。但给（基督教之前几个世纪的自我技术）设定个时间范围则有其理由。实际上，"自我技术"——对生活方式、生存选择、人的行为的管理方式、人对目的和手段的依附方式所作的反思——无疑在希腊和罗马时期经历了长足的发展，以至吸引了很大一部分哲学对之进行探索。这种发展不能同罗马帝国新的军事贵族的重要性、都市社会的发展、政治权力的新配置分离开来。自我管理及其特有的技术，在教育制度和救赎宗教"之间"出现。但这不应该看做年代学的接续，即便确实如此：未来公民的教育问题，似乎在古希腊引起了更多的兴趣和反思，而在这之后，将来和来世的问题引发了更多的焦虑。也不应当认为，教育学、自我管理和救赎宗教构成了三个完全不同的领域、使用不同的概念和方法。实际上在这三者之间有着无数的交叉和一定的连续性。事实是，成年人的自我技术，只要它摆脱了教育体制和救赎宗教投射在它身上的回顾性阴影，就可以对这段时期它所呈现出的特性和广度进行分析。

因此，希腊时期和罗马时期发展出来的这种自我管理的艺术，对于性行为伦理及其历史非常重要。实际上，正是在这里——而不是在基督教中——历史悠久、名声卓著的婚姻约定原则得到了系统阐释：对夫妻关系之外的任何性活动的杜绝；性行为是为了繁衍后代；牺牲快感目的；婚姻双方的性关系应具备情感功能，等等。但这还不是一切。也正是在这种自我技术中，人们注意到，对性行为及其影响的担忧出现了。这种担忧，很容易被认为是起源于基督教。（如果不是被认为起源于资本主义或"资产阶级道德"的话！）当然，这一时期的性行为问题，较之后来基督教中的肉体及其欲望问题,其重要性远远不及。例如,在希腊和罗马道德家那里,愤怒或命运反复无常等这类问题,无疑比性关系问题更为重大。不过,即便性关系并非人们关注的首要问题,但注意到这些自我技术是如何将性行为规则与整个生存状态连接在一起的,仍旧非常重要。

在今年的课程中,我们将集中在这些自我技术与性快感统治的关系的四个范例上。

1. 梦之解析。阿提米多鲁斯(Artemidorus)的《梦的解析》(Oneirocritica)[1]第一卷第78—80章是这方面的主要文本。这里提出的问题与性行为实践没有直接的关系,而是跟性梦的使用有关。大致上,这个文本确定了性行为在日常生活中应当具备的预言价值:根据梦所显示出的性关系的类型,人们可以预料事件的吉凶。这类文本显然对道德不作任何的规定,但通过梦的形象所表现出的肯定或否定的意义,

---

[1] Artemidorus, *La Clef des songes: Onirocriticon*, trans. A. J. Festugiere (Paris: Vrin, 1975), bk. 1, chs.78-80, pp.84-93. [Artemidorus, *The Interpretation of Dreams: Oneirocritica*, trans. R. J. White (Park Ridge, N. J.: Noyes, 1975), bk. 1, pp.58-66.]

它的确揭示了（在性行为和社会生活之间）一整套相互关系，和一整套区分性的评价系统（将彼此有关联的诸多性行为进行等级化）。

2. 医学制度。这些制度的直接目的是给性行为选定一个"尺度"。值得注意的是，这个尺度基本上同性行为的形式（自然的或不自然的，正常的或不正常的）无关，而与性行为的频率和时机有关。需要慎重对待的，只是数量和时机。对盖伦（Galen）庞大理论体系的研究，就清楚地表明，在医学思想和哲学思想看来，性行为和个体死亡之间有一个确定的联系（因为每个生命都注定要死去，但这种物种要永存，所以，大自然只好创造出了性生育的机制）；它同时也清楚地表明，在性行为中，它所包含的生命元素有一种根本的、猛烈的、爆发性的和危险的消耗。医学制度没完没了地建议对性要小心谨慎，就此，恰当地说，对医学制度的研究（在以弗所的鲁福斯（Rufus of Ephesus）、阿忒纳乌斯（Athenacus）、盖伦、索兰纳斯（Soranus）那里）就表明，在性行为和个体生命之间建立了一套复杂和微妙的关系：性行为对所有可能有害的外部和内部环境极度敏感；每一个性行为对身体各个组成部分有着巨大的影响。

3. 婚姻生活。我们所研究的这一时期的关于婚姻的论文为数众多。所保留下来的有穆索尼乌斯·鲁福斯（Musonius Rufus）、塔尔索的安提帕特（Antipater of Tarsus）或希洛克勒斯（Hierocles）以及普鲁塔克（Plutarch）的著作。它们不仅显示了对婚姻的重视（历史学家认为，这似乎与某种社会现象相呼应），而且显示了婚姻关系的一种新观念：在"家庭"组织所必须的传统的两性互补原则之外，还增加了一种理想的双重关系：它将夫妻双方生活的各个方面包括在内；并以一种确定的方式建立个人的情感纽带。性行为必须在这种关系内找到它们的独特地位（因此，在穆索尼乌斯·鲁福斯看来，通奸之所以被谴责，不再是因为丈夫的特权受到了侵犯，而是因为将夫妻捆绑在一起的婚姻纽带遭到了破坏[1]）。这样，性行为必须指向繁殖后代，因为这是婚姻的本质所赋予的目的。最后，性行为还必须遵循一些必要的内在规则：谦逊、相互爱慕和相互尊重（普鲁塔克在最后这一点上

---

[1] C. Musonius Rufus, *Reliquiae, XII: Sur les aphrodisia*, ed. O. Hense (Leipzig: Teubner, 1905), pp.65-67.

提供了非常充足和宝贵的说明)。

4. 爱的选择。在我们所研究的这一时期，对两种爱——对女人的爱和对男孩的爱——之间所作的规范比较，留下了两本重要的著作：普鲁塔克的《有关爱的对话》和卢西恩的《爱情》[1]。对这两本著作的分析，证明古典时期非常熟悉的一个问题一直存在：很难确立鸡奸关系中的性关系的地位和合法性。卢西恩的对话的结束部分颇具讽刺性：喜欢男孩的好色之徒，试图以友谊、美德和教育的名义去隐瞒的那些行为，在这个结尾却得到了明确的提示。普鲁塔克更加精致的著作表明，性双方一致同意快感是性欲的根本要素；它也表明快感的相互性只能存在于男人和女人之间；如果这种男女关系是婚姻关系就更好了，因为这种快感能有规律性地反复激活婚姻盟约。

(黄文前　译/汪民安　校)

---

[1] Lucian (attrib.), Amores, *Affairs of the Heart*, trans. M. D. Macleod, in *Works* (London: Loeb Classical Library, 1967), no. 53, pp.230-233; Plutarch, *Dialogue sur l'amour*, trans. R. Flaceliere, in *Oeuvres morales* (Paris: Belles Lettres, 1980), vol. 10,§769b, p.101 [Plutarch, *The Dialogue on Love*, trans. Edwin Minor, Jr., F. H. Sandbach, and W. C. Helmbold (Cambridge, Mass.: Harvard University Press, 1961), vol. 9, pp.427-428].

为贞洁而战

编者按

本文英译者为安东尼·福斯特（Anthony Forster），修订版英文译稿收录于亚里耶（P. Ariès）与贝仁（A. Béjin）编：《西方的性》（*Western Sexuality*），牛津：布莱克威尔出版社（Basil Blackwell），1985年。英译稿删除了法语原文开头一段，据该段所述，本文为《性史》（*L'Histoire de la Sexualité*）第三卷内容。该文完成后，福柯决定将文中主题归入《性史》第四卷《肉体的忏悔》（*Aveux de la chair*），但该卷一直未能出版。该段说明全文如下："本文由《性史》第三卷摘录。在同菲利普·亚里耶讨论过本文集（即《西方的性》）大致方向之后，我觉得这篇文章同文集中的其他文章主题一致。在我们看来，关于基督教的性伦理，人们的习见应当得到彻底改变。而且，关于手淫问题的重要地位，我们的看法也与十八九世纪医生的看法大相径庭。"

若望·格西安（John Cassian）[1]在不同场合多次论及"为贞洁而战"的问题，其中包括《隐修规章》（*Institutiones*）第六章《论淫邪》（"Concerning the Spirit of Fornication"）以及《演说集》（*Conferences*）当中的部分章节，如第四篇演说《论灵肉之欲》（"On the Lusts of the Flesh and the Spirit"）、第五篇《论八大罪恶》（"On the Eight Principle Vices"）、第十二篇《论贞洁》（"On Chastity"）、第二十二篇《论夜间幻想》（"On Night Visions"）。在一份旨在挑战邪恶的"八大战役"列表中，[2]贞洁之战位列第二大战役，名曰"向淫邪开战"。就淫邪本身而言，格西安将其分成了三大类。[3]如果对比中世纪的其他罪恶分类，比如当时教会依据刑法典组织忏悔圣事时所用的罪恶列表，我们不难看出，格西安的分类并不具备法律意义。但显然，他的分类方式另有深意。

---

[1] 格西安（拉丁语：Ioannes Cassianus，法语：Jean Cassien，英语：John Cassian，约360－435年），基督教神秘主义神学家，天主教与东正教教会均尊其为圣徒。格西安的一大贡献是将北非（埃及）神秘主义的观念与实践引入欧洲，本文涉及的两部著作《隐修规章》（*The Institutes*）与《演说集》（*Conferences*）正是格西安分别从外在制度与内在修行两个层面探讨苦行的代表作。关于"若望·格西安"的译法：John 在当代汉语文献中通译为"约翰"，本文采用汉语基督教文献传统译法；Cassian 的译法较多，文献中亦见译作"格西安""格西亚诺""迦贤""迦贤努"等。——译注

[2] 其余七大战役的攻克对象分别是贪食、贪财、愤怒、懒惰、倦怠、虚荣与骄傲。

[3] 《演说集》5.10 及 12.2。

让我们先来看看淫邪在各类恶行中的地位。

格西安对八大罪恶的排序方式非常特别，他把具有密切联系的罪恶两两配对，共列为四组：[1]骄傲与虚荣、懒惰与倦怠、贪财与愤怒、贪食与淫邪。而淫邪之所以同贪食配对，原因有以下几点：首先，这是两种与生俱来的"天然"罪恶，因而都难以矫治。另外，无论是在产生发展的过程中，还是在最终实现的那一刻，这两种邪恶都会涉及身体。归根结底，两者之间存在着直接的因果联系：沉湎于珍馐佳酿终将激发人们的淫邪之欲。[2]不惟如此，在诸种罪恶之中，淫邪具有特殊而重要的意义。原因可能在于，淫邪同贪食息息相关；或者，它本身就具有独特意义。

首先，让我们来看看各类罪恶之间的因果关联。格西安强调，尽管某人可能更易受到某种特定罪恶的影响，但这八大罪恶并非互不相干。[3]罪恶与罪恶之间存在着因果关联：这一因果链条始于贪食，贪食之欲由身体而生，继而激发了淫邪之欲；贪食与淫邪之欲激发了贪财之欲，也就是迷恋世俗财富的邪念，而贪财之欲又招致敌对、争斗与愤怒。

---

[1]《演说集》5.10。
[2]《隐修规章》5及《演说集》5。
[3]《演说集》5.13-14。

其结果则是失望与沮丧，最终引发僧侣对修行生活的倦怠与厌恶。上述进程意味着，如果无法克服某种罪恶所依托的邪恶根基，我们就不可能克服这种罪恶："克服了前一种罪恶，便削弱了后一种罪恶赖以维系的根基；战胜了前一种，就可以事半功倍地攻克后一种。"贪食与淫邪这对罪恶就像是"一株贻害无穷的毒草"，必须彻底根除。所以，斋戒这项苦行的意义非常重大，因为它能够克服贪婪、遏制淫邪。这正是修行的根基，因为它是因果关联的第一个环节。

淫邪同最后一对邪恶（尤其是其中的"骄傲"）的关系非常微妙。其实，在格西安看来，骄傲与虚荣同其他罪恶之间并不存在引发生成的因果关联。这对罪恶并非由其他罪恶所引发，实际上，恰恰是攻克其他罪恶才导致了这对罪恶：[1]其一是"世俗骄傲"，就是在他人面前炫耀自己的斋戒、贞洁与清贫；其二则是"精神骄傲"，它让人误以为自己的进步都是个人能力所致。[2]由战胜其他罪恶而产生的罪恶意味着，这种罪恶乃是更为严重的堕落。而淫邪，诸种邪恶之中最为可耻者，正是骄傲的产物。这是一种惩罚，同时也是一种诱惑。上帝为狂妄自大的凡人带来这一考验，

---

[1]《演说集》5.10。
[2]《隐修规章》12.2。

以此警醒他：若无神恩眷顾，虚弱卑微的肉身之躯将会成为难以摆脱的困扰与威胁。"因为，如果一个人总是因自己身心纯洁而沾沾自喜，长此以往，他自然……会在内心深处感到自鸣得意……所以，主为了他好而抛弃他，这是件好事。自以为是的纯洁无瑕开始为他造成困扰，在洋洋得意的情绪中，他开始感到踟蹰彷徨。"[1]当灵魂的斗争对象只剩下自己时，无限的循环便开始了。战斗周而复始，肉体又重新感到刺痛。这刺痛让灵魂意识到，战斗必将永无止息。

最后，同其他罪恶相比，淫邪的本质更为特殊。所以对于修行而言，淫邪的挑战更为重大。淫邪同贪食一样，深深植根于身体之内。若不加以惩戒，我们根本无法克服这种邪恶的欲望。我们可以凭借意念克服愤怒与沮丧的情绪，但淫邪就没这么好对付。除非凭借"禁欲、守夜、斋戒、苦劳等手段"[2]，否则我们根本不可能根除淫邪。但这并不意味着意念毋需参与，恰恰相反，意念必须同邪念抗争，因为思想、形象、记忆都能让人产生淫邪之念。"恶灵会施展狡计，在我们的心里激发有关女人的回忆。起初，这个女人可

---

[1]《演说集》12.6。关于堕入骄傲自大的例子，见《演说集》2.13与《隐修规章》12.20-21。尤其是后者，违背谦卑之举遭到惩罚，受到了最可耻欲望——反自然欲望（contra usum naturae）——的诱惑。
[2]《演说集》5.4。

能是母亲、姐妹或其他纯洁的女子。一旦出现这种状况,我们必须立即清除这些回忆,以免引发不良后果。因为,如果我们沉湎于此类记忆,恶灵就有机会让人神魂颠倒,想起别的女人。"[1]然而,淫邪同贪食之间仍有本质区别。克服贪食的修行需要掌握限度,因为人不可能不吃任何食物:"生命的需要必须得到满足……以免身体受到损害。如果因为我们自己的过失而让身体缺乏食物补给,身体将无力继续必要的精神修行。"[2]我们必须同饮食这种自然习性保持距离,既要客观对待,又不能因噎废食。饮食自有其合理之需,完全禁食就意味着死亡,这样做会让灵魂负罪。与之相反,克服淫邪的斗争则毋需有任何顾忌。无论是什么事物,只要它能将人引向淫邪,就必须遭到彻底摧毁。而且,自然的需求也无法为淫邪的满足提供理由。遏制淫邪之欲无损于身体,不会让生命蒙受损失,所以我们必须彻底根除这一邪念。一方面,淫邪是与生俱来、自然而然的罪恶,它源于自然的身体;另一方面,如同贪财与骄傲一样,淫邪也是灵魂的邪恶,这种邪念必须遭到彻底摒除。在八大罪恶之中,唯有淫邪同时具备上述两方面特点。因此,必须严格遵守禁欲

---

[1]《隐修规章》6.13。
[2]《隐修规章》5.8。

的规则，让我们的身体得到给养，同时让人摆脱肉体的负累："安身立命、摒弃肉欲。"[1]攻克淫邪的战役将会引领我们来到这片净土，寓居尘世却又超越本性的净土：贞洁之战"使人脱离尘世泥淖"。战胜淫邪、获得贞洁，我们就能开启超越世俗的人间生活。弃绝淫邪的禁欲乃是最为艰苦的修行，因此它为身处尘世的人们带来了最大的希望：禁欲修行"依托肉体"，它为人们赋予"进入天国的资格。摆脱了肉身之躯的腐化堕落，圣徒便拥有了这种资格"。[2]

综上所述，人们不难看出，尽管淫邪只是八大罪恶当中的一种，但却着实具有独特的意义。首先，淫邪位于罪恶因果关联的第一环；其次，正是这种罪恶最常引发修行的倒退与战役的重复；最后，在通往苦行生活的道路上，克服淫邪乃是最艰难、最关键的战役。

在《演说集》的第五篇中，格西安将淫邪之罪分成了三大类：第一类是"两性交合"（*commixtio sexus utriusque*）；第二类淫邪"毋需接触女性"（*absque femineo tactu*），亦即"俄南之罪"（手淫）；第三类则是"意淫"（心中幻想的淫邪）。[3]第十二篇演说里的区分方式几乎

---

[1]《隐修规章》6.6。
[2]《隐修规章》6.6。
[3]《演说集》5.11。

完全相同：第一类是"肉体交合"（carnalis commixtio），格西安用最严格意义上的"fornicatio"命名这种淫邪；第二种是"淫秽不洁"（immunditia），此类淫邪源于"心智的疏忽大意"，毋需接触女性，常发生于睡眠之中或清醒之时；最后一种则是涌动于"灵魂渊薮"的"力比多"（libido），这种淫邪毋需"身体激情"的参与。[1]上述区分极为重要，仅凭这些区分，我们就能明白格西安所谓的"淫邪"究竟意味着什么，因为他在别处并未对此作出明确定义。其重要之处还在于格西安对三类淫邪的划分方式，其分类完全不同于前人文献中的用法。

关于肉体的罪恶，在此之前早有传统的三分方式：奸淫、通奸（此处的"fornication"指婚外性行为）、娈童。至少在《使徒遗训》（Didache）中我们就能找到这种划分："不可奸淫、不许通奸、不得引诱男童"。[2]在《巴拿巴书》（Epistle of Saint Barnabas）里我们也能看到类似训诫："不可奸淫、不可私通、不得腐蚀青年"。[3]我们发现，在上述三条训诫中，人们通常只强调前两条："奸

---

[1]《演说集》12.2。
[2]《使徒遗训》2.2。
[3]《巴拿巴书》19.4。此前，谈及食物禁忌时，这篇文章分别解释了各类禁忌的原因：禁食鬣狗是为了防止奸淫，禁食野兔是为了防止娈童，禁食鼬鼠是为了防止口淫。

淫"涵盖了所有与性相关的罪恶，而"私通"指的则是那些危害婚姻关系的行为。[1]然而，无论如何，这些训诫总是伴随着对耽于肉欲的警告——引发贪欲的可能是头脑中的邪念，可能是现实中的场景，也可能是任何事物或者想法，只要它能引诱人们犯下不伦之罪："切勿沉湎于贪欲，因为它会让人淫邪；远离淫荡的话语，回避轻佻的目光，因为它教唆人们奸淫。"[2]

格西安对淫邪的分类有两大特点：第一，他区分的第一类淫邪把狭义的"通奸"同"奸淫"放在一起考虑；第二，他关注的罪恶主要是后两种意义上的淫邪。论及贞洁之战，他从来不谈实际发生的性行为。论及各种淫邪之罪，他从不关注现实发生的性关系：淫邪的对象、该对象的年岁、两者血缘关系如何……在中世纪，上述问题都能编入法典，用来界定罪恶。但在格西安的论述中，这些问题都没有出现。因为演说的听众都是僧侣，他们誓言谴责一切性行为，所以格西安没有必要重复这些基本的前提。然而，关于独身禁欲生活中的某一重要问题，该撒利亚的巴西流（Basil of

---

[1] 如圣奥古斯丁（Saint Augustine）《布道》（*Sermon*）56。
[2] 《使徒遗训》3.3。

Caesarea）[1]与圣金口若望（Chrysostom）[2]二人都曾给出明确教诲。[3]我们注意到，格西安也谨慎地点出了这个问题："不要与另一人独处，即便是相处片刻也不可以，不要与他同进同出，也不要牵他的手——同年轻人相处时尤其需要注意这些问题"。[4]根据格西安的论述，他似乎只重视后两种淫邪：无关性交行为、无关身体情欲的淫邪。而且，他似乎根本没有考虑二人交合意义上的淫邪行为，却只关心后两类意义上的淫邪行为——通常情况下，只有在诱发了真正的性行为时，人们才会对其加以严厉谴责。

尽管格西安的论述忽略了现实的性行为，尽管其训诫的作用范围与世隔绝，但他的论证绝非仅仅是消极与否定。其实，贞洁之战的精髓就在于，这场战役的攻克目标并不涉及

---

[1] 该撒利亚的巴西流（Μέγας Βασίλειος 或 Καισαρείας Βασίλειος，约330年－379年），又译"巴西略"。该撒利亚主教，4世纪教会领袖，罗马天主教会尊其为教会圣师。——译注
[2] 圣金口若望（希腊语：Ἰωάννης Χρυσόστομος，347年－407年），又译"屈梭多模"。君士坦丁堡牧首若望（约翰）一世，因善雄辩而人称为"金口"（χρυσόστομος，中文音译即为"屈梭多模"）。圣金口若望是重要的希腊教父，许多教会封其为圣人。——译注
[3] 该撒利亚的巴西流《劝诫众生弃绝尘世》(Exhortation to Renounce the World) 5："规避那些同你年纪相仿的年轻人：不要同他们接触，不要同他们发生任何关系，像避开火焰一样远离他们。呜呼，很多人正是因为跟他们厮混而惨遭恶魔毒手，堕入地狱之火里煎熬，万劫不复。"参见《大诫》(The Great Precepts) 34 与《短诫》(The Short Precepts) 220，另见圣金口若望《驳斥隐修生活的反对者》(Adversus oppugnatores vitae monasticae)。
[4] 违反这一原则的人犯下了大错，将会受到众人怀疑。这段话是否在暗示亲密之举？或者说，这段话只是为了指出过度关爱同侪的危害？《隐修规章》4.16里也有类似劝诫。

性行为或性关系，其打击对象并非二人之间的性关系，贞洁之战志不在此。第十二篇演说当中的某一段落说明了该战役意图攻克的真正目标，在这段演说中，格西安描述了逐渐通达贞洁的六个阶段。描述"六阶段"的目的并非为"贞洁"本身下定义，而是指出一些否定性的标志，也就是渐次消失的各种淫秽邪念。依据这些标志，我们能够确认通往贞洁的进步过程，同时也可以明白贞洁之战需要攻克的真正目标。

进步的第一个标志：早上醒来时，修道者不再"沉湎于肉体冲动而无法自拔"（impugnatione carnali non eliditur）。换言之，心智（âme）不再受制于意志无法掌控的身体反应。

第二阶段：当心中浮现"撩人的念头"时，修道者能够做到不沉湎于此。也就是说，尽管这些念头不由自主地出现在他心中，但他能做到主动终止邪念。[1]

第三阶段：面对外部世界，心中再也不会产生淫念。面对一位女性，心中再也不会燃起欲火。

第四阶段：在清醒时，他感受不到身体的任何一丝躁动，即便是最无邪的身体活动也感觉不到。格西安的意思是

---

[1] 关于沉湎于邪念的行为，格西安使用的动词是"immorari"（意为"逗留"或"徘徊"）。后来，"耽溺的快慰"（delectatio morosa）成了中世纪性伦理中的重要问题。

不是说，身体再也不会躁动，修道者可以完全掌控自己的身体？应该不是。因为，格西安在别处经常强调，身体总会不由自主地躁动。他曾提到过"忍耐"（perferre）一词，这无疑意味着，躁动已无法干扰心智，心智也不会为其所累。

第五阶段："如果谈话的主题或者阅读的内容涉及人类的生殖，头脑能够控制自己，丝毫不为所动，不去联想性快感。相反，头脑能够纯洁冷静地对待这一现象，将其视为人体的一项功能，视为人类物种延续的辅助。而且，想到这个问题，就如同想到制砖或其他任何人类活动一样，不会有任何多余的想法，心绪也不会受到更多的影响。"

到了最后一个阶段，梦里再也不会出现性感女人的幻象。尽管人们可能认为，沉湎于性幻想未必就是罪过。但是，幻象的存在毕竟意味着，我们的内心深处仍有淫欲暗潮汹涌。[1]

根据"六阶段"的描述，随着修道者逐渐接近贞洁，淫邪的症候也渐次消失。但在这些关于淫邪的描述中，格西安只字未提二人之间的性关系、性行为，甚至也没有提到真正去做这些事情的念头。其实，在格西安的论述中，根本

---

[1]《演说集》12.7。

就不存在严格意义上的淫邪"行为"：通奸。在探讨性伦理时，古人总是关注两大问题：二人之间的交合（sunousia）与交合带来的快感（aphrodisia），无论是哲学家还是基督徒概莫能外——基督徒如亚历山大城的革利免（Clement of Alexandria）[1]至少在《导师基督》（Paedagogus）第二篇里探讨了这些问题。但是，格西安所处的僧侣世界不存在这两大问题。格西安关注的问题在于梦中的身心活动，梦中出现的形象和面孔，以及梦中的感受与记忆。此外，思维的无意识活动、顺从或反抗的意志、清醒或睡眠的状态也是他关注的问题。这些问题呈现出两极分布，而且我们必须强调，这两极并不对应身心二端。两极之中，其一是不自觉而无意识的一端，该部分不仅包括身体的活动，还包括由记忆与形象触发的各类心绪，这些记忆和形象来自过去而残喘至今，它们扰动人的心智，迷惑人的意志。两极之二则是意志一端：它或接受，或拒绝；时而移开目光，

---

[1] 提图斯·弗拉维乌斯·革利免（拉丁语：Titus Flavius Clemens, 150 年—约 215 年），基督教神学家，基督教早期教父，亚历山大学派的代表人物。"革利免"为基督教传统译法，天主教文献常将"Clemens"译作"克莱孟""克肋孟"等，另有译作"克雷芒"者。为与同名教宗克肋孟一世（即罗马的革利免，拉丁语：Clemens Romanus）区分，人们常称其为亚历山大城的革利免（古希腊语：Κλήμης ὁ Ἀλεξανδρεύς；英语：Clement of Alexandria）。著有《劝勉异教徒》（Protrepticus）、《导师基督》（Paedagogus）、《杂记》（Stromata）等。——译注

时而又甘愿沉迷；此时坚韧不拔，彼刻却顺从驯服。换言之，一方面是未有心智（âme）参与的身体与心理反应，在污秽的腐蚀玷污下，它有可能会腐化堕落（pollution）；另一方面，则是内心的厮杀角力。由此，我们看到了格西安宽泛定义的两类"淫邪"，他所讨论的"淫邪"皆限定于这两类定义，而真正意义上的性交则不在其讨论范围之内。格西安关注的核心主题有二：一为"污秽不洁"或曰"淫秽"（immunditia），二则是"力比多"（libido）。无论意识清醒或在睡眠之中，毋需身体同他人接触，"淫秽"总能迷惑人的心智，使其疏于防备，最终堕入泥淖。相形之下，"力比多"则主要在人内心渊薮搅动作祟。格西安对"力比多"的用法让人想到，该词（字面意义为"性欲"）与"取悦"（libet）一词同源。[1]

格西安勾勒了贞洁之战的六大步骤，综上可见，这场通达贞洁的精神战役可谓是一个不断"戒除"的过程。至此，我们已经远离了古人对待性的态度：有节制地享用快感、严格限定行为方式。不仅如此，身心之间的巨大鸿沟在格西安的论述中也不复存在。但值得我们注意的问题在于，这是一

---

[1]《演说集》5.11 及 12.2。

场永无止境的战斗。其攻克目标，乃是我们的思想与心绪（它们可能是身体活动的反应或延续，也可能正是身体活动的诱因），是心绪思想的各类表现，是一切激发心绪思想的因素。战斗之目的是让主体达到这样的境界：凭借自身努力，他能够做到不为淫邪所动，即便是最隐蔽、看似最"无辜"的念头也无法干扰他。所以，通达贞洁的几个阶段也就是不断戒除邪念的过程：首先，不让邪念干扰身体反应；然后，不让邪念迷惑想象（不再沉湎于心中浮现的形象）；其次，不让邪念渗入感官（再也意识不到身体活动）；再次，禁止邪念参与联想（不再将任何事物联想成情欲对象）；最后，将邪念逐出梦境（尽管并非出于有意，但各类形象仍会在梦中激起欲望）。格西安将邪念的干扰称为"色欲"（*concupiscence*），色欲驱使下的行为或意愿乃是其最明显的表现形式。通达贞洁的精神战役力图实现"戒除"与"摆脱"，其攻克对象正是"色欲"；换言之，"戒除"与"摆脱"的对象也是"色欲"。

正因如此，在克服淫邪、通达贞洁的整个战斗过程中，最要紧、最关键者就是"腐化堕落"（pollution）的问题。所谓"腐化堕落"，可能是主动屈从于邪念，自暴自弃放纵沉沦，也可能是在睡梦中无意识地堕落。这个问题如此重要，以至于格西安将春梦消失的宁静夜晚视为登上贞洁巅峰的标志。在各类论述中，他总是提到这个问题："获得贞洁的标志就是，休息或睡眠时不再受到幻象骚扰"[1]；"睡梦中不再出现淫秽的念头，不再受制于自然的本能，不再有堕落的想法，这种状态就是所谓的正直与贞操，也是通达贞洁的最终证明"[2]。《演说集》的第二十二篇完全是在讨论"夜间堕落"的问题以及"全力避免堕落的必要性"。此外，格西安还数度提及史上的各位圣徒，如圣雪吕纳（Serenus）[3]，他们的品行如此高尚，绝不会受到此类问题的困扰。[4]

显然，对于一种完全弃绝性关系的生活教条而言，反复强调上述问题的重要意义亦属合情合理。大家想必还记得，对那些深受毕达哥拉斯启发的团体而言，睡眠与梦境都非常重要，因为这些现象反映了人的生存质量；而且，自我的涤

---

[1]《隐修规章》6.10。
[2]《隐修规章》6.20。
[3] 圣雪吕纳（Saint Serenus the Gardener，亦作 Serenus of Billom, Sirenatus），希腊人，公元4世纪殉道者。圣雪吕纳隐居乡间，擅长园圃稼穑之技。关于其死因，有传说如下：一日，圣雪吕纳在自家园地发现一贵妇，请其离开时遭对方拒绝，二人发生争执。后贵妇将其诉至罗马皇帝马克西米安（Maximian）处，审案官员听闻圣雪吕纳因"瓜田李下，男女应避嫌"而驱逐贵妇，认定其未侵犯妇人，同时怀疑其为基督徒。圣雪吕纳承认教徒身份，拒绝向罗马诸神献祭，遂遭斩首。后世罗马天主教会与东正教会皆尊圣雪吕纳为圣徒。——译注
[4]《演说集》7.1 及 12.7，另见《隐修规章》2.13。

罪与净化同样重要，唯有如此方能确保生存的安宁。最重要的是，我们必须认识到，凡是需要保证仪式纯洁的场合，"夜间堕落"就会引发各类问题，而《演说集》第二十二篇探讨回应的正是这些问题：如果某人深受春梦困扰，他是否还有资格接近圣坛并享用圣餐？[1]上述理由可能足以解释僧侣哲学家们关注的大多数问题，但它们仍然无法解释这一问题：为何在阐述贞洁之战的整个过程中，有意识／无意识堕落（voluntary/involuntary pollution）的问题具有如此至关重要的意义？腐化堕落并不只是最严厉的禁令试图禁止的对象，也不仅仅是比其他邪恶更难遏制而已。其实，腐化堕落乃是"色欲"的衡量尺度（analyseur）。其原因在于，如果认清了堕落的产生环境、最初触发诱因以及最终的导火索，我们就能据此判断意念在此过程中扮演的角色：它如何在头脑中催生各类形象、情感与记忆。在堕落过程中，身心相互影响、相互作用，意念的活动可能会发挥些许作用：可能会促进该过程，也可能会阻止其发展。而修道者所做的一切，都是为了让自己的意念同上述过程永远保持绝缘。通往贞洁之路的前五个阶段也就意味着，循序渐进、一点一滴地让意

---

[1]《演说集》22.5。

念摆脱可能一步一步导致腐化与堕落的所有细微诱因。

至此，距离贞洁还剩下最后一步圣人才能达到的境界。完成这一步，就连"绝对"无意识的堕落腐化也不会在梦中出现了。不过，格西安也指出，堕落未必都是无意所致。如果一个人在白天贪食过度、胡思乱想，那么显然他就是在自甘堕落——此人情愿堕落，甚至蓄意为之。格西安区分了白日堕落所致春梦的不同类型，还区分了梦中画面的不同淫秽程度。堕落的梦境让人措手不及，但如果将其归咎于身体或睡眠，那就错了："这是内部腐坏的标志，而不仅是夜晚梦境所致。堕落与腐坏深藏于灵魂深处，只在睡梦中显露自身，暴露出内心深处难以启齿的狂热激情。白天清醒时，我们正是怀着这种狂热，放纵心绪胡思乱想。"[1]最后还有一种堕落，这种堕落完全属于无意识，缺乏满足与快感，并且梦中没有任何画面。无疑，只有经过艰苦努力的苦行者才能达到这一境界。最后这种堕落只是一种"残留"痕迹，同做梦人的意志毫无关系。"我们必须遏制头脑的反应，压抑身体的感受，直到肉体能够在满足自然需求的同时不再激起任何享乐的欲望。摆脱多余的身体感受，避

---

[1]《隐修规章》6.11。

免一切不健康的冲动，以免前功尽弃而重返追寻贞洁的战场。"[1]因为这一境界超越自然而难以企及，所以惟有超自然的力量才能赋予我等自由：灵性的恩典。正因如此，无瑕（nonpollution）才是圣洁的标志。它标志着最高级别的贞洁，也是凡人可望而不可即的福祉。

对于凡人而言，他必须始终对自身保持警觉，即便对身心当中最细微的冲动也不可掉以轻心。无论白天黑夜，必须时刻保持清醒：夙夜匪懈，夜以继日，日以继夜。"白天的清醒与坚贞可让人在夜间纯洁无瑕，同样，夜间的警觉亦可让人内心充满活力，从而在日间继续坚守贞洁。"[2]要做到警觉，就必须运用自身的"辨别力"（discrimination），而这种"辨别力"正是精神灵性"自我剖析"（techniques de soi-même）的核心要素。磨坊主筛选谷粒，百夫长[3]挑选士兵，货币兑换商在交易前先为货币称重……修道者必须坚持像他们一样对待自己的思想，及时发现潜在的诱惑。做到了这一点，他就可以依据来源辨别思想，依据品质区分思想，发现事物可能会引发的快感，从而认清外在表象与潜在

---

[1]《隐修规章》6.22。
[2]《隐修规章》6.23。
[3] 百夫长（centurion），古罗马军官，负责指挥百人军团。——译注

诱惑之间的区别。这一任务实为永无止境的辨别与剖析，修道者必须时刻运用这种方法分析自己，并且在忏悔的义务中，运用其分析自我与他人的关系。[1]"自我剖析"或曰"自我技艺"（technologies de soi）可谓修行生活与精神战役的一大特点，罔顾这一关键要素，我们就无法理解格西安语境中的贞洁之战：无论是他所谓贞洁与"淫邪"的密切联系，他对这些问题的具体分析，这些问题中包含的各类要素（如堕落、力比多、色欲等），还是他在贞洁与淫邪之间勾勒出的关联——离开了"自我技艺"，上述问题都无法理解。

我们是否发现，由德尔图良（Tertullian）[2]到格西安，禁忌得到了强化，绝对禁欲变得更加重要，性行为也愈发遭到否定？但是，我们不应该这样理解问题。

僧侣生活与世俗生活之间的差异连同修道制度一起，共同催生了"反性"问题的重大变化，复杂的"自我剖析技

---

[1]《演说集》第六篇就提到了一位修道士的病例：每当他要去参加圣餐仪式时，就会受到夜间幻视的困扰，因此他不敢参加圣仪。询问病情之后，"灵性医师"便得出了诊断结论：为了阻止修道士参与梦寐已久的圣餐仪式，魔鬼造成了这些幻觉。所以，不去参加圣餐仪式就正中魔鬼下怀，而无畏地前去领受圣餐就能战胜魔鬼。修道士遵从医嘱之后，魔鬼就再也没有出现过。
[2] 德尔图良（Quintus Septimius Florens Tertullianus，英文简写为Tertullian，约160—225年），北非柏柏尔人，迦太基教会主教，基督教教父时代影响仅次于奥古斯丁的神学家、哲学家。但在德尔图良看来，哲学与神学互不相干，神学不应受到希腊哲学影响。——译注

艺"（techniques de soi）也随之得到发展。因此，在人们拒斥、摒弃、否定"性"的时候，产生了一种新型的生活规则与分析模式——尽管它同过去仍有千丝万缕的联系，尽管其中显然包含了过去的延续，但两者之间仍有极大差异。对于德尔图良而言，贞洁意味着一个人的态度，意味着他内在的信仰与外在的表现：贞洁的人弃绝尘世，转而遵从神圣的规则，并让这一规则主宰自身的仪容、行为与举止。而到了13世纪之后，随着贞洁奥义的演变，这一弃绝态度（它同德尔图良已经探讨过的"与神合一"问题[union with Christ]并无二致）将禁欲生活中的负面因素转化成了"与神联姻"（spiritual marriage）的应许。相形之下，格西安更像是在描述问题而非创新改革。根据他的论述，我们可以看到某种"一举两得"的行动：退回自己的内心，同时揭露内心的奥秘。

但格西安的贞洁之战同禁忌的内化毫无瓜葛，通达贞洁并不意味着内化一系列禁忌，单纯地用禁忌来遏制行为。实际上，追寻贞洁的战役开启了一片思想领域，在这片捉摸不定的渊薮中，漂浮着各类形象、记忆、感知，它们在身体与心灵之间往来游移，来回传递着感知的讯息——其实，尼撒的贵格利（Gregory of Nyssa）[1]与安卡拉的巴西流（Basil of Ancyra）[2]等人著作中已经强调过这一问题。追寻贞洁的斗争并非一套区分合法与非法行为的法则，而是一门剖析诊断思想观念的技艺，它力图剖析思想的起源与品质，诊断其危险与潜在诱惑，认清伪装在表象之下的所有邪恶力量。由于贞洁之战的最终目标是永远驱逐那些淫秽或可能导致淫秽的事物，所以唯有时刻保持警觉才能做到这一点。而要保持警觉，就得不断质疑自己的思想，通过自我质疑，将隐藏在灵魂最深处的一切淫邪之念都涤除干净。

在这种以贞洁为目标的禁欲苦行中，我们可以看到一种"主体化"过程，这种"主体化"同基于身体自控的性伦理观念毫无瓜葛。然而，有两点问题值得大家注意：其一，这种"主体化"同熟练掌握自我技艺的过程密不可分，这一过程使得追寻自我真相、道出自我真相的义务成为禁欲苦行永远不可或缺的条件。而且，如果的确存在"主体化"进程，那么该进程也就包括了悬而未决的自我"客体化"进程：自我使"自我"成为客体与对象。而之所以悬而未决，乃是因

---

[1] 尼撒的贵格利（Gregory of Nyssa 或 Gregory Nyssen，约335—395年），公元372年成为尼撒主教。其思想深受新柏拉图主义影响，且极具神秘主义特质。——译注
[2] 安卡拉的巴西流（Basil of Ancyra），4世纪神父、殉道者，公元362年1月29日殉道，后世天主教与东正教教会将3月22日定为其纪念日。——译注

为修道者必须尽可能深入地审视自己的思想，无论这些念头看起来多么微不足道、多么纯真无邪。其二，追寻自我真相的"主体化"之所以能够进行，乃是凭借了各类同他人之间的复杂关联。修道者必须让自身摆脱"他者"（恶魔）的影响：恶魔佯装成自我的样子，在假面之下蠢蠢欲动，所以我们必须随时随地向恶魔宣战。但若没有上帝的协助，我们就不可能赢得胜利，因为只有上帝才能战胜恶魔。最后，在这场战役之中还有一些必须履行的义务，如向他人忏悔、听取他人建议、永远服从修道院长等。

于是，修道生活中的性伦理问题有了新型的审视方式，主体与真理之间形成了新型的关系，自我同他人之间建立了复杂的服从关系……这些问题共同构成了一个井井有条的整体，并且在格西安的论著中得到了充分的表述。这里并没有什么新起点：回溯至基督教诞生前的时代，在古代哲学（如斯多葛学派或者新柏拉图主义哲学）中，我们就能发现这些问题的雏形，有些问题甚至早已得到充分探讨。此外，格西安系统地总结了其所谓"东方隐修制度"的经验——当然，其中有多少内容是他本人的补充并不是本文关注的问题。无论如何，研究此类文本让我们明白，妄谈所谓"基督教性伦理"甚或"犹太—基督教性伦理"毫无意义。纵观古人对待性行为的态度,在希腊化时代与奥古斯丁之间的阶段,出现了诸多甚为复杂的思索与探讨。其中有很多值得我们注意的问题,如斯多葛学派与犬儒学派制定的良心指引,又如修道制度等等。另一方面,同古代相比,基督教可谓造成了道德准则的巨大断裂,同时也为西方引入了全新的道德观念。但是,基督教时代的到来却让人难以察觉。诚如彼得·布朗(Peter Brown)[1]所言,谈及作为古代浩瀚沧海一部分的基督教,泾渭之别实在难以分明。

(何磊 译)

---

[1] 彼得·布朗(Peter Brown, 1935—),普林斯顿大学历史学荣休教授,奥古斯丁研究权威,在晚期罗马帝国宗教史领域成果颇丰。著有《西方基督教的兴起》(*The Rise of Western Christendom*)、《身体与社会》(*The Body and Society: Men, Women, and Sexual Renunciation in Early Christianity*)、《古代晚期世界》(*The World of Late Antiquity: AD 150 - 750*)、《希波的奥古斯丁》(*Augustine of Hippo: A Biography*)等。——译注

自我技术

编者按

这是福柯1982年在美国佛蒙特大学的研讨班上做的讲座，可以看做是福柯对他一段时间以来所做研究的一个高度概括。在福柯的最后几年，他转向了对古代和中世纪的研究，他对这个时期的研究切入点是"自我技术"（其核心是"关注自我"），即"它使个体能够通过自己的力量，或者他人的帮助，进行一系列对他们自身的身体及灵魂、思想、行为、存在方式的操控，以此达成自我的转变，以求获得某种幸福、纯洁、智慧、完美或不朽的状态"。福柯在这里勾勒了自我技术从希腊时期到基督教时期的转变。这就同福柯对现代的研究判然有别，对现代的研究，福柯更多地将关注点放在与自我技术相对的权力支配技术上——后者主要指的是，外在的权力在改变自我，并使自我客体化；而"自我技术"则是自我改变自我。自70年代中期以来，福柯在世界各地做了很多演讲。他为演讲所准备的稿件的风格较之纯粹的书写论文发生了很大的改变。相形之下，这些演讲稿简捷，纯朴但又不失典雅。

一

当我开始研究性的诸种规则、义务、禁忌，以及与其相关的禁断（interdiction）和限制时，我并不只是关注那些被允许或被禁止的行为，我更在意的是那些被表述出来的情感，那些思想，那些人所可能体验到的欲望，还有那类冲动，它总是试图在自我的深处寻找所有被隐藏起来的感受，灵魂的运动，以及被虚幻的形式所伪装起来的欲望。与性相关的禁断，与任何其他形式的禁断之间，存在非常明显的差别。性禁断（sexual interdiction）总是与表达关于自我的真相的义务相关联。

可能有人会提出两个事实来反对我：第一，在处理所有罪行的刑法及宗教制度中，自白（confession）都起到重要作用，而并非只是在涉及性方面的问题时是如此。但是，分析一个人的性欲望的任务，总是显得比分析其他种类的罪行更为重要。

我也意识到有第二种反对意见：在所有的行为中，性行为首当其冲，必须遵守诸如严守秘密、保持体面以及慎言谨行之类异常严格的规则。这就导致一种古怪且复杂的关系产生：一方面性的语言表述是被禁止的，但另一方面性又与表达真相的义务相关联,所谓真相,指的是人隐藏了自己的何种行为,以及对真实的自己的解读。

禁忌与必须被表述的强烈煽动性之间的关联,是我们文化的一大特征。弃绝肉身的主题,总是与修士对修道院长的自白联系在一起。他必须告诉修道院长在他脑海中浮现的一切。

我构想的计划听起来多少有些古怪:不是关于性行为的演变过程,而是对说出真相的义务与性行为的禁忌之间的关系的演变史的反思。我的问题是:主体是如何依据被禁止之物,被迫解读自己的?这实际上是一个禁欲主义与真相之间的关系问题。

马克斯·韦伯提出的问题是:如果一个人想要举止合理,并依据真理的准则来规范自己的行为,那么他必须要舍弃的究竟是那一部分的自我?为获得理性,人所必须支付的禁欲之代价是多少?人必须要遵从怎样的禁欲主义?而我提出的问题则恰恰相反:某种禁断措施,是以何种方式,获得相应的自我认知作为补偿的?人必须要具备哪一些自我认知,才能够学会舍弃?

由此我遭遇了一个阐释学问题,即对在早期基督教及异教实践中自我技术(technologies of the self)的阐释。

在研究过程中我遇到了一些困难，因为这些实践行为并不为很多人所了解。首先，基督教总是对自身信仰的历史更感兴趣，而对真正的实践方式缺乏关注；其次，这类阐释学从未如同文本阐释学那样，被组织进教义的整体之中；第三，自我阐释学总是被混同于灵魂神学——诸如邪念（concupiscence）、原罪以及从神的恩宠中堕落等等；第四，自我阐释学一直以来散落于西方文化的各个角落，通过各式各样的渠道，被整合进五花八门的态度与经验的类型之中，因此它很难从我们自发的经验中被独立区隔出来。

研究的语境

在我们的文化中，人类通过不同的方式发展出关于自身的知识：经济学、生物学、精神病学、医学以及刑法学。逾25年以来，我始终试图勾勒出这一发展过程的历史脉络。关键点在于，我们不能仅按照表面价值来接受这种知识，而应该将这些所谓的科学作为非常独特的"真理游戏"进行分析，它们都与具体的技术相结合而成为人类了解自身的工具。作为背景语境，我们首先需要知道的是，这些"技术"有四种主要类型，每一种都作为实践行为的母体而存在：（1）生产技术：使我们能够生产、转换或操控事物；（2）

符号系统技术：使我们能够运用符号、意义、象征物，或者意指活动；（3）权力技术：它决定个体的行为，并使他们屈从于某种特定的目的或支配权，也就是使主体客体化；（4）自我技术：它使个体能够通过自己的力量，或者他人的帮助，进行一系列对他们自身的身体及灵魂、思想、行为、存在方式的操控，以此达成自我的转变，以求获得某种幸福、纯洁、智慧、完美或不朽的状态。

上述四种类型的技术，尽管每一种都与某类型的支配性相关联，但它们很难单独发挥效力。每一种技术都包含着针对个体的某种类型的训练及调整模式，在明显的意义上要求个体掌握某种技能，同时还暗示要他们培养某种态度。我试图展现这些技术的具体性质，以及它们之间持续的互动关系。例如，在卡尔·马克思的《资本论》中，人们可以发现操控事物与支配权之间的关系，因为每一种生产技能都需要个体行为的调整来匹配，而这种调整不仅仅体现在技术的掌握上，也体现在态度的转变上。

前两种技术通常被运用在科学及语言学研究方面。我更关注的是后两种技术，即支配的技术与自我技术。我尝试构建的历史，就是关于支配权及自我的知识所编成的历史。举例而言，我对疯癫的研究，不能被纳入科学研究的规范框架。我想弄清楚的是，"疯狂"这种奇怪的话语如何使在疯人院内部及外部进行的对个体的管理成为可能。这种支配他人的技术与支配自我技术之间的接触，我称之为治理术（govermentality）。

我大概已经给予支配性的技术与权力的技术过多的强调了。现在我对如下几个问题的兴趣日益增长：自我与他者之间的互动关系问题，对个体进行支配的技术问题，以及个体如何对自我施加影响的历史，也就是所谓的自我技术问题。

自我技术之发展

我想在两种在历史中相邻接却又迥然不同的语境中勾勒出自我的阐释学之发展经纬：（1）公元1—2世纪早期罗马帝国时代的希腊—罗马哲学；（2）公元4—5世纪晚期罗马帝国时期发展起来的基督教修道生活及修道院的行为准则。

除此以外，我不只想在理论层面上探讨主体的问题，还想将主体与晚期古代社会的一系列实践行为结合在一起讨论。这些实践行为在希腊语种被统称为epimelesthai sautou，也即"自己照看自己"（to take care of oneself），"关注自我"（the concern with self），以及"自我留意，自我关心"（to be concerned；to take care of yourself）。

对希腊人而言,"关注自己"的准则是构成城邦的主要原则之一,也是社会及个人行为乃至生活的艺术的重要准则。对今天的我们而言,这个观念早已因淡化而模糊。当有人被问及"古代哲学最重要的道德原则是什么?"时,他的第一反应不会是"照看好自己",而是德尔斐神庙中的"认识你自己"(gnothi sauton)。

毫无疑问,我们的哲学传统已经过分强调了后者,而淡忘了前者。德尔斐神庙的原则并非一种关于生命的抽象理念;它是技术性的建议,一种为了能从神祇那里获得启示而必须遵守的规则。"认识你自己"意味着"别认为你自己是神"。也有一些释经者认为它的意思是"当你寻求神谕,要注意你究竟求问的是什么"。

在希腊与罗马的文本中,"认识你自己"的命令,总是与"照看你自己"的原则联系在一起。而且,也正是照看自己的需求,使德尔斐神庙的铭言得以实行。这一点暗涵在整个希腊罗马文化传统中,而从柏拉图的《亚西比德》(*Alcibiades*)上卷开始,它被显明出来[1]。苏格拉

---

[1] Plato, *Alcibiade*, trans. by M. Croiset(Paris: Belles Lettres, 1925)[Plato, *Alcibiades*, trans. by W.R.M.Lamb, in *Plato*(Cambridge, Mass.: Harvard, 1967), vol. 12].

底的对话录,乃至色诺芬、希波克拉底,以及从阿比努(Albinus)以降的新柏拉图主义传统,都说明人必须要关注自身。在德尔斐神庙的准则被付诸实践之前,人必须充分反思自身。前一原则是从属于后一原则的。下面我举三到四个例子来说明这一点。

在柏拉图《申辩篇》(*Apology*)29e中,苏格拉底作为一位epimeleia heautou(关注自己)的导师在众法官面前听候裁决[1]。他对他们说:[你们]"为获得财富、声名及荣誉而处心积虑,对此你们不以为耻",但是你们却没有用自己来关注自己(concern yourselves with yourselves),也就是说,用"智慧、真理以及灵魂的完善"来关注自己。同时他还监督其他公民,以确保他们专注于自己(occupy themselves with themselves)。

当苏格拉底力邀众人专注于自己之时,他提及了三个重要事项:(1)这使命乃是众神所托,故他将矢志不渝,直至生命终结;(2)他没有为此获得分毫报酬;这是纯粹非功利的使命,他如此行,完全是出于善意;(3)较之雅典人在奥林匹

---

[1] Plato, *Alcibiade de Socrate*, trans. by M. Croiset (Paris: Belles Lettres, 1925), p.157 [*Socrates' Defense* (*Apology*)], trans. by H. Tredennick, in *Plato: The Collected Dialogues*, E. Hamilton and H.Cairns ed. (Princeton: Princeton University Press, 1961), p.16].

亚取得的军事胜利，他认为他的使命对城邦而言更有益处：因为他教导众人用自己关注自己，也同时是在教导他们专注于城邦。

八个世纪后，在尼撒的贵格利（Gregory of Nyssa）的《论贞洁》（*On Virginity*）中，我们可以找到相同的词组和概念，但其意涵却迥然不同。贵格利所论的专注于自己，并非人照看自己以及城邦的运动，而是另外一种运动，是人弃绝此世及婚姻，疏离一己之肉身，以童贞的心灵与身体，重获前此被剥夺的永恒不朽。在评释《路加福音》（15∶8—10）中耶稣关于十块钱（drachma）的喻说时，贵格利对那个人的行为给予极高评价，因为他燃起灯烛，在房间里彻底仔细地搜寻，直到最后发现那十块钱在屋角的阴暗处闪光。贵格利认为，为了重获上帝烙印在我们的灵魂中却因为我们身体的污秽而失落了的那种有效性，人必须照看好自己，并细细搜寻灵魂的每一个角落（《论贞洁》，12）[1]。

由此可见基督教的禁欲主义与古代哲学一样，将自己置

---

[1] Gregory of Nyssa, *Traité de la virginité*, M. Aubineau（Paris: Cerf, 1966）, chapter 13, §3, pp.411-417 [*Treatise on Virginity*, trans. by V. W. Callahan, in *Saint Gregory of Nyssa*: *Ascetical Works*（Washington, D. C.: Catholic University of America Press, 1966）, pp.46-48].

放在关注自己这同一个符号之下。认识自己的义务，是此禁欲主义之核心课题的构成要素之一。在这两种极端——苏格拉底和尼撒的贵格利——之间，"照看自己"不仅构成一种原则，更是一种持续不断的实践活动。

我还可以多举两个例子。伊壁鸠鲁的《致美诺西斯的信》（*Letter to Menoeceus, Diogenes Laërtius 10.122—138*）[1]，是他所写的第一篇可以被用作道德指南的论文。伊氏在其中写道，一个人专注于他自己的灵魂，决不会嫌早，也绝不会嫌迟。无论一个人是正当盛年，还是垂垂老矣，都应当浸没在哲学的沉思中。这是人一生都应致力的修为。关于日常生活的教诲，是围绕着照看自己这一中心展开的，以此来协助团体中的成员之间完成共同的救赎（mutual work of salvation）。

另一个例子来自亚历山大时期的文本，由斐洛（Philo of Alexandria）[2]所作的《论沉思的生活》（*On the Contemplative Life*）。其中描述了居于希腊及希伯来文

---

[1] Epicurus, *Lettre à Ménécée*, in *Lettres et Maximes*, trans. by M. Conche（Villiers-sur-Mer: Mégare, 1977），pp.215-227 [*Letter to Menoeceus*, in *The Philosophy of Epicurus*, trans. and ed. by G. K. Strodach（Evanston, Ill: Northwestern University Press, 1963），pp.122-135].

[2] 又名 Philo Judaeus，约公元前25年出生。犹太神学家。公元40年，他代表犹太人去罗马游说国王改变对犹太人的政策，在犹太人之中有较大影响。——译注

化外围的一个鲜为人知的神秘团体,名叫"治愈者派"(Therapeutae),其特点是具有强烈的宗教性。它是一个严谨素朴的团体,成员致力于阅读、治愈性的默想,举行个体或集体的祈祷仪式,以及一种属灵的宴会(agapä)。这些实践行为都源于"关注自己"这一原则性的任务(《论沉思的生活》,36)[1]。

以上的事实为古代文化中"对自我的关心"的问题的多种分析可能性提供了基础。我想分析的是:关心与自我知识之间的关系,在希腊—罗马及基督教传统中体现出来的对自己的关心以及尽人皆知的"认识你自己"的原则之间的关系。正因为关心的形式多种多样,自我的形式也各不相同。

总结

"认识你自己"的存在遮蔽了"照看你自己",有很多原因。首先,西方社会的道德原则经历了非常显著的转变。我们发现,要把严苛的道德律令与准则建立在给予自己最多关注的训诫之上是很困难的。我们更倾向于把照看自己视为

---

[1] Philo of Alexandria, *La Vie contemplative*, trans. by P. Miquel(Paris: Cerf, 1963), §36, p.105 [*The Contemplative Life*, in *Philo of Alexandria*, trans. by D. Winston (New York: Paulist Press, 1981), pp.42-43].

追求一种不朽，或者一种摆脱一切可能存在之规则的方法。基督教道德传统使自我舍弃（self-renunciation）成为获得救赎的条件，而我们正继承了这一传统。于是，认识自己，就自相矛盾地成为自我舍弃的途径。

我们还继承了一种世俗的传统，它将外在的律法奉为道德的基础。这样一来，对自我的尊重还怎么能够成为道德的基础呢？我们是社会道德的继承人，而它要求我们在与他人的关系中寻找合理的行为规范。自16世纪以降，对既成道德体系的批判，都是以认识与了解自我的重要性为名进行的。因此，要把对自己的关注与道德兼容起来，是很难的。"认识你自己"之所以遮蔽了"照看你自己"，就是因为我们的道德，我们禁欲主义的道德，坚持认为自我是能够被摒弃的。

第二个原因是，在从笛卡尔到胡塞尔的理论哲学中，关于自我（思想中的主体）的知识作为知识理论的起步，重要性与日俱增。

归纳如下：古代两大原则——"照看你自己"与"认识你自己"——之间的阶序关系发生了倒错。在希腊—罗马文化中，关于自己的知识是作为照看你自己的结果呈现的；在现代社会，关于自己的知识成为一种根本准则。

二

我想讨论的第一篇关于照看自己的哲学论述收录于柏拉图的《亚西比德》上卷（*Alcibiades*）。此文撰述时间不详，也有人怀疑它是伪作。我无意在此探讨其撰述时间，而想指向此对话的核心命题，即照看自我的主要特征。

到了公元3—4世纪的新柏拉图主义者们那里，这篇对话被赋予的重要性，以及它在古典传统中获得的经典地位，已得到充分体现。他们试图把柏拉图的对话集组织起来，作为一套教育学理论，并为百科全书式知识体系提供原型。他们认为《亚西比德》是柏拉图的第一篇对话录，也是第一篇应该被阅读进而被研究的作品。它就是初始（arche）。公元2世纪，阿比努（Albinus）指出，每一个有天分的年轻人，假如他想远离政治，勤修美德，那么他就应该研读《亚西比德》[1]，因为它是柏拉图全部哲学思想的起点及纲目所在。"照看自己"乃其第一准则。我想从三个方面分析《亚西比德》上卷中对自我的照看问题。

---

[1] Albinus, *Prologos*, §5（in A. S. Festugière, *Etudes de philosophie grecque* [Paris: Vrin, 1971], p.536）.

1. 这个问题是如何被引入谈话的？亚西比德与苏格拉底是循着怎样的理路，触及照看自我这一观念的？

亚西比德正准备跨入公共与政治生活领域。他希望能够在公众面前演说，在城邦中呼风唤雨。尽管他出身显赫，家财丰厚，但是旧有的地位并不令他满意。他想要享有能控制城邦内外的个人权力。就在这转变的十字路口，苏格拉底介入，并表达了他对亚西比德的爱意。亚西比德不能继续当一个被爱者，他必须成为爱人者。他必须在政治与爱情的游戏中采取主动。于是，在政治话语与色欲话语之间，产生了一种方言（dialect）。亚西比德用特别的方式同时在政治与爱情领域完成了自身的转换。

在亚西比德的政治及色欲的语汇中，存在一种明显的矛盾性。青年时期，亚西比德极具魅力，追求者甚众；但现在鬓须日长，追求者也消失无踪。年轻时，他拒绝仰慕者，全是仗着自己俊美，因为他想要支配对方，而不愿为对方所支配。过去他拒绝被年轻所支配；而现在他却希望支配别人。苏格拉底正是在这个时候出现，且他要接踵前人未竟的事业：他要让亚西比德屈服，不过是另一种意义上的屈服。他们达成了一项协议：亚西比德将会屈从于他的爱人苏格拉底。这种屈从是精神上的，而非肉体上的。政治野心与哲学之爱的交汇之处，就是"照看你自己"。

2. 在这样一种关系中，亚西比德为什么必须要关心自己，而苏格拉底又为什么要关心亚西比德所关心的东西呢？苏格拉底问亚西比德，他个人的能力是什么？他的野心的本质又是什么？他是否了解用法律、正义或者公约进行统治，究竟意味着什么？

亚西比德显然一无所知。于是苏格拉底就请他把自己所受的教育，与竞争对手波斯国王以及斯巴达国王做一比较。斯巴达与波斯的王子们都有智慧、正义、节制与勇气方面的老师。相形之下，亚西比德所受的教育，与一个老迈无知的奴隶不相伯仲。因为他不懂得这些事情，所以他无法专注于知识。不过，苏格拉底说，一切都还来得及。要想占据上风——即掌握这些技能（tekhnē）——亚西比德必须专心，他必须照看好自己。但是亚西比德还不知道他该专注于哪些对象。他寻求的知识究竟是什么？他为此感到难堪且困惑。于是苏格拉底要他鼓起勇气。

在《亚西比德》的127d，epimelesthai sautou这个

词组第一次出现。对自我的关心总是指向政治或色欲上的一种积极状态。epimelesthai表达了比单纯的注意远为严肃认真的内涵。它包含了不同的事项：为自己的财产和健康而煞费苦心。它总是指向一种真正的行动，而不只是态度。比如，农民照看自己的田地、牲畜、房舍，君王照看自己的领土与臣民，对祭拜祖先或神祇，这些活动都用epimelesthai来表示。又或者对医务工作人员而言，它就指具体的救护行为。让人深感兴味的是，在《亚西比德》上卷中，对自我的关心，与一种只关注政治上的野心以及生活的某个具体时刻的不完备的教育法之间，有直接的联系。

3. 文本的剩余部分都在分析epimelesthai，也即"为自己煞费苦心"的观念。这些分析可以被区分为两个问题：人应该照看的自我究竟指什么？这种照看又由什么内容构成？

首先，自我（self）是什么？自我是一个反身代词，且具有两种含义。Auto（自己的）意味着"相同"，但它也传达了一种身份意识。这后一种意义就把上面的问题从"这个自我是什么"转换为"我能寻找到自我的那个平台是什么？"

亚西比德想在一种辩证的运动中找到自我。当你照顾身体的时候，你并不是在关心自己。自我不是衣服、工具，或者财产。自我存在于使用这些工具所依据的原则之中，它不关乎肉体，而关乎灵魂。你必须为你的灵魂操心——这才是照看你自己最主要的活动。对自己的关心就是对这种活动的关心，而不是对作为实体的灵魂（the soul-as-substance）的关心。

第二个问题是：我们必须以怎样的方式来照看这一活动的原则，也就是灵魂？这种关心是由什么东西构成的？首先人必须了解灵魂是由什么构成的。灵魂无法认识自己，除非它能在一种类似的元素——一面镜子——里看见自己。因此它必须默想这种神圣的元素。在这种神圣的默想过程中，灵魂将能够发现一些规则，这些规则构成了行为以及政治行动的基础。灵魂为认识自己所进行的努力，正是产生正义的政治活动的基础原则。因此，只要亚西比德坚持在这种神圣的元素中默想自己的灵魂，那么他就会成为一名优秀的政治家。

这一讨论往往会被德尔斐神谕式的"认识你自己"原则吸引过去，并根据后者获得表达。照看你自己由认识你自己所构成。认识自己成为关心自己这一过程的目标。专注于自己与政治活动被联结在一起。当亚西比德了解到,他必须通过检视他的灵魂来照看自己的时候,这场对话也结束了。

这一早期文本为我们明确了"照看你自己"训诫成立的历史背景,并提出了四个主要问题。整个古代人们都试图回答这四个问题,尽管他们提供的解决方案往往与柏拉图在《亚西比德》里的意见不尽相同。

首先,是专注于自己与政治活动之间的关系问题。到了希腊文明晚期及罗马帝政时代,这个问题以另一种方式被提出来:人从政治活动中抽身,转而集中关注自己的最好时机是什么?

第二,是专注于自己与教育法的关系问题。对苏格拉底而言,专注于自己是年轻人应尽的责任;而到了希腊文明晚期,专注于自己成了一个人毕生应致力的职责。

第三,是专注于自己与关于自己的知识之间的关系问题。柏拉图更推崇德尔斐神庙的箴言"认识你自己"。可以说,"认识你自己"的优越地位,是所有柏拉图主义者的思想特征。到了希腊文明晚期及希腊罗马时代,这个位置发生了逆转。重心从自我认知,转移到关注自己之上。后者被赋予了一个自足体的地位,甚至被视为一个至高无上的哲学命题。

第四，是关心自我与哲学之爱之间，也即与导师之间的关系问题。

在希腊文化和罗马帝政时代，苏格拉底式的"照看你自己"观念已经成为一种共通的具普遍意义的哲学主题。伊壁鸠鲁及其追随者、犬儒主义者，以及塞涅卡（Seneca）、鲁福斯（Rufus）、盖仑（Galen）等斯多葛学派的人物，都接受了"关心自我"的观念。毕达哥拉斯学派则关注一种秩序井然的共同生活的概念。照看自己这一主题不是抽象的建议，而是一种广为流传的活动，一种由各种针对灵魂的义务与服务构成的网络。包括伊壁鸠鲁在内，他的众多追随者都相信，无论你何时开始专注于自己，都不嫌迟。斯多葛派则告诉你，你必须照料自我，"退回到自我里面，然后呆在那里"。嘲讽者卢西恩干脆据此观念作了一篇讽刺作品[1]。由此可见，这一观念已经成为一种流传极广的活动，它还在修辞学家[2]和转而注目于自己的人[3]之间形成争端，特别是在关于导师的作用的问题上。

这其中自然不乏口惠而实不至者。不过仍有人真心信

---

[1] Lucian, *Hermotine Works*, trans. by K. Kiburn（Cambridge, Mass.: Havard, 1959），chapter 4, p.65.
[2] 例如希腊的讽刺诗人萨莫塔德·卢西恩（Lucian of Samosata）。——译注
[3] 指伊壁鸠鲁派与斯多葛派。——译注

奉。一般来说，人们都承认反省是有益的，哪怕你只花上很少的时间。老普林尼（Pliny）建议一个朋友每天花上一些时间，或者每隔几个星期乃至几个月，花一些时间独处静思。这是一种积极的休闲活动——学习、阅读，为不幸或死亡做准备。它是一种默想与预备。

书写在照看自己的文化中也很重要。照看活动的一个主要特征就包括记录下关于自己的事情以便重读；写论辩性的文章以及书信给朋友，以帮助他们；以及专门准备笔记本，记录下那些对自己而言必要的真理，以使它们能重新发挥功用。苏格拉底的书信就是这种自我训练的典范。

在传统的政治生活中，口头文化占据主要的支配地位，因此修辞很重要。但是罗马帝政时代的行政架构以及官僚主义的发展，使政治领域的书写作业数量增加，重要性也随之提升。在柏拉图的写作中，对话让位给了文学式的虚假对话（pseudo-dialogue）。但是到了希腊文明时期，书写普及化，真正的辩证法由往来书简的形式继承。照看自己于是与一种持续的书写行为相关联。自我是需要写出来的东西，是书写活动的一个主题或者对象（主体）。这并非宗教改革或者浪漫主义运动中诞生的现代特质；它就源于最古老的西方传统。到了奥古斯丁写他的《忏悔录》的时候，这个观念早已发展健全，且根深蒂固。[1]对自我的新的关注，包含着一种新的自我体验。在1—2世纪，我们能够看到这种新的自我体验的形式，因为当时内省正变得越来越细致详尽。书写与警戒意识之间产生了联系。人们关注生活、情绪、阅读的细枝末节，而书写这种行为则进一步强化并拓宽了这种自我体验。这是一种以往时代中不存在的全新的体验领域。

可以把西塞罗和后来的塞涅卡或者马可·奥勒留（Marcu Aurelius）做一对比。我们会发现，比如说，塞涅卡和奥勒留对日常生活、精神的运动以及自我分析的关注可谓巨细靡遗。公元144—145年，奥勒留在给弗龙托（Fronto）的信中，写到了罗马帝国时代的方方面面：

> 向您致意，我最挚爱的老师。
>
> 我们很好。因偶感风寒，我起得晚了一些，不过那病现在似乎已经退去。因此，从早上五点到九点，我读了一些老加图（Cato）的《论农业》，剩下的时间则用来写东西，感谢老天，这回我写的没有昨天的那么糟

---

[1] Augustine 于397年至401年创作了 *Confessions*. In *Oeuvres complètes*, trans. by G.Bouissou and E.Tréhorel（Paris: Desclée de Brouwer, 1962）, vol. 13-14 [Saint Augustine, *Confessions*, trans. by R. S. Pine-Coffin（London: Penguin, 1961）].

糕。接着,我去向父亲问安,然后我减轻了喉咙的痛苦,方法是——我不想说是漱口,尽管gargarisso这个词,我相信在诺维乌斯(Novious)和其他一些人的著作里可以找到——把蜂蜜水吞到喉咙深处,然后把它再吐出来。处理完喉咙的问题,我出发去找父亲,和他一起参加祭祀仪式。接着我们去吃午饭。您知道我们吃了什么?只是一丁点儿面包。尽管我看见别人都在狼吞虎咽地吃豆子、洋葱和饱含鱼卵的鲱鱼。接着我们卖力地收割葡萄,出了一身汗,心情愉快。最后正如诗人所云:"仍有那葡萄酒房的遗珠高高簇挂在枝头。"六点钟过后,我们回家。

我只干了非常微不足道的一点活,而且没有成果。接着我可爱的母亲来坐在我的床沿,我们聊了很久。我问她:"你觉得我的弗龙托现在在做什么?"她回答:"那你觉得我的格拉荻娅[1]在做什么?"我说:"那你觉得我们的小麻雀,小不点儿格拉荻娅,现在在做什么?"正当我们继续这样絮谈,讨论我们之间究竟谁更爱你们中间的某一个的时候,传来一声铜锣响,说明我

---

[1] 弗龙托之女。——译注

的父亲已经去澡堂了。我们在榨油房里洗完澡,接着吃晚餐。其实我并不是想说我们在榨油房里洗澡,而是我们洗了澡以后,在那里吃晚饭,一边听着庄稼汉们聊闲天,觉得很舒服惬意。回家之后,在我睡熟而发出鼾声之前,我完成了自己的任务,并为我最亲爱的老师记录下自己一天的言行。如果我对您的思念再浓烈一些,那么即便我消瘦一些也心甘情愿。再见了,我的弗龙托,无论你在哪里,你都是我最甜蜜的爱人,我的快乐。我与你之间,为什么有这样遥远的距离?我爱你,可是你却不在。[1]

这封信是对日常生活的描述。信里涉及了照看自己的所有细节,他所做的无关紧要的一切。西塞罗只说重要的事,而奥勒留信中的这些细节之所以重要,因为它们就是你——你的所思所感。

身体与灵魂之间的关系也很有趣。对斯多葛派而言,身体并没那么重要,但是马可·奥勒留却谈他自己,他的健康

---

[1] Marcus Aurelius, *Lettres à Fronton*, in *Pensées*, trans. by A. Cassan (Paris: Charpentier et Fasquelle, n.d.), 第 29 封, pp.391-393 [*Letter to Fronto*, in *The Correspondence of Marcus Cornelius Fronto*, trans. and ed. by C. R. Haines (New York: G. Putnam's Sons, 1919), pp.181-183].

状况，他吃的午餐，还有他的喉咙痛。这是对自我的培养中身体所具备的暧昧性的典型体现。从理论上看，斯多葛派的生活样式以关注灵魂为导向，但是所有对身体的关注也占据相当大的重要性。普利尼和塞涅卡都有很严重的忧郁症。于是他们隐居乡间，既从事智识活动也从事体力劳作。他们与农民一同吃喝，一同劳动。这封信里提及的隐居乡间的重要意义在于，自然能帮助人重新建立与自己的联系。

奥勒留与弗龙托之间还存在恋爱关系，那是24岁男人和40岁男人之间的恋爱。爱之技法（Ars erotica）是讨论的主题。在这个时期，同性爱很重要，后来基督教的修道院文化则对之有所承袭。

最后，在信的结束，有一处提及要在一天快要过去时审察自己的良知。奥勒留入睡之前，先看他的笔记本，看看自己曾经想要去做的事情，并思考该如何对他做过的事情进行回应。这封信就是对良知的审察过程的记录。它强调的是你做了什么，而不是你想了什么。这就是希腊文明及罗马帝政时代的实践活动与后来的修道院式生活实践的差别所在。塞涅卡也只看重行为，而非思想。不过它仍然预示着基督教式忏悔的出现。

此书信所属的文类，展示了与该时代的哲学相分离的一面。对良知的审察开始于这封信的书写。此后是日记书写。它起始于基督教时代,并把焦点放在灵魂的挣扎上。

三

我在讨论柏拉图的《亚西比德》时,提炼出三个主要问题:第一,对自己的关心与对政治生活的关心之间的关系;第二,是照看自我和不完全的教育之间的关系;第三,是照看自己与认识自己的关系。虽然在《亚西比德》里我们看见"照看你自己"与"认识你自己"之间有非常密切的关系,但是最后前者还是被吸收进后者的范畴当中了。

在柏拉图的思想中,我们能发现这三个主题。到希腊文明时代,乃至后来4—5世纪的塞涅卡、普鲁塔克、爱比克泰德(Epictetus)等人那里,仍然如此。关心的问题一致,他们提供的解决方法与主旨却大不相同,而且在某些情况下,甚至与柏拉图式的意义背道而驰。

首先,关注自我在希腊文明与罗马时代,并非仅仅是针对政治生活的准备工作。照看自我已经成为一种普遍原则。人必须离开政治,才能更好地照看自我。

其次,关注自己并非只是关心自己的教育问题的年轻人才应履行的义务；它是贯穿一个人一生的生活方式。

第三，即便自我认知在照看自己的过程中扮演重要角色，这类知识仍然含有其他类型的关系。

我想简单讨论一下前两点：独立于政治生活之外之自我关注的普遍性问题；以及作为贯穿人之一生的自我关注问题。

1. 一种医学的模式取代了柏拉图的教育学模式。自我关注并非另一种教育学；它必须成为永久的医学式看护。永久的医学式看护，是自我关注的一个核心特质。也就是说，人必须成为自己的医生。

2. 既然我们对自己的看护要贯彻始终，那么照看的对象就不再需要为长大成人，或者为另一世的生活做准备，而是要准备在此生获得某种完整的成就。这种成就将在生命消失之前完结年老就是一种完结，它是对希腊文化传统中对青年的价值推崇的逆转。

3. 最后，我们拥有对自我的培养过程中产生出的许多不同的实践活动，以及关于自己的知识与这些实践活动之间的关系。

在《亚西比德》上卷中，灵魂与自身之间靠镜面关系相关联，其中涉及记忆的概念，并赋予对话合法地位，因为它是在灵魂中发现真理的方法。不过从柏拉图到希腊文化时期,自我关注与自我认知之间的关系发生了改变。我们可以从下面两个角度来看。

罗马帝政时代的斯多葛主义哲学运动对真相与记忆有不同的理解,且提供另一种自我审察的方法。首先,我们看见对话的消失,而一种新的教学关系逐渐兴起——在这一新的教学游戏中,导师/教师说话,但他们不提问;学生们无需回应,但必须屏息静听。一种静寂的文化正变得日趋重要。在毕达哥拉斯的思想体系中有一条教学规则,就是学生必须在五年时间里保持安静。他们在课堂上既不回答问题,也不能主动发言,但他们都学会了聆听的艺术。这是获取真理的积极条件。罗马帝政时期,这一传统被寻回并延续下去,于是我们看见的不再是柏拉图提倡的对对话艺术的培养,而是寂静的文化与聆听的艺术的兴起。

要掌握聆听的艺术,我们必须阅读普鲁塔克《关于聆听演讲的艺术》(*Peri tou akouein*)的论文。[1]在文章的开头部分,普鲁塔克指出,我们在学校里学习如何倾听逻各斯

---

[1] Plutarch, *Comment écouter*, in *Oeuvres Complètes*, R. Klaerr, trans. by A. Philippon and J.Sirinelli (Paris: Belles Lettres, 1989), vol.1, §2, chapter 3, pp.39-40 [*Concerning Hearing*, in *The Complete works of Plutarch*, W. Lloyd Bevan ed., (New York: Thomas Y. Crowell, 1909), vol. 2, p.393].

的言说，而在此后整个成人生活中，我们都必须这样做。聆听的艺术是至关重要的，因为只有这样，你才能在演讲家的话语中分辨何为真实，何为仿真，何为谎言，何为用华词丽句修饰的真相。倾听意味着你不在导师的控制之下，但是你必须聆听逻各斯的声音。你在演说当时保持安静，之后再进行思考。这就是聆听导师的声音与你自己的理性的声音之艺术。

这建议大约显得老套，但我认为很重要。在《论沉思的生活》中，斐洛描述了寂静的飨宴。与那些觥筹交错、豪饮饕餮、谈笑燕语的糜烂宴会不同，寂静的飨宴是一位老师，以独白的方式阐释《圣经》，并且它非常精确地表明人们必须以何种方式聆听（De Vita Cont，77）。[1]比方说，他们在聆听时，必须始终保持同一种姿势。在此后的修道院生活方式和教学法中，这一观念的形态学成为一个非常有趣的主题。

在柏拉图那里，默想自我与关注自我这两个主题，是通过对话的方式辩证地联系在一起的。到了罗马帝政时代，我们有了不同的主题，一边是聆听真理的义务，另一边是为了

---

[1] Philo of Alexandria, *La Vie contemplative*, p.77 [*The Contemplative Life*, p.47].

获得内在于自己的真理而观看并聆听自我。一个时代与另一个时代之间的差异，是辨证结构消失的巨大标志之一。

在这种文化中，对良知的审察（an examination of conscience）是什么？人又是如何看待自己的？毕达哥拉斯学派认为，对良知的审察必定也是一种净化过程。既然睡眠和死亡都是一种与众神相遇的方式，那么你就必须在入睡之前洁净自己。纪念死者是锻炼记忆力的方法。但是在希腊文明及罗马帝政时代初期，这一实践方式开始拥有新的价值与意义取向。下面是几个相关的文本：塞涅卡的《论愤怒》（De Ira）和《论平静》（De Tranquilitate），[1] 以及马可·奥勒留《沉思录》第四卷的开头部分。[2] 塞涅卡的《论愤怒》（卷三）里还残留有旧传统的痕迹。[3] 他描述了一种对良知的审察。伊壁鸠鲁学派也推荐这种方法，而且它还能上溯至毕达哥拉斯学派的传统。这种审察的目标是通过一种记忆装置，

---

[1] Seneca, De Ira (De la colère), trans. by A. Bourgery, in Dialogues (Paris: Belles Lettres, 1922) [On Anger, trans. by J. W. Basore, in Seneca: Moral Essays (New York: G. Putnam's Sons, 1928)]; De la tranquillité de l'âme, trans. by R. Waltz, in Dialogues, vol.4, chapter 6, §1-8, pp.84-86 [De Tranquillitate Animi, in Seneca: Four Dialogues, C. D. N. Costa ed. and trans.(Warminster, Eng.: Aris and Phillips Ltd., 1994), pp.54-56].
[2] Marcus Aurelius Antoninus, Pensée, trans. by A. Trannoy (Paris: Belles Lettres, 1925), chapter 4, §3, pp.27-29 [To Himself, in The Communings with Himself of Marcus Aurelius Antoninus, Emperor of Rome, trans. by C. R. Haines (New York: G. Putnam's Sons, 1930), chapter 4, §3, pp.67-71].
[3] Seneca, De Ira (De la colère),chapter 3, §36, pp.102-103 [On Anger, pp.339-341].

达致良知的净化。做好事,好好反省,然后睡好觉,做好梦,在梦里与众神相遇。

塞涅卡看似是在使用司法语言,而且自我似乎既是法官,又是被告。塞涅卡是法官,对自我提出控诉,因此自我审察的过程就如同一场审判。但是如果看得更仔细些,它又与法庭不太一样。塞涅卡使用的词汇,相对于司法而言,更接近于行政实践,正如一个会计监察官审查账本,或者建筑质量鉴定人员检查建筑物一样。自我审察就是检查库存品。所谓过错,不过就是无法付诸实践的良好意图而已。规则是正确地处理事件的方法,而不用于判断已经发生的事件的对错。不过到了后来,基督教的忏悔将会注重寻找邪恶的意图。

较之于司法模式,自我审察更接近于一种对生活的行政式审视,这一点是最重要的。塞涅卡不是一名必须惩罚对象的法官,而是一名调查库存状况的行政官员。他是他自己的永久执行官,而不是评判自己过去的法官。他要看看是否所有的一切都依据规则——而非律法——被正确地处理。他谴责自己的理由,并非是自己真的做错了什么,而是他做对的不够多。他的错误是策略性的错误,而非道德品质上的缺陷。他想在他想做的事与他已经做的事情之间做出调整,使指导行动的准则重新发挥效力，而不是想掘地三尺找寻他的罪孽。但是在基督徒的自白里，忏悔者被迫记住全部律法，却是为了能在他自己身上发现罪孽。

对塞涅卡而言，问题不在于在主体里发现真理，而在于记住真理，或者重新获得一种已被遗忘的真理；其次，主体不会忘记他自己，不会忘记自己的本质、起源，或者自己与超自然的亲缘关系，但是主体会忘记行为的规则，以及他应当完成的事情；第三，记取一天里所犯下的错误，是为了丈量已经完成的事情与应当完成的事情之间的差距；第四，主体不是解码程序的操作平台，而是众多行为准则汇聚的记忆节点。应当被规约的行为，与应当完成的事件的规则，交汇在一起，形成了主体。这种观念与柏拉图和基督教对良知的理解都大不相同。

斯多葛学派把anachoresis（退却、退隐）的观念精神化，例如军队的撤退，逃跑的奴隶躲避主人，或者离开城镇退隐乡间，正如马可·奥勒留的乡村隐居一样。退隐乡间成为一种回归自我的精神退隐。它既指一种普遍的态度，也指一种日常生活中的具体行为；你退回自己的内部，去发现——不是为了发现自己的过错和深层感受，而只是为了想起行动的规则和主要的行动律。这是一条以记忆术为本位的公式。

四

我此前说过斯多葛派有三种自我技术：给朋友的信与自我揭示；对自我与良知的审察，其中包括对已经做过的事情与应当完成的事情的复核，以及对这二者的比较。现在我想谈谈斯多葛派的第三种技术askēsis（修行生活；自我修炼）。这种技术不是要去揭示一个秘密的自我的存在，而是去记取它的存在。

柏拉图认为人必须去发现内在于自己的真理。而斯多葛派则认为真理并不内在于人，而存在于logoi[1]当中，存在于导师们的教诲当中。人记住他所听到的东西，并把这些陈述转化为行为的规则。这些技术的最终目的是为了使真理主体化（the subjectivization of the truth）。在罗马帝政时代，离开一种诸如科学之类的理论框架的支撑，人无法内化伦理原则，卢克莱修（Lucretius）的《物性论》（*De Rerum Naturae*）就体现了这一点。[2]每天晚上的自我审察实践都有结构性的问题作为基础。我想要强调的是，在斯多葛主义

---

[1] 逻各斯的复数形式。——译注
[2] Lucretius, *De la nature des choses*, trans. by A. Ernout, 5 e(Paris: Belles Lettres, 1984—1985) [*On the Nature of Things*, A. M. Esolen ed.and trans. (Baltimore: Johns Hopkins, 1995)].

中，重要的不是解读自己（deciphering the self），或者说揭露秘密，而是记忆，是关于你做了些什么与你应当做些什么的记忆。

基督教禁欲主义总是指向某种对自我或者现实的舍弃，因为通常情况下，为了进入另一个层面的现实，你的自我就是你必须舍弃的那部分现实。正是这种努力舍弃自我的企图，使基督教禁欲主义显得与众不同。

在斯多葛主义占据主导地位的哲学传统中，自我修炼（askēsis）并不意味着舍弃自我，而是渐进的自我思虑（progressive consideration of self），或者逐渐掌控自己的过程（mastery over oneself）。其方法不是舍弃现实，而是获得并吸收真理。其最终目的也不是要为另一种现实的来临做准备，而是为了进入这个世界的现实。这一观念在希腊文里被称为paraskeuazõ（做好准备）。它包括一整套的实践活动，人可以借此获取、同化真理，并将真理转化为一种永久性的行动准则。Alethia（真理；真实）变成了ethos（生活习惯；风俗）。这是一个越来越主体化的过程。

自我修炼的主要特质是什么？它包括了一些练习方法，这些方法能够让主体将自己放进一种特殊的情境中，以证实他应对问题的能力，以及使用他所配备的话语装备的能力。

因此，这是个测试准备情况的问题。真理是不是已经被我们充分吸收并转化为伦理，使我们在面对事件的时候能够以必须的方式作出反应？

希腊人用melete和gymnasia分别表示上述这些练习活动的两极。Melete的意思是"默想"（meditation），由拉丁文的译法meditatio而来。它和epimelesthai（关注；关切）有相同的词根。这是个不容易解释清楚的词，因为它是从辩论术里借用来的技术性词汇。一个人在酝酿演讲或者即兴演讲词的时候，反复琢磨一些有用的术语或论据，这项工作就被称为melete。你必须通过在脑子里对话的方式，预想真实的情境。所谓哲学默想指的就是这一类默想：把自己置放进一个具体的情境，在其中你可以想象自己回应的方式。然后你记住对手的回应，并充分调动这些记忆。哲学式默想就是由这些东西组合而成的。在一种想象性的练习（让我们假设……）中，人对自己将会使用的推理方式进行判断，以测定一种行为或一件具体事态（例如，"我该如何应对？"）。想象将如何表述可能的事态，以测试自己的应对——这就是默想。

最著名的默想练习是斯多葛派的"预知灾兆"（premeditatio mallorum）默想。那是一种想象性的伦理体验。从表面上看,它可以算是现象学派"本质的直观还原"(eidetic reduction)[1]论更晦暗悲观的版本。

斯多葛派对未来的不幸有三种"本质的直观还原"方式。首先,问题不在于想象未来可能发生的状况,而是想象可能发生的最糟糕的状况,即便它真正发生的几率微乎其微——把最坏的情况当成确实会发生的事,把可能发生的事情确实化,而不是去计算可能性的几率;其次,人不应把事情当成遥远的将来可能发生的事来看待,而应认为它们已是确实存在的,且正处于发生的过程当中。例如,不要想象一个人可能会被流放,而是认为他已经被流放,备受折磨,且濒临死亡;第三,这么做不是为了体验难以言喻的痛苦,而是为了让自己相信,这些痛苦并非真正的不幸。对一切可能发生的,一切正在发生的以及一切悲惨的想象性还原,不是为了展示邪恶,而是为了让我们学会接受一切。这种还原是由在想象中同时拥有未来和当下事件两个维度而构成的。伊壁鸠鲁学派很反对这个观念,因为它毫无用处。他们认为更好的方法是记取并回忆过去的愉悦感受,以从当下的事态中获得快感。

---

[1] 胡塞尔现象学中的核心观念。也译作"形相还原"。指事物本质以视觉上的直观方式体现出来。——译注

与默想相对的另一极是gymnasia（自我训练）。默想是用来训练思维的想象性体验，自我训练则是在一个真实的情境中进行训练，即便这情境有时是刻意制造出来的。自我训练有非常悠久的传统：性欲克制、肉体苦行，以及其他一些净化仪式。

除了毕达哥拉斯学派和苏格拉底所指出的净化与见证魔鬼的力量之外，这种种禁欲实践还有其他一些涵义。在斯多葛派文化中，它们的作用是确立并测试个体相对于外部世界的独立性。比如，在普鲁塔克的《论苏格拉底之神》（*De Genio Socratis*）中，人要进行非常严苛的体育运动。还有一种考验方式是，先在面前摆放许多佳肴美馔，再宣布放弃掉这些令人垂涎三尺的美味。然后叫来你的奴隶，让他们享用美食，而你自己则吃给奴隶的饭食。[1]另一个例子记载在塞涅卡致鲁西里乌斯（Lucilius）的第十八封信里。他在参加一个大型宴会之前，先让自己忍饥挨饿，以说服自己贫穷不是一种邪恶，且他完全可以忍受贫穷。[2]在思维训练

---

[1] Plutarch, *Le Démon de Socrate*, trans. by J. Hani, in *Oeuvres Complètes*, vol. 8 (1980), §586a, p.95 ["A Discourse Concerning the Demon of Socrates", in *The Complete Works of Plutarch*, vol.1, pp.643-644].
[2] Seneca, *Lettres à Lucilius*, trans. by H. Noblot (Paris : Belles Lettres, 1945), 第18封, §1-8, pp.71-76 [*Ad Lucilium Epistulae Morales*, trans. by R. M. Gummere (New York: G. Putnam's Sons, 1917), vol. 1, 第18封, §1-8, pp.116-121].

及现实训练,也就是默想与自我训练的两极之间,还存在一整套可能的中间行为。中间行为的最好例子是由爱比克泰德(Epictetus)[1]提供的。他想要永远监视表述活动,这种技术后来在弗洛伊德那里臻于完美。在他看来,有两种隐喻非常重要:一是守夜人,他不会让任何人进入城镇,除非对方能证明自己的身份(我们必须像"守夜人"那样监视思想的流动);[2]二是兑换钱币者,他为了查核货币的真伪,要观其品相,测其重量。我们也必须像兑换钱币者那样检查我们思想的表象,警觉地测试、核对它们的材质、重量与品相。[3]在斯多葛派和早期基督教文学中,也有同样的关于兑换钱币者的隐喻,只不过涵义不同。爱比克泰德所说的你必须当兑换钱币者,意思是说当一个念头浮现,你必须立刻想到可以用来评价它的规则。而到了若望·格西安(John Cassian)[4]那里,像兑换钱币者一样审视你的想法,是完全不同的意思:它意味着你必须试着破解你的想法,看看导

---

[1] 约55—135年,古罗马著名的斯多葛派哲学家。——译注
[2] Epictetus, *Entretiens*, trans. by J. Souilhé (Paris: Belles Lettres, 1963), vol. 3, chapter 12, §15, p.45 [*The Discourses of Epictetus*, G. Lond ed. and trans. (New York: A. L. Burt, n. d.), vol. 3, chapter 12, pp.252-254].
[3] Epictetus, *Entretiens*, pp.76-77 [*The Discourses of Epictetus*, vol. 3, chapter 22, pp.283-285].
[4] 公元360—423年,著名基督教神学家,"沙漠神父"之一,以神秘主义写作闻名。——译注

致这种思维表象的根源性运动中究竟有没有情欲或者其他欲望作怪——看看纯洁无辜的想法是否有邪恶的根源;看看你心里是否潜伏着更大的诱惑者,就是你思想的货币。[1]

爱比克泰德提出两种练习方式:诡辩的及伦理的。第一种是从学校教育中借用来的:问答游戏。这必须是一种伦理游戏,也就是说,它必须关乎道德的教诲。[2]第二种训练与步行有关。早上你出门散步,你要同时测试自己对散步的反应。两种练习的共同目的就是控制思维表象,而不是解读真相。它们提醒你在面对逆境时,要按照规则行事。一种前弗洛伊德式的监察机制,就在爱比克泰德和格西安的这些测试中,被鲜明具体地勾勒出来。对爱比克泰德而言,控制思维表象并不意味着去解读什么,而是回忆行动的原则,并通过自我审察,看看这些原则是否控制了你的生活。因此这类似一种永久性的自我审察。你必须成为你自己的监察员。对死亡的默想是所有上述的练习方式中最完满的一种。

除了书信、审察以及自我修炼,我们现在必须召唤第四种

---

[1] John Cassian, *Première conférence de l'abbé Moïse*, in *Conférences*, trans. by Dom E. Pichery (Paris: Cerf, 1955),vol. 1, chapter 20, pp.101-105 ["The Goal or Objective of the Monk,"in *Conferences*, trans. by C. Luibheid (New York: Paulist Press, 1985), pp.54-57].

[2] Epictetus, *Entretiens*, pp.32-33 [*The Discourses of Epictetus*, vol. 3, chapter 8, pp.243-244].

自我审察的技术,即对梦的解析。这种技术在19世纪将会占据重要地位,但是在古代世界,它只能在边缘徘徊。哲学家们对解梦都态度暧昧。大部分斯多葛派人士对解梦持批判或者怀疑的态度。不过这并不妨碍他们中的许多人流传并实践它。有专门解梦的专家,其中包括毕达哥拉斯和一些斯多葛派人士,还有一些专家专门出书教大家如何解读自己的梦境。这类书出了很多,不过最后流传下来的只有一本小册子,是公元2世纪的阿提米多鲁斯(Artemidorus)的《梦的解析》。[1]在古代社会,梦境解析之所以重要,是因为梦境的含义被认为是对未来事件的预言。

关于解梦对日常生活的重要性问题,我要举两个文本为例。第一个文本是公元4世纪辛奈西斯(Synesius of Cyrene)[2]所作。[3]他很有名,且受过良好教育。尽管他不是基督徒,却要求出任主教。他对梦的看法很有趣,因为当时为了不使国王听闻恶兆,所有公开的卜筮活动都被禁止了。因此,人们必须自己解读自己的梦,也就是说,人必须成为自己的阐释

---

[1] Artemidorus, *La Clef des songes : Onirocriticon*, ,A. J. Festugière (Paris: Vrin, 1975) [*The Interpretation of Dreams*, trans. by R. J. White (Park Ridge, N.J.: Noyes, 1975)].

[2] 公元373-414年,哲学神学家,于410年出任利比亚主教。——译注

[3] Synesius of Cyrene, *Sur les rêves*, in *Oeuvres*, trans. by H. Druon (Paris: Hachette, 1878), pp.346-376 [*Concerning Dreams*, in *The Essays and Hymns of Synesius of Cyrene*, A. Fitzgerald ed. and trans. (Oxford University, 1930), vol. 2, pp.326-359].

者。这样的话,人就必须不单记住自己的梦,还必须记住此前及此后发生的事情。人必须记录下每天发生的事情,包括白天的和夜里的。

阿里斯蒂德（Aelius Aristides）[1]在他的《圣言》（*Sacred Discourses*）里,[2]记录了他的梦,并解释该如何解读它们。他相信通过对梦境的解读,我们能够接收神灵们关于疾病医治的建议。如果这套观念成立的话,那么我们就站在了两种话语的交叉点上。作为《圣言》的原型的,不是对自己日常行动的书写,而是对医治了自己的神灵发出的赞颂的仪式性记录。

五

我想分析早期基督教中一种主要的自我技术的构造,以及它作为一种真理游戏究竟意味着什么。为了达成这一目的,我必须观察异教文化到基督教文化的过渡阶段,因为在这个阶段里,我们可能发现清晰的连贯性及不连贯性。

---

[1] 公元2世纪左右活跃于罗马帝国的修辞学家。——译注
[2] Aelius Aristides, *Discours sacrés*, trans. by A. J. Festugière（Paris: Macula, 1986）[参见 C.A.Behr, *Aelius Aristides and the Sacred Tales* (Amsterdam: A. M. Hakkert, 1968)].

基督教属于救赎宗教。它将个体从一种现实引向另一种现实，从死引向生，从片断引向永恒。为了获此目的，基督教提出了一系列行为规则和条件，为的就是转变自我。

基督教不仅仅是关于救赎的宗教，它更是关于忏悔的宗教。较之于许多异族宗教，它关于真理、教义及经典的义务更加严苛。非此即彼的真理义务，在过去乃至现在都并不罕见。认为自己有责任接受一整套强制性的教义；把某本书奉为永恒的真理；在关于真理的问题上接受权威的决定；不仅仅相信某些事情，还要把自己所信的展现出来，并接受一种制度性的权威：上述一切全都是基督教的特点所在。

在信仰之外，基督教还要求人们服从另一种形式的真理义务。每个人都有责任知道自己是谁，也就是说，每个人都要努力去认识自己心里正在发生的事情，去承认过错，去认识诱惑，去揭示欲望。不仅如此，每个人还有义务把这些事情向上帝，或者团体里的其他人交代，并因此忍受公开或私下里进行的对自己行为的见证。对信仰的真理义务与自我是联结在一起的。因为这种关联性，没有自我认知，灵魂的净化就不可能完成。

天主教传统与新教传统在这个问题上有所不同。但二者都有共同的特点：就是都拥有一套真理义务的集合，这些真理义务一部分处理信仰、经书、教义，另一部分处理真理、心灵与灵魂。没有灵魂的纯洁，就不可能获得真理。而灵魂的纯洁是拥有自我认知的结果，它同时也是理解经文的条件。用奥古斯丁的话来说就是Quis facit vertatem（在自己心中创造真理，接近真光）。

为了接近真光，教会是怎样构想出天启（illumination）这样的观念的呢？我想要分析一下这里面的来龙去脉。赎罪的圣礼与对罪的告解都是晚近的发明。在发现并解读关于自我的真理问题上，公元1世纪的基督徒们有不同的形式。两种主要的话语形式之一可以用exomologēsis，或"对事实的认知"来概括。即便是拉丁神父们，都不经翻译地直接使用这个希腊词汇。对基督徒而言，它意味着在公众面前承认他们信仰的真实性，或者公开承认他们的基督徒身份。

这个词还含有悔罪的意味。当一个罪人想要忏悔，他必须找到主教请求忏悔的机会。在早期基督教那里，悔罪不是一种行为或者仪式，而是一个犯下严重罪行的人必须接受的状态。

Exomologēsis（对事实的认知）是一种仪式，它让人们认识到自己是一名罪人或悔罪者。它有诸多特点。首先，你有四到十年的时间为自己的罪行忏悔，而这个状态将会影响你的一生。在悔罪期间，有禁食以及关于服饰及禁欲等诸多规则需要遵守。个人因这些规则被标示出来，以使他无法像常人那样生活。即便在悔罪期结束后，他仍然受到一些禁令的约束：比方说，他不能结婚，或者当了牧师。

在这个状态中，你可以发现"对事实的认知"（exomologēsis）的强制性。罪人寻求忏悔。他去拜访主教，请求主教让他进入一种悔罪的状态。他必须解释自己为什么需要这种状态，他还必须解释自己犯了何种过错。这不是一种告解；这是达成这种状态的条件。到了中世纪，"对事实的认知"（exomologēsis）成为一种仪式，在悔罪期即将结束尚未进入和解期（reconciliation）之前举行。通过这种仪式，悔罪者得以重新回归基督徒群体。德尔图良（Tertullian）[1]在谈及此仪式时，说罪人穿着苦行者穿的刚毛衬衣，身上披灰，衣衫褴褛地俯首站在教会面前。接着他匍匐在地，亲吻弟兄的膝盖（《论忏悔》，9—12）。[2] Exomologēsis不是一个口头行为，而是对一个人作为悔罪者的状态的富戏剧性的认知。更晚一些，在

---

[1] 公元150-225年，拉丁神学鼻祖。——译注
[2] Tertullian, *La Pénitence*, trans. by C. Munier (Paris: Cerf, 1984), chapter 9, p.181 [*On Penitence*, in Tertullian: *Treatises on Penance*, trans. by W. P. Le Saint (Westminster, Md.: Newman, 1959), pp.28-33].

圣杰罗姆（Jerome）[1]的书信中，谈到一位名叫法比欧拉（Fabiola）的罗马贵妇人的悔罪。[2]在悔罪期间，她与悔罪者同列。人们与她一同哭泣，并观看她在公众面前表演的作为惩罚的戏剧。

这种认知还指向这名悔罪者在长达数年的悔罪期间所有体验的全过程。他就是被表现出来的悔罪行为、自我惩罚（self-punishment）以及自我揭发（self-revelation）这三者的总和。自我惩罚的行为与自我揭发的行为之间的差别微乎其微。自我惩罚与自愿的自我表白（voluntary expression of the self）是被捆绑在一起的。这种关联性在当时的很多文本中都显而易见。例如圣西彼廉（Cyprian）[3]就谈到要把谦虚与羞耻感公开展示出来。悔罪不是名义上的，而是富戏剧意味的。[4]证明痛苦，展示羞耻，显明谦卑，公示谦和——这些都是惩罚的主要特质。

在早期基督教里，人们接受了揭露自己这种义务，悔罪由此成为一种必须时时刻刻实行的生活方式。它必须被显而

---

[1] 公元347—420年，基督教牧师，是拉丁文《圣经》的主要翻译者。——译注
[2] Saint Jerome *Corréspondance*, trans. by J. Labourt（Paris：Belles Lettres, 1954），vol. 4, 第78封, pp.42-44。
[3] 公元210—258年，迦太基主教，著名基督教作家，殉教而亡。——译注
[4] Cyprian of Carthage, *De ceux qui ont failli*, in *Textes*, trans. by D. Gorce（Namur: Soleil levant, 1958）, pp.89-92 [*The Lapsed*, in *Saint Cyprian: Treatises*, R. J. Deferrari ed. and trans. (New York: Fathers of the Church, Inc., 1961), pp.81-86].

易见地表现出来，还要有对此仪式有所认识的其他人共同参与。这种行为模式一直持续到15—16世纪。

德尔图良用publicatio sui（自我之公示）这一术语描述exomologēsis（对事实的认知）的特征。Pulicatio sui与塞涅卡所说的每日自省相关联，只不过后者是完全私人的行为。对塞涅卡而言，exomologēsis也好，pulicatio sui也好，都不指向对行为或思想的言语分析，它只不过是借用身体进行一种象征性表达。对斯多葛派而言纯属私人的东西，对基督徒而言却是公开的。

那么它的功能究竟是什么？首先，这种公开展示是一种方法，它能祛除罪孽，重获曾经通过洗礼的方式获得的纯洁性。

其次，它也能够展现罪人之为罪人的本质。这是exomologesis最核心的矛盾所在：它祛除了罪孽，却把罪人展现出来。也就是说，悔罪行为中的很大一部分不是要去说出罪的真相，而是要展现罪人真正的罪恶本质。它不是让罪人解释自己罪行的方法，而是让人把自己以罪人的方式表现出来的方法。

公开展示自己为什么能清除罪孽？暴露（exposé）是exomologēsis的核心。1世纪的基督教作者们主要依靠三种模式来解释清除罪孽与展示自己之间的关系：

第一种是医学模式：人必须展示自己的伤口才能得到治愈。另一种不太常用的模式是法庭审判模式。人要主动认罪，才能平息法官的怒火。在此，罪人成了魔鬼的代言人，扮演魔鬼在最后审判日将会担当的被告角色。

被用于解释exomologēsis的最重要的模式是死亡、苦难或者殉道者模式。一个人宁愿死去，也不愿意在信仰上有所妥协，或者放弃信仰。悔罪的种种理论及实践都是围绕着这个问题展开论述。殉道者面对死亡的方式，为悔罪者提供了行为模式。为使再次陷入罪孽泥沼中的人被教会重新接纳，罪人必须自愿向殉教者模式敞开自身。悔罪是改变带来的实际成果，是与自己、过去与世界彻底割裂的表现。通过这种方式，你表明自己能够舍弃生命与自我，且能够面对并坦然接受死亡。对罪的忏悔的最终目的不是一种身份的确立，而是拒斥自我、与自我隔绝的标志。Ego non sum, ego（过去的我已经死去，现在活着的是全新的我）。这个公式才是publicatio sui的核心所在。它表示与一种过去的身份的断裂。这些浮夸的姿态的作用就是，展现一个罪人的真实状态。因此，自我揭发同时也是自我毁灭。

斯多葛学派与基督教传统之间的差异如下：在斯多葛

派传统中，自我审察、判断以及规训，都是通过记忆机制把真理叠加于自我之上，也即通过记忆规则的方式，指示通往自我知识的道路。而exomologēsis中的悔罪者，则通过猛烈的弃绝与断裂，把真理叠加到自我之上。有一点必须强调：Exomologēsis不仅仅是语言表现，它是象征性的、仪式性的，乃至戏剧性的。

六

到了4世纪，在自我表露（disclosure of the self）的问题上，我们可以看到一种很不相同的技术，即exagoreusis（坦承）。它没有exomologēsis那么广为人知，但是却比它更重要。它让我们想起异教哲学流派中教师/导师所提倡的口头练习。由此我们可以看到有许多斯多葛派的自我技术，转而汇入基督教的精神技术之中。

至少有一个例子可以说明这一点。圣金口若望（John Chrysostom）[1]提倡的自我审察，与塞涅卡在《论愤怒》中提倡的，不仅形式相同，且管理的特性也相同。早晨我们

---

[1] 公元4世纪早期基督教的著名主教。因其宣讲福音极富感染力而获"金口"称号。——译注

必须考虑自己一天的开销，晚上我们应该以祷告，而非笼统的言辞，对自己的言行进行决算，看看什么是对我们有益的，什么是不利的。[1]这正是典型的塞涅卡式自我审察。而同样重要的是，我们注意到它在基督教文献中甚少出现。

自我审察实践在基督教修道院文化中得到了充分发展及完整阐释。但是它已经不同于塞涅卡式的自我审察，与圣若望及exomologēsis的更是大相径庭。要想理解这种新兴的实践活动，必须从基督教属灵神学的两大原则出发：服从与默想。

在塞涅卡那里，学徒与老师之间的关系是很重要，但它终究是一种专业的手段。它的基础是这名老师必须有能力用良好的建议，引领学徒走向幸福与自足的人生。一旦学生入了门径，师徒之间的关系也就随之结束。

但是出于很多不同的理由，服从在修道院生活中有着很不同的特质。与希腊—罗马式的师徒关系不同的是，修道院的服从并非以自我提升的需求为基础，而是影响着修士

---

[1] John Chrysostom, *Homélie*: "Qu'li est dangereux pour l'orateur et l'auditeur de parler pour plaire, qu'il est de la plus grande utilité comme de la plus rigoreuse justice d'accuser ses pechés." [说些取悦于人的话，对于说话者和听众而言都是很危险的，因此，谴责他的罪行，这才是最具效用也最具公义性的行为] in *Oeuvres Complètes*, trans. by M. Jeannin（Nancy: Thomas et Pieron, 1864）,vol. 3,p.401.

生活的方方面面。修士对导师的彻底服从是根本的且永久的。在修士的生活中，没有哪一部分可能逸逃出这一服从的管制范围。若望·格西安重复一条从东方传统中借用来的古老原则："未经导师允许，修士所行的一切事，皆可视为窃盗。"[1] 在此，服从意味着由导师控制自己的一切行为，而并非一种自立自主的境界。它是一种自我牺牲，一种主体意志的牺牲。这是一种全新的关于自我的技术。

修士做任何事都需要经过导师的允准，包括死亡。所有未经允许的行为都被视为偷盗。因此他的生命中没有任何时刻是自主的。就算他自己成了导师，他仍须保留服从的精神。他必须始终保持这种服从精神，因为这种精神是从对导师的彻底服从中产生的一种永久的牺牲。换言之，自我必须通过服从来形成自我。

修道生活的第二个特征，是默想被视为终极的善。身为修士的义务，是将他的思想持续集中在上帝那一点上，并保证自己的心灵始终保持足以看见上帝的纯洁度。因此，默想的目的就是永久性的对上帝的沉思。

由修道院式的服从及默想发展而来的自我技术，体现出

---

[1] Cassian, *Institutions cénobitiques*, trans. by J. A. Guy (Paris: Cerf, 1965), vol. 4, chapter 10-12, pp.133-137; chapter 23-32, pp.153-171.

一些奇怪的特征。格西安对这种技术做了较为清晰的说明，而他所谓的自我技术，其实是从叙利亚及埃及的修道院传统中借用的一种自我审察的原则。

这一源于东方的自我审察技术，受服从与默想的支配，因此它对思想的关注超出对行为的关注。塞涅卡把重点放在行为上面；格西安关心的不是一天里完成的行为，而是当下的思想。既然修士必须持续把思想转向上帝，那么他就必须细察自己思想的具体过程。因此，这种细察要做的就是，在那些指向上帝的想法和那些不指向上帝的想法之间进行永无止境的区分。这一对当下的持续关注，和塞涅卡对行为的记忆及它们对规则的回应之间，显然不同。希腊人在谈及前者时，用的是语带贬抑的词logismoi（老谋深算；算计的思想；追根究底）。

格西安说logismoi一词有其源头，但我不知道他这么说是不是在有点互相挑衅的意味。其精神是polukinetos，也即"永远处在运动状态中"（perpetually moving, *First Conference of Abbot Serenus*, 4）。对格西安而言，灵魂的永动状态正是其弱点所在。[1]因为它使人无法专注于对上

---

[1] Cassian, *Première Conférences de l'abbé Serenus*, "De la mobilité de l'âme et des esprits du mal," in *Conférences*, trans. by Dom E. Pichery(Paris: Cerf, 1955), p.248.

帝的默想（*First Conference of Abbot Nesterus*, 13）。[1] 对良知的细察由以下两部分组成：努力使意识陷于停滞状态；尽可能消除使人偏离神的精神运动。这就意味着我们必须检查所有浮现于意识表层的想法，看看行为与思想之间、真理与现实之间的关系如何，看看这些想法里是否有任何东西搅乱我们的精神，诱发我们的欲望，或使我们的精神悖离上帝。这种细察的基础，是相信每个人心中都有秘而不宣的邪念。

自我审察有三种主要类型：第一，对作为对现实的回应的思想的自我审察（笛卡尔派）；第二，有关规则与思想之关系的自我审察（塞涅卡式）；第三，有关隐秘的思想与内在的污秽之关系的自我审察。基督教自我阐释学就从这里起步，它致力于解读内在的思想。它暗示着每个人心中都隐藏着一些东西，而且我们总是处在自我蒙蔽的状态，因此我们自己都忽视了这些秘密。

为了从事这种细察，格西安说我们应当学会照看自己，直接为自己的思想作证。他给出三种比喻。第一个比喻是磨坊

---

[1] Cassian, *Première Conférences de l'abbé Nesterus*, in *Conférences*, vol. 2 (1958), pp.199-201.

（*First Conference of Abbot Moses*，18）。[1]思想是谷物，意识是磨坊间。我们是磨工，有责任从谷物中去芜存精，把那些好的谷物送进磨坊间，为我们的救赎献上优质的面粉与面包。

第二个比喻是军队（*First Conference of Abbot Serenus*，5）[2]。军官命令好的士兵向右走，坏的向左走。我们必须向军官一样把士兵区分成好的和坏的。

第三个比喻是钱币兑换者（*First Conference of Abbot Moses*，20—22）。[3]良知是自我的钱币兑换者。它必须检查硬币，它们的浮雕、金属质地，探寻其来源。它还需要让货币过过称，看看它们是不是因为流通过久，分量有所轻减。正如钱币上有国王的形象，我们的思想上也必须烙有上帝的形象。我们必须核实思想的品质：上帝的浮雕是真的么？它的纯度是多少？有没有掺杂欲望或者邪念？这个比喻塞涅卡也用了，但是意义完全不同。

既然我们要永久扮演自我的钱币兑换者的角色，那么我们该如何判定一个想法的品质优劣呢？如何才能积极地进行

---

[1] Cassian, *Première Conférences de l'abbé Moïse*, in *Conférences*, p.99 ("The Goal or Objective of the Monk", in *Conférences*, p.52).
[2] Cassian, *Première Conférences de l'abbé Serenus*, in *Conférences*, pp.249-252.
[3] Cassian, *Première Conférences de l'abbé Moïse*, in *Conférences*, pp.101-107 ("The Goal or Objective of the Monk", in *Conférences*, pp.54-57).

这种区辨（discrimination）？方法只有一个：把所有的想法都告诉导师，在一切事情上都服从于导师，始终尝试把自己的所有想法都用语言表达出来。对格西安而言，自我审察从属于服从，及始终尝试对思想进行的语言表述的行为。斯多葛派的模式里没有这些要求。修士不止要把自己的想法和意图告诉自己，还要把意识最细微的运动也说出来。由此，修士与导师之间，乃至修士与自我之间，就形成了一种阐释学意义上的关联。这种言语表现（verbalization）就是思想试金石，也就是思想的货币。

自白（confession）为什么能够获得这一阐释学角色？把自己的思想全都说出来，或者写下来，如何能让我们成为自我的阐释者？告解是为了让导师了解状况，因此借着他丰富的经验与智慧，他能给你更好的忠告。就算作为明辨是非的权力来源的导师一言不发，思想被表达出来这一事实本身，就已经具有区辨是非的效果。

格西安举了一个偷面包的修士为例。一开始他不敢承认。好想法与坏想法的差异在于，表达后者总是很困难，因为恶总是隐而不显的。正因为要表达邪恶的思想总伴随着困难与羞耻感，光明与黑暗之间、言语表现与罪、秘密与沉默之间、上帝与魔鬼之间的具宇宙论意义的差异，就很难体现。最终这个修士匍匐在地忏悔告白。只有当他明白说出自己的罪，恶魔才离开他的身体。言语表达是个决定性的瞬间（*Second Conference of Abbot Moses*，II）。[1] 自白就是真理的标志。不过，永恒的自白的观念只是一种理想。它从来不可能彻底实现。而永恒的自白的代价，就是任何无法被表达出来的东西，都因此成为一种罪。

总而言之，1世纪的基督教主要有两种表露自我，或展示关于自我的真相的形式：第一种是exomologēsis，或者说是一种对悔罪者悔罪状态的戏剧性表达。通过这种表达，罪人将自己作为罪人的状态表现出来。第二种形式在属灵文献中被称为exagoreusis（坦承）。这是一种对思想的持续不断的分析性言语表现，在个人对他人的彻底服从关系中实行。这种彻底服从的关系，是以舍弃人的主观意志与自我为原型的。

exomologēsis（对事实的认知）和exagoreusis（坦承）之间有显著的不同；但是我们必须强调的是，二者有一个重要的共同点：没有舍弃，就无法表露。Exomologēsis依循的是殉道者的模式。罪人必须通过禁欲的浸渍来"杀死"自

---

[1] Cassian, *Deuxième Conférences de l'abbé Moïse*, in *Conférences*, pp.121-123（"On Discernment," in *Conférences*, p.52）.

己。不论是殉道，还是对导师的服从，自我表露都是一种自我舍弃。另一方面，exagresis则是要你通过对导师的永久服从，证明你正在舍弃你的意志与自我。这一实践活动从基督教兴起之初，一直持续到17世纪。悔罪仪式在13世纪的设立，是它兴盛的重要一步。

自我舍弃（self-renunciation）的主题很重要。戏剧式的自我表露与口头表现的自我舍弃之间，有一种联动关系，贯穿了整个基督教文化。通过对这两个主题的审视，我得出的假设是，后者，也就是言语表现，占据日益重要的地位。从18世纪至今，言语表现的技术，经由所谓的人文科学，已被重新安插入一个相异的语境之中。其目的不再是自我舍弃，而是以积极的方式建构一个新的自我。使用这些技术，却无需舍弃自我，这是一个标志性的转折。

（吴䨇　译）

主体和权力

编者按

这篇文章是德莱弗斯（Hubert Dryfus）和拉宾诺（Paul Rabinow）1982年出版的著作《米歇尔·福柯：超越结构主义与解释学》的附录（这本书有一个不大靠得住的中译本）。也是福柯特地为这本书所写。福柯在这篇文章中明确地解释了他的总体研究目标：他的研究主题不是权力，而是主体；福柯也对他的全部研究工作作了一个总结。这个总结后来成为研究福柯的一个入口。近期的英语世界对福柯基本文选的整理，也依照他的这个总结而分为三个部分：伦理学；美学、方法和认识论；权力。这依据的正是福柯在这里所提出的三种塑造主体的模式。文章中的前半部分有些内容同"全体与单一：论政治理性批判"相近，表明了牧师权力在现代社会的转化和扩散；后半部分对他的权力概念作了清晰的论述——权力，更准确地说，应该是权力关系，是一种行为对另一种行为的作用。

为什么研究权力：主体问题

我在此要讨论的观点，既不表示一种理论，也不表示一种方法。

首先，我想说的是，在这整个20年期间，我的工作的目的是什么。它既不是对权力现象进行分析，也不是精心描绘出这种分析的各种基础。

相反，我的目的是创建出一种历史，这种历史有多种不同的模式，通过这些模式，在我们的文化中，人被塑造成各种主体。我的工作就是分析将人变成主体的三种客体化模式。

第一种是质询模式。它们试图将科学地位赋予自己。比如，在普遍语法、语文学和语言学中，将说话的主体客体化；再或者，在第一种模式中，在财富和经济分析中，将生产主体、劳动主体客体化；又或者，第三个例子，在自然史或者生物学中，将活着这个绝对事实客体化。

在我著作的第二部分，我将我研究的主体客体化称为"区分实践"。主体既在他的内部自我区分，也和他人区分开来。这个过程使他客体化了。例子是：疯子和正常人，病人和健康者，罪犯和"乖孩子"等。

最后，我试图研究人使自己变为一个主体的方式。这是我目前的工作。比如，我选择了性这个领域——男人是如何学会将自己看做是性的主体的。

这样，我研究的总的主题，不是权力，而是主体。

确实，我深深地卷入到权力问题中。我很快就发现，人这一主体在被置入生产关系和表意关系的同时，他也会同样地置入非常复杂的权力关系中。而在我看来，经济史和经济理论为生产关系的研究提供了很好的工具，语言学和符号学为研究表意关系提供了这样的工具，但是，我们还没有研究权力关系的器具。我们只得求助法律模式来思考权力，这即是：权力的合法性来自哪里？或者，我们求助于制度模式来思考权力，这也即是：什么是国家？

因此，如果人们想用权力来研究主体的客体化的话，他就有必要扩充权力定义的范围。

我们真的需要一个权力理论吗？既然一个理论假定了一个先在的客体化，它就不能被指定为分析工作的基础。但是，没有持续的概念化，这项分析性工作就没法进行。概念化暗示着批判性思考——持续的检验。

需要检验的第一件事情，是我所谓的"概念需要"。我的意思是，概念化不应以某种客体理论为根基——被概念化的客体不是好的概念化的单一标准。我们当了解激发我们概念化的历史条件。我们需要具备一种对我们当前状况进行认知的历史意识。

第二种要检验的事情，是我们正面临的现实。

一个作家曾在一个著名的法国报纸上表达了他的惊讶："今天为何如此多的人提出了权力概念？这个主题如此重要吗？如果不和其他问题联系起来思考，它能被单独讨论吗？"

这个作家的惊讶令我错愕。这个问题在20世纪第一次被提出来，对这个说法我表示怀疑。对我们来说，无论如何，权力不仅是一个理论问题，还是我们经验的一部分。我只想提及两种"病理形式"——两种"权力病"——法西斯主义和斯大林主义。它们令人困惑的众多原因之一是，尽管它们有其历史独特性，但仍旧不是原初性的。它们利用和扩充了在许多其他社会中已经出现过的机制。不仅如此，尽管它们表现出内在的疯狂，但在很大程度上，它们还是运用了我们政治合理性的诸多观念和配置。

我们需要的是有关权力关系的新经济。经济（economy）一词既是在理论也是在实践的意义上来运用的。换句话说，自康德以来，哲学的任务就是防止理性超越既定经验的限度。但是，也是从同一刻起，即自社会的政治处置和现代国家的发展以来,哲学的任务就是对政治合理性导致的权力泛滥保持警觉。这是一个相当高的期待。

每个人都意识到这类平庸无奇的事实。但是,它们平庸,但并不意味着不存在。面对这些平庸无奇的东西,我们要尽力发现的,或试图去发现的,就是哪些特殊的甚至是根本的问题同它们相关联。

理性化和政治权力的泛滥之间的关系显而易见。我们不需要等待官僚制或者集中营来辨识这些关系的存在。但是,问题在于,如何讨论这些显见的事实?

我们该审判理性?我想,没什么比它更无效的了。有三个原因。首先,这个领域同有罪或者无罪无关。其次,将理性看做是非理性的反面毫无意义;最后,这个尝试将使我们卷进去扮演一个武断而无聊的角色:要么是个理性主义者,要么是个非理性主义者。

我们该考察那种我们现代文化所特有的、发端于启蒙运动的理性主义吗?我想,那是法兰克福学派某些成员的目标。但是,我的目的,不是对他们的著作展开讨论,尽管他们非常重要、非常宝贵。我想提出另一种方式来考察理性化和权力的关联。

不把社会或者文化的理性化过程当做一个整体,而是在几个领域中来分析这样一个过程，每个领域都涉及一个基本经验：疯癫，疾病，死亡，犯罪，性，等等。这样做或许是明智的。

我认为"理性化"这个词是危险的。我们应该做的，是对特定的合理性进行分析，而不应该总是求助于普遍的理性化过程。

即便启蒙运动是我们历史的一个重要阶段，也是政治技术发展的重要阶段，我还是认为，如果我们想要理解我们是如何被我们自己的历史所捕获，我们应该追溯至古老得多的历史过程。

我还想表明另一种深入到权力关系的新经济中的方法。这个方法更具经验性，和我们的当下处境直接相关。它也更多地暗示着理论和实践的关系。它对不同的权力形式都进行抵抗，这些抵抗的形式构成了它的出发点。换一个隐喻来说，在它这里，抵抗作为一个化学催化剂，以便暴露权力关系，确定它们的位置，发现它们的作用点和使用手段。这种方法，不是根据权力的内在合理性的观点来分析权力，而是通过对抗性的策略来分析权力关系。

比如，要发现"正常"的社会意义，或许，我们应该去考察在不正常的领域发生了什么？

要在非法领域去考察合法的意义。

要理解权力关系的相关性，或许我们应考察多种抵抗形式，以及解散这些关系的诸多努力。

首先，我们会采用在刚刚过去的几年中发展出来的一系列对抗：这些对抗要抵制的是，男人对女人的控制权，父母对孩子的控制权，精神病学家对精神病人的控制权，医药对民众的控制权，政府对人们生活方式的控制权。

把这些说成是反权威的斗争是不够的，我们应该更准确地界定他们的共同性。

1. 这些斗争是"横向式"的，也就是说，它并不局限于一个地区。当然，在某些地区，它们的进展更快、更广。但是，它们也不局限于某个特定的政治或经济的管治形式。

2. 斗争的目标就是权力效应本身。比如，医疗职业受到批评，主要不是因为它暴利，而是因为它对人们的身体、健康、生命和死亡施加无节制的权力。

3. 这些斗争是"直接的"。有两个原因。在这些斗争中，人们要批判的是那些离他们最近的在个体身上施加影响的权力。人们寻找的不是"主要敌人"，而是直接敌人。他们并不期待有朝一日找到解决问题的答案（也就是解放、革命、阶级斗争的终结等）。与历史学家偏爱的理论解释或革命秩序相比，这些斗争是无政府主义的。

但是，这并不是它们的首创，在我看来，下面的这几点更为独特。

4. 这些斗争对个体的地位提出了质疑。一方面，它们宣称有权保持差异，对使个体真正地成为个体的一切东西进行强调。另一方面，对个体进行隔离，打断他和他人的联系，劈开共同体生活，迫使个人返回自身，强迫个体束缚于自我的认同，所有这一切，都受到这些斗争的攻击。

确切地说，这些斗争并不是支持或者反对"个体"，毋宁说，它们是同"个体化的管治"进行斗争。

5. 它们反对的是与知识、能力、资格相关的权力效应。斗争反对的是知识特权。但是，它们也要反对强加于人们身上的秘密、变形和神秘化表述。

这里与"科学主义"无关（即没有对科学知识价值的武断信奉），但是，也不是对一切已知的真理产生怀疑，或者是相对主义的拒绝。受到质疑的，是知识的流通和发挥作用的方式，以及知识和权力的关系。简言之，是知识的体制。

6. 最后，当前的所有这些斗争都围绕这个问题而展开：我们是谁？因为经济和意识形态国家暴力，以及诸多的抽象化漠视了我们的个体性，斗争就是对它们的拒绝。同时，因为科学的或行政的查究决定了一个人的身份，斗争也是对这种查究的拒绝。

总之，斗争的主要对象不是去攻击这样那样的权力机构、群体、精英或阶级，而是特定的权力技术和权力形式。

权力形式一旦在日常生活中直接运作，就会对个体进行归类。在他身上标示出个体性，添加身份，施加一套真理法则，这样，他本人和其他人都能借此认出自己。正是权力形式，使得个体成为主体。"主体"一词在此有双重意义：凭借控制和依赖而屈从于他人；通过良心和自我认知而束缚于他自身的认同。两个意义都表明权力形式的征服性。

总的来说，有三种斗争类型：反对统治形式（伦理、社会和宗教的统治）；反对将个体和他们的产品分割开来的剥削形式；反对个体自我束缚并因此而屈从他人的行为（这是反对臣属、反对屈从和主体性形式的斗争）。

我认为，你们可以在历史上找到这三种社会斗争的许多例子。它们既彼此孤立，又彼此混淆。但是，即便它们混在一起，其中，一定有某种斗争在大部分时间里占据着主导位置。比如，在封建社会，盛行的是反对社会或伦理的统治形式的斗争，尽管经济剥削可能是引起造反的非常重要的原因。

在19世纪，反剥削的斗争占据了首位。

而今天，反对屈服形式，反对臣服的主体性的斗争越来越重要，即便反对统治和剥削的斗争并未消失，而是恰好相反。

我思忖，我们的社会并非第一次面临这样的斗争。十五六世纪所发生的，后来主要被称为宗教改革的那些运动，应该分析为西方主体性经验的一次重大危机，是对中世纪形塑主体性的宗教和道德权力的一次造反。对精神生活、解救工作，以及《圣经》中的真理，都有直接参与的需要，所有这些，都是为了一种新主体性而展开的斗争。

我知道会有什么样的反对意见。人们会说，所有的屈从类型都是派生现象。它们不过是别的经济和社会过程，比如说，生产力、阶级斗争和意识形态的结果。正是它们对主体性形式产生了决定作用。

当然，要研究屈从机制不能不考虑剥削和统治机制。但是，它们并未构成更为根本的机制的"终点"。它们和其他形式持有一种复杂而迂回的关系。

这类斗争之所以在我们社会盛行，是因为自16世纪以来，一种新的政治权力形式持续发展。众所周知，新的政治结构就是国家。但是，在大多数情况下，国家被设想成这样一种政治权力：它漠视个体，仅仅注重全体的利益，或许我该说，仅仅注重公民中的某个群体或阶级的利益。

的确如此。但是，我更想强调这个事实：国家权力（这也是它强大的原因之一）既是个体化，也是总体化的权力形式。我认为，在人类社会的历史中，即便是中国古代社会的历史中，个体化技术和总体化程序从未在同一个政治结构中有过如此诡异的结合。

这是因为，现代国家将一个基督教体制造就的古老的权力技术整合进一个新的政治形态中。我们可以将这种古老的权力技术称为"牧师权力"。

先来讲讲牧师权力。

人们通常认为，基督教形成的伦理准则同古代世界迥然不同。而只有少数人注意到这个事实：它在整个古代世界倡导和传播新的权力关系。

基督教是唯一将自己组织为教会的宗教。这样，它原则上要求，个体，因为其宗教品质，就不是作为君王、执法官、预言家、占卜者、捐助人、教育家等等，而是作为牧师，来服务于他人。然而，牧师一词，却意味着某种非常特殊的权力形式。

1. 这种权力的最终目的是确保个体在来世中获救。

2. 牧师权力不仅仅是一种命令式的权力形式，它也准备为教徒的获救和生命而献身。因此，它不同于君主权力。后者为了确保它的宝座而要求臣民献身。

3. 这种权力要照看的不仅是全体，而且也是每个特定的个体，要照看他一生。

4. 最后，如果不了解人们的内心，不探索他们的灵魂，不让他们倾吐内心深处的秘密，这种权力就无法施展。它意味着对良心的认知，以及引导它的能力。

这种权力的目的是拯救（和政治权力相反）；它是奉献的（和君权原则相反）；它是个体化的（和法律权力相反）；它和生命是共存一致的，它和真理——个体自身的真理——的产生相关。

但是，你们会说，这不过是历史的一部分。牧师如果不是消失了的话，至少已经失去了他们的主要效力。

的确如此。但是，我认为我们应该将牧师权力分为两个方面。一方面是神学体制，自18世纪以来，它就失去或至少失去了活力。另一方面是它的功能，它在神学体制之外传播和繁殖。

这种个体化权力的新配置和组织，是整个18世纪发生的一个重要现象。

我认为我们不应该将"现代国家"看做是一个凌驾个体之上，漠视他的身份和存在而发展起来的整体。相反，它应被看成是一个复杂结构。个体可以被整合进这个结构，但采用的是这样一个条件：个体性会被塑造成一个新形式，并且屈从于一套特定的模式。

在某种意义上，我们可以将国家看做是个体化的现代母体，或是牧师权力的新形式。

再说说这种新的牧师权力。

1. 我们会发现，它的目标发生了变化。问题不再是引导人们在来世获救，相反，是确保此世的获救。在另一个语境下，"获救"（salvation）一词指的是另外的意义：健康、安乐（即充足的财富，优裕的生活水准）、安全、防范事故。一系列"尘世"目标取代了传统牧师的宗教目标。这种取代格外容易，是因为后者出于各种各样的原因，间接地追求这些目标。我们只要想想天主教和新教教会长期所确信的医学及其福利功能所扮演的角色，就会明白这一点。

2. 与此同时，牧师权力的职员增加了。有时候这种权力形式由国家机器来实施，有时候由诸如治安这样的公共机构来实施。（我们不应忘记，18世纪治安力量的发明，不仅是为了维持法律和秩序，帮助政府同敌人作斗争，而且也是为了确保城市供给、卫生、健康以及手工业和商业的必要标准。）有时候权力是由私人风险企业，福利社会，捐助者，通常是慈善家们来实施。但是，古代的体制，比如说家庭，也被调动起来执行牧师的功能。类似医学这样的复杂结构，包括根据私人倡导的以市场经济原则为基础的服务销售，也包括医院这样的公共体制，同样在实施这些权力。

3. 最后，牧师权力的代理人和目标的激增，使得人围绕着两个角色来发展他的知识：一个是总体性的和数量的，这涉及人口；另一个是分析性的，涉及个体。

这意味着，许多个世纪——一千多年——以来，一直和明确的宗教体制相关联的牧师权力，突然地扩散到整个社会组织之中。它获得了众多机构的支撑。取代多少有点联系又多少有点敌意的政治权力和牧师权力的，是另外一系列权力，它们施展着个体化"战术"。这些权力包括家庭权力、医学权力、精神病学权力和雇主权力。

18世纪末，康德在一家德国报纸《柏林月刊》上发表了一篇短文，题目为《什么是启蒙？》，一直以来，就是直到现在，这篇文章都被认为无关紧要。

但是，我却忍不住发现其意义不同凡响、令人着迷。因为，这是一个哲学家第一次提出，哲学的任务不仅是探究形而上学体系或者科学知识的基础，而且还要探究历史事件——最近的，甚至是当代的事件。

当康德在1784年问"什么是启蒙"的时候，他真正要问的意思是，"现在在发生什么？我们身上发生了什么？我们正生活在其中的这个世界，这个阶段，这个时刻是什么？"

或者换句话说，"我们，作为启蒙的一部分，作为启蒙者，是什么？"可以将这个问题比照笛卡尔的问题："我，作为独特的但是普遍的非历史主体，我是谁？"对笛卡尔而言，"我"（I）是任何时间，任何地点的任何人。

但是康德问的是另外一些东西："在历史的某个特定时刻，我们是什么？"康德的问题是对我们及我们的现在所作的分析。

我认为哲学的这一面会越来越重要。黑格尔，尼采……普遍哲学另一面并未消失。但是，对我们的世界进行批判分析的哲学任务越来越重要。或许，一切哲学问题中最确定无疑的是现时代的问题，是此时此刻我们是什么的问题。

或许，今天的目标不是去发现我们之所是，而是拒绝我们之所是。要摆脱政治性的"双重束缚"，即现代权力结构同时性的个体化和总体化，我们就必须去想象和建立我们可能之所是。

结论是，我们今日的政治、伦理、社会和哲学问题不是试图将个体从国家和国家体制中解放出来，而是将我们从国家和与国家相关联的个体化类型中解放出来。对数个世纪以来强加于我们身上的个体性进行拒绝，我们就可以促发一种新的主体性。

如何施展权力？

对有些人来说，问权力是如何施展（how）这样的问题，就意味着只是让自己去描述权力的效应，而不曾将这些效应同原因或者某个本性关联起来。这会使权力变成神秘化的，人们拒绝探询的物质。无疑，这是因为人们不喜欢对它提出质疑。循着这种从未被公开证明有效的方式，这些人似乎对某种宿命论形式采取怀疑的态度，但是，他们的不信任不正是表明了这样一个预设：权力的存在有其明确起源，基本性质和表现形式？

目前，如果我赋予"如何"（how）这个问题以优先地位，并不是因为我想消除"什么"（what）和为什么（why）这样的问题。相反，我是想以不同的方式提出这些问题，或者说，我更想知道，想象一种权力在自身内部将"什么"、"为什么"和"如何"融为一体是否合法？坦率地说，要着手分析"如何"，就是要引出这样一种怀疑：权力本身并不存在。无论如何，它要让人们自问，当使用这个庄重的、无所不包的、具体化的词的时候，人们内心到底想到了什么？它也要置疑，当人们在"什么是权力，权力来自何处？"这个双重问题面前没完没了裹足不前的时候，一个极其复杂的现实构型是否可以回避。直截了当的，经验性的小问题："怎么了"（what happens），不是用来暗中引出权力的形而上学或者本体论，而是为了对权力的主题进行批判性的考察。

"如何"不是在"权力如何表现自身"的意义上使用的，而是在"权力如何施展"或者是"当个体向别人施展权力的时候发生了什么？"的意义上使用的。

就权力而言，第一要务是要对两种权力进行区分。一种权力针对物而施展，它具有对物进行修正、使用、消费和毁坏的能力。这种权力既可能来自身体的内在禀赋，也可能由外部工具所传递。我们且把这里的权力说成是"能力"问题。与此不同，我们要分析的权力的特性则是：它在两个个人（或两个群体）之间引发游戏关系。还是不要自欺欺人吧：如果要谈论法律权力，机构权力，意识形态权力；如果谈论权力的机制和结构，它的假定条件是：这是一伙人对另一伙人施展权力。"权力"这个词在此表明的是"伙伴"关系（这并没有让我想到遵守固定规则的游戏，我只是——暂时用它的最普通的意义——简单地想到了一整套行为，这套行为导引出其他行为，并相互追随）。

也有必要将权力关系和交往关系区分开来。后者通过语言、记号系统或者其他的符号媒介来传递信息。无疑，交往也总是明确地作用于某个人或某群人的方式。但是，意义要素的流通和生产，无论是作为目的和后效，可能会在权力领域中出现。后者不单是前者的一个方面。权力关系无论是否穿越交往系统，它们总是有其特殊性。

因此，权力关系、交往关系和客观能力不应混为一谈。这并不是说有三种彼此分割的统治。也不是说，一方面，存在着这样一个场域：其中包括物、完美的技术、工作和对现实的改造，另一方面，还有这样一个场域，充斥着交往、相互性和意义的生产；最后是这样一个场域：强制手段的宰制，不平等，人作用于人的行为。[1]这是三种关系类型的问题，它们实际上总是彼此重叠、相互支撑，为了让对方作为实现自己目的的手段而相互利用。客观能力最基本的运用形式，就包含着交往关系（既可能采用事先获取的信息的形式，也可能采用共同工作的形式），它也和权力关系绑缚在一起（它或者是由义务、由见习期和传统推行的姿态构成，或者由多少有点强制性的劳动的分配和再分配构成）。而交往关系则意味着有目的的行为（即便只是将有指向性的意义要素恰当地付诸实施也是如此），并利用对伙伴之间的信息域的修正，来产生权力效应。权力关系要施展，则极度地借用符号的交换和生产。这二者很难同目的性行为分开。而

---

[1] 当哈贝马斯在宰制、交往和最终行为之间作出区分时，我认为他并没有在这里看到三个相互区分的领域，而是看到了三个超验物。

目的性行为一方面容许权力的施展（比如训练技术，宰制过程，迫使服从的手段等等），另一方面，为了使自身运转，它也呼请权力关系（劳动的分配和任务的等级）。

当然，这三类关系的合作，既不同步也不稳定。在一个现存社会中，目的性行为、交往系统和权力关系，它们之间并不存在普遍的平衡关系。毋宁说，存在着多样的形式、多样的地点、多样的环境和场景。它们的相互关系正是据此以某个特定模式而建立起来。但是，也存在着"聚块"（blocks），在此，能力的调配，交往源泉和权力关系构成了规范而协调的系统。以教育体制为例：空间的部署，对内部生活的细心管制，被组织在一起的差异行为，彼此遭遇、性格鲜明、能力殊异的生活在此的各色人等——所有这些构成了能力，交往和权力的聚块。通过一整套管制性交往（课堂、问题和答案、秩序、训导、服从代码、个人"价值"和知识水准的不同标记），一系列权力过程（禁闭、监视、奖惩、金字塔式的等级），学习，能力的获取，行为类型的锻造，才能获得顺利的保障。

在这些聚块中，技术能力的部署、交往游戏、权力关系，依据审慎构思的方案而彼此适应。这些聚块构成了我们所说的"规训"（discipline）——规训的词义在此被稍稍地放大。规训一旦历史性地形成，对它们作经验性的分析就会显示出特定的兴趣。这是因为，首先，通过人为的澄清性的系统，规训表明，客观结局，交往系统和权力是如何浇铸在一起的。它们也展现出不同的接合模式：有时候突出的是服从和权力关系（如苦修和修道院类型的规训），有时候突出的是目的性行为（如工厂和医院的规训），有时候突出的是交往关系（如对学徒的规训）；有时候突出的是这三种关系类型的渗透（在军事规训中，大量甚至是冗余的符号，既表示着，也牢牢地编织着权力关系，而这些权力关系又独具匠心地产生大量的技术效应）。

当然，18世纪以来欧洲社会的规训，并不应该被理解为作为社会一部分的个体变得越来越顺从，也不是说社会变得越来越像军营，学校和监狱。而是说，生产行为，交往网络和权力关系的运作，这三者之间正在寻求一种更具控制性的，更理性和经济的调配过程。

要通过对"如何"（how）进行分析来研究权力主题，就要介绍与基本权力的设想相关的几个批判性变迁。要将权力关系而不是权力本身作为分析的对象。而权力关系既不同于客观能力也不同于交往关系，只有在同后两者相关联的情况下，它才能得到恰当的理解。

什么构成了权力关系的特殊性

权力施展不仅仅构成伙伴之间，个体之间和集体之间的关系，它还是一些行为作用于另一些行为的方式。也就是说，没有所谓的权力实体，无论它是否大写，无论它是笼罩性的，巨大的还是扩散的，也无论是集中的还是分布的。只是在一些行为向另一些行为施展它的时候，只是在它运作的时候，权力才存在。当然，即便它刻写在被永恒结构所牢牢地控制的没什么可能性的领域中，权力也存在。这意味着权力与同意（consent）无关。就自身而言，权力不放弃自由，不转让权利，也不将它们的单个或全体委派给少数权力（它们并不能防止"同意"可能是权力关系的维护或者存在的条件）。权力关系或许是先前或永久同意的效应。但本质上，它不是同意的表现形式。

暴力或许是权力关系的原初形式、永恒秘密和最后手段。一旦迫使它撕开面具，露出真身，它的真正本质最终会暴露出来。这是不是说，人们应该在暴力中去寻找权力关系的特性？实际上，是行为模式界定了权力关系，但是这个行为不是直接作用于他人身上。相反，它是同他人的行为发生作用。行为作用于行为，作用于可能的或实际的，未来的或现在的行为。暴力关系针对身体或者物发生作用，它强迫、压服、毁灭、破坏、关闭一切可能性。它的对立面只能是被动的，一旦遭遇抵抗，除了全力以赴地将对手毁灭之外别无选择。而另一方面，权力关系真的要成为权力关系，只能根据这两个不可或缺的要素进行连接："他人"（权力在他身上施展）始终被确定为行动的主体；面对权力关系，一整套回应、反应、结果和可能的发明就会涌现。

显然，要让权力关系确立起来，就不能排除暴力的运用，就如同它不能排除达成同意一样。毫无疑问，缺乏其中一个，或者两个同时缺乏，权力就绝不能施展。但是，即便同意或暴力是手段或结果，它们也决不构成权力的原理和本性。权力的施展能够导致预期的接受：它既能让死者堆积如山，也能躲避它所能想象的任何威胁。就自身而言，权力施展不是隐秘的暴力，也不是改头换面的同意。它在这样一个可能性领域中运作：行动主体的行为能够自我刻写。它是一套针对可能性行为的行为。它刺激、煽动、引诱，它使得更易或更难；它放弃或者图谋，让可能性存在；在极端情况下，它绝对地强制或禁止，但是，它始终是一种行为方式，作用于一个或多个行为主体的行为和行为能力。这是一系列针对另外行为的行为。

或许，要同权力关系的特殊性达成一致，引导（conduct）一词的歧义性或许是最好的帮助之一。引导（是根据各种严格程度不同的高压机制）来"领导"（lead）他人，也是一种（在多少有些开放的行为领域中的）行为方式。权力的施展是一种行为引导（conduct of conducts）和可能性的操纵。从根本上说，权力不是两个对手的对峙或交锋，而是治理（government）问题。治理一词应当在16世纪它曾有过的非常宽泛的意义上去理解。"治理"并不只涉及政治结构或国家的管理，它也表明个体或集体的行为可能被引导的方式——孩子的治理、灵魂的治理、共同体的治理、家庭的治理和病人的治理。它覆盖的不仅是政治或经济屈从的合法构成形式，它还包括行为模式，这行为模式或多或少地被构思和考量，目的就是仿照他人的可能行为。在这个意义上，治理是去对他人的行为可能性领域进行组织。权力的特有关系因此就不是在斗争或者暴力方面去寻找，也不是在自愿契约方面去找（所有这些最多就是权力的工具），而是在既非战争也非法律的行为模式，即独一无二的治理模式中去寻找。

当人们将权力的施展定义为针对他人行为的行为模式，当人们将这些行为的特性确定为他人对人的治理时——治理在此采用最宽泛的意义——人们考虑到一个重要的要素：自由。权力只有在自由的主体身上，并且只是在他们自由的情况下，得以施展。在此，我们指的是这样的个体或集体主体：他们具有多种可能性：多种行为，多种反应方式，多种行为模式。一旦决定性要素事无巨细，权力关系就不存在。一个人深陷枷锁的奴役状态就并非权力关系，只有他能移动，有逃脱的机会，才构成权力关系。（这是一个身体强制关系的问题。）这样，权力和自由就不是两个相互排斥的要素而面对面地对峙（权力一显身，自由就消失），而是复杂得多的互动。在这个游戏中，自由恰好表现为权力施展的条件（同时也是它的前提，因为自由的存在就是为了让权力来施展；也是它的永恒支撑，因为没有可能的反抗，权力就等同于某种身体决断）。

就此，权力关系和拒绝屈从的自由不能分离开来。权力的关键问题不是自愿奴役（我们怎么会试图成为奴隶？），权力关系的核心，而且不断地刺激这权力关系的，是抵抗的意志和不妥协的自由。较之用"根本敌意"（antagonism）而言，用"战斗"（agonism）来谈论权力关系，也许更为恰当。因为这种关系同时是相互刺激和争斗的，与其说是它使得双方两败俱伤的面对面的对峙，不如说它是永恒的挑衅。

如何去分析权力关系？

人们可以分析这些权力，或者，我更应该说，仔细地关注那些明确的机构，对它们进行权力分析，是完全合法的。这些机构构成了一个优先的观察点，它们多种多样、高度浓缩、秩序井然，并最大程度地发挥效力。正是在此，人们希望能够大致看到它们基本机制的逻辑和形式的面貌。然而，对人们在封闭机制中发现的权力关系进行分析，就会提出诸多问题。首先，机构的运转机制的很重要部分是为自我保护而设计的，但这也给它带来了破译功能的风险。破译功能本质上是复制的，特别是在机构内部的权力关系中。第二，从机构的角度来分析权力关系，人们就应该从前者那里去寻求后者的解释和起源。概而言之，是要借助权力来解释权力。最后，机构的运作，本质上是使这两个要素相互作用：或明或暗的规章和一个机器。就此而言，人们要冒险赋予其中一个与权力有关的夸大其词的特权。也因此，人们只是在它这里看到了法律和高压的调控。

但这并不能否认，在确定权力关系的过程中，机构仍旧非常重要。准确地说，这是要表明，人们应从权力关系的角度来分析机构，而不是相反。同时，权力关系的基本锚点，即便是在机构中得到体现,被固化,但还是应该在机构之外去寻找。

权力施展可以定义为这样一种方式:某类行为可以将另一类可能性行为结构化。我们且返回这一定义。那么,适合于权力关系的,就是行为作用于行为的模式。也就是说,权力关系深深地植根于社会关系中,它不是凌驾于社会之上的,人们梦想彻底将其根除的补充结构。在社会中生存,无论如何,都是这样的生存:某些人的行为作用于另一些人的行为。没有权力关系的社会只能是一种抽象。顺便说一下,这也使得对一个既定社会中的权力关系,对它们的历史构成,它们强大或脆弱的根源,改变一些人或抛弃另一些人的必要条件,对所有这些进行分析,从政治上来说更有必要。因为,说没有权力关系就没有社会,这并不是说,那些已然被确立的东西是必要的,也不是说,在任何情况下,权力在社会的中心构成了一个在劫难逃的宿命,以至于它无法被破坏。相反,我要说的是,对权力关系,以及权力关系和不可传递的自由之间的"战斗",进行精心描述、分析和置疑,是一个不断增长的政治任务——甚至,这个政治任务内在于一切的社会存在中。

具体地说,对权力关系进行分析要求确立下面几点:

1. 差异体制。它允许人们针对他人的行为而行动：地位和特权在法律上和传统上的差异；货物和财富占有的经济差异；生产过程内部的不同位置；语言和文化的差异；认知和能力的差异；等等。每一种权力关系都使差异运转，而差异，既是权力关系的条件又是它的结果。

2. 对象化类型。它是由那些针对他人行为而行动的人所追寻的：维护特权，利益积累，法律权威的行使，某种功能或贸易的行使。

3. 工具模式。权力施展的手段是武器威胁，言词效力，制造经济悬殊，多少有些复杂的控制，有档案或无档案的监禁系统，或明或暗的、固定的或可改动的规则，这个规则可能有也可能没有物质实施的手段。

4. 机构化形式。它们可以将传统条件，法律结构，习惯或风尚问题（就像人们在家庭中所看到的）混合起来。它们也可以采用机器的形式，这个机器自我封闭，它有其特定的空间，特定的规则，清晰界定的等级结构，它的功能相对自主（诸如学校或军事机构）。它们也可以形成一个类似于国家这样的复杂体制：它拥有多样机器，其功能是将一切置于它的羽翼之下，从而成为全面的监管者，管控一切，在某种程度上，它也是一个既定社会整体中的所有权力关系的分配者。

5. 合理化程度。权力关系作为一种行为，是在可能性领域中来运转的。就其工具的效力和结果的确定性而言（权力施展所运用的或大或小的精细技术），或者，按照可用成本的比例（使用手段的经济成本，或遭到抵抗的成本），这种运作经过了较为精心的规划。权力并不赤裸裸地施展，权力施展不是机构性事实，也不是一个要维持或毁灭的结构。它被精心地制定，被改变，被组织，它自身拥有程序，以便或多或少地适应情势。

人们能够明白，对一个社会内部的权力关系进行分析，不能减约为对一系列机构的研究，甚至不能减约为对那些配得上称为政治的一切机构的研究。权力关系植根于整个社会之网。然而，这不是说，存在着一个最基本的权力原则事无巨细地宰制着社会。而是说，行为可能作用于他人的行为，这和每个社会关系共存。正是以此为基础，各种各样的殊异个体、各种各样的目标、对我们或别人已然施加的权力、部分的或普遍的机构化、较为刻意的组织等等，对权力形式作出了界定。在一个既定社会中，一些人对另一些人的治理的特定情景和形式多种多样，它们彼此叠加、交叉、限定，有时候彼此消除，有时候彼此强化。可以肯定的是，在当代社会，即便国家是最重要的权力形式，它也不单单是在一个特定情景中施展：在某种意义上，所有其他权力关系形式都与其相关。但这并非因为这些权力都来源于它，而是因为权力关系越来越多地在国家的控制之下（尽管国家在教育、司法、经济或者家庭制度方面采用的控制形式并不相同）。人们在此用"治理"这个词的特定意义，就可以宣称，权力关系逐渐地被治理化了，也即是说，以国家机构的形式，或者说，在国家机构的支撑下，权力关系被理性化和中心化了，被精心地制定了。

权力关系和策略关系

"策略"一词，在当今有三种运用方式。首先，它表示一种为达到目的的手段。这是一个旨在达到目标的合理性问题。其次，它指的是某种游戏行为方式。在这种游戏行为中，游戏的一方所想到的，是另一方的行为；他也将别人的想法，看做是他自己的想法。这是一种人们试图战胜他人的方式。最后，它指的是这样一种步骤：在一个对抗状态中，剥夺了对手的战斗手段，使之放弃抵抗。因此，这是一个意在获胜的手段问题。这三个意义在一个对抗情景——战争或者游戏——中聚集在一起。在此，目标就是用这种方式同对手交锋，使他难以战斗。因此，选择什么样的获胜手段，就决定了采取什么样的策略。但是，应该牢记，这是一个非常特殊的情形，而且，有些情况下，策略一词的不同意义应该保留。

与我提到的第一个意义相关，人们可以将某种权力策略系统称之为总体手段。其运作就是为了有效地施展权力或维持权力。如果权力关系构成一个行为对可能性行为、对其他行为的模式，人们也可以谈论权力关系的专有策略。这样，人们可以从策略的角度解释权力关系运转的机制。尽管，很明显，权力关系和对抗策略之间的关系最为重要。因为，在权力关系的核心，以及作为它们存在的永恒条件，存在着来自自由方面的反抗和某种根本的固执，如果确实如此，那么，没有逃脱或可能的逃离手段，就没有权力关系。每一种权力关系至少潜在地暗示着斗争策略，在此，两种力量并非叠加，没有失去它们各自的特性，也没有最后混为一谈。每一个构成了另一个的永恒界线，一个可能的颠覆点。当稳定的机制取代了对抗性反应的自由游戏时，一种对抗关系就达到了它的极限，它的最后时刻（两个对手必有一个获胜）。人们可以借助这些机制，以一种相当稳定的方式，理所当然地来指导他人的行为。就一个对抗性的权力关系而言，只要它战斗不死，固定化的权力关系就会变成一个目标——它既实现完结又悬而未决。而且，作为回报，斗争的策略也构成权力关系的边界，在这个边界线上，人们不是以精心计算的方式去操纵和诱导行为，而是满足于事件发生之后对这些行为作出反应。没有反抗点就不可能存在权力关系，而反抗，其定义，即是逃脱的手段。相应地，权力关系的每次强化或扩张都是为了彻头彻尾地镇压这些反抗点，这就只能使权力施展抵达它的外部极限。权力施展在下面两种情况下都走到了尽头：令他人陷入彻底无能的行为（在这种情况下，对敌人的胜利自然就取代了权力施展）；它面对着变成了敌人的被统治者。这就是说，每个对抗策略都梦想变成权力关系，而每个权力关系，无论是因为它们固有的发展线路，还是在遭遇正面抵抗之时，都倾向变成获胜策略。

事实上，在权力关系和斗争策略之间存在着相互吸引、永恒连接和永恒颠覆。在任何时刻，权力关系都可能变成两个对手之间的对抗。同样，社会中的两个对手的关系，在任何时刻都会让位于权力机制的运转。这就导致了不稳定性，其结果便是，既能从斗争历史的内部，也能从权力关系的立场，去破译同一事件，同一变革。结论性的解释就不会由相同的意义要素，相同的连接或相同类型的可理解性而构成。尽管这两种分析涉及的是同一种历史结构，但其中一种分析必定与另一种相关。事实上，恰恰是这两种解读之间的悬殊暴露了这些在众多的人类社会中出现的基本的"统治"现象。

统治，事实上，是权力的普遍结构。可以看到，其分支和结果可以向下延伸到社会的细微结构中。但与此同时，它也是两个对手之间长期对抗的一个策略情形，这个情形多少有点认为是理所当然的，并因此得到加固。可以肯定的是，统治事实，或许只是对权力机制的转写，而权力机制又来自于对抗及其结果（这是一个政治结构，它以侵略为基础）。也可能是，两个对手之间的战争关系是权力关系的结果，而这种权力关系自身产生了并携带着冲突和裂隙。使得群体统治、种姓统治、阶级统治，连同对统治的抵抗和造反，成为社会历史的核心现象的是：它们在整个社会身体的层面上，以一种无所不包的方式，表明权力关系和策略关系之间的密切绞合，同时也表明了它们之间的互动后果。

（汪民安　译）

论伦理学的谱系学：
研究进展一览

编者按

这篇访谈收录在《米歇尔·福柯：超越结构主义与解释学》（1983年第二版）中。是1983年4月德莱弗斯（Hubert Dryfus）和拉宾诺（Paul Rabinow）在伯克利对福柯进行的专访。福柯在这里澄清了他近期的工作，即围绕着"自我技术"这一角度对主体展开的谱系研究。

研究计划历史沿革

问：《性史》第一卷于1976年与读者见面，此后再未出版后续几卷。你是否依然认为对性的理解对于"我们是谁"这个问题的探究至关重要？

答：我必须承认，较之性而言，我对自我技术（technique of the self）以及相关方面的问题更有兴趣——性令人厌烦。

问：古希腊人好像对性的兴趣不大？

答：是的，希腊人对性没有多少兴趣。比如，比较一下他们对其他问题的研究，如食物、食谱等，关于性的话题在那个时候并不重要。食物对于古希腊人才是第一重要的，人们的兴趣从食物到性的转变，是一个非常缓慢的过程。对这一过程进行探究十分有趣。在基督教早期，食物的重要性依然大于性。例如，在那些为僧侣制定的戒律中，问题一直就是：食物，食物，食物。中世纪出现了非常缓慢的转向，人们对食物和性的兴趣旗鼓相当……在17世纪之后，性变得重要了。

问：但是，《性史》第二卷《快感的运用》（The Uses

of Pleasure）几乎全部都是讨论性。

答：是的。写这本书的过程很不顺利，其中一个原因是，我开始是写一本以性为主题的书，写完以后就把它搁在一边。后来，我又把它写成一本有关自我和自我技术的书，性在这里消失了；我不得不第三次重写这本书，尽量在上述两个主题之间保持平衡。

您瞧，在《性史》第二卷中，我试图揭示的是这样一种现象：（罗马）帝国初期的道德家与医生的限制性禁令符码，同公元前4世纪近乎相同。不过，我认为，他们整合这些与自身有关的禁令的方式却完全不同。我们很难在斯多葛伦理学中找到任何的规范化。原因在于，这种伦理的主要目的是审美意义上的。首先，它是个人的选择；其次，它仅限于少数人，而不是作为行为规范强加给所有人。它只是少数精英的个人选择。选择的动机就是希望过上一种美的生活，并将这种美好生存的记忆留给他人。我认为，我们完全可以说，这种伦理不是为了对民众进行规范化。

这种伦理主题的连贯性值得注意，但我认为这种连贯性蕴含着某些变化，这也是我试图揭示的问题。

问：这么说，你在论著里讨论的中心逐渐从性转向自我技术？

答：我想了解的是，基督教之前的自我技术是什么？或者说，基督教的自我技术从何而来？哪种性伦理构成了古代文化的特征？我写完《肉体的忏悔》（*Les Aveus de la chair*）——这本书与基督教有关——后，不得不重新审察我在《快感的运用》的导论中关于异教伦理的说法，因为那仅仅是从一些二手文本中借来的老套说法。我后来发现这样几点：第一，这种异教伦理表面上显得大度包容，实则不然；第二，与基督教相关的大多数苦行主题几乎从一开始就得到充分呈现，同样的，在异教文化中，主要问题并非苦行规则，而更多的是自我技术。

阅读塞涅卡和普鲁塔克等所有这些人的作品，我发现存在着大量的与自我、自我的伦理和自我的技术相关的主题和问题。这样，我就想写一本书：它包括一系列独立的研究论文，涉及古代异教的自我技术的方方面面。

问：题目是什么？

答：《关注自我》（*Le Souci de soi*）。这个性的系列就是这样的：第一卷是《快感的运用》。这本书中有一章讨论的是自我技术，我认为，要想清楚地理解古希腊人的性伦理，就必须把它与自我技术联系起来。接着是同一个性系列研究的第二卷，《肉体的忏悔》，讨论的是基督教的自我技术。最后是《关注自我》，该书独立于性的系列，由不同的论文组成：有些论文是讨论自我的——例如，有一篇是对柏拉图的《亚西比德》(*Alcibiades*) 的评论，柏拉图在他这篇文章中，第一次对"关注自我"这一概念进行了阐述；有些论文讨论的是阅读和书写在构建自我时所发挥的作用；有些还涉及自我的医疗经验的问题等等……

问：接下来你会关注什么问题？你在完成这三卷后还会继续讨论基督教问题吗？

答：哦，我打算关注我自己！……我有一本关于16世纪性伦理的书，不过，这充其量只是个草稿。在这本书中，自我技术、自我审察、灵魂疗救等问题，在新教和天主教教会中都十分重要。

令我惊讶的是，首先，在希腊伦理中，人们更关注的是他们的道德行为，他们的伦理，他们与自我的关系，与他人的关系，而不是这样的宗教问题：死后会怎样？诸神是谁？他们是否干预？——对希腊人而言，这些问题的重要性微乎其微，它们与伦理和行为也不直接相关。第二件事情是，伦理与任何的社会体制——至少与任何的法律体制——毫无干系。比如，针对不轨之性的法律少之又少，也没有什么强制性。第三件事情是，他们操心的主题是去构造一种伦理学，即一种生存美学。

我想，我们今天的问题在某种意义上是否与此相似？因为我们大多数人不再相信伦理学是建立在宗教基础之上，我们也不想用一种法律体系来干预我们的个人的道德私生活。最近的解放运动遭受挫折，就是因为人们无法找到一种能够使新伦理得以确立的基础原则。他们需要一种伦理，但是，人们对自我、欲望、无意识作了所谓的科学认知，除了以这种科学认知为基础的伦理之外，他们无法获得任何其他伦理。问题的相似性令我震惊。

问：你是否认为希腊人为我们提供了某种有吸引力的而且似乎可能的另类方式？

答：不！我并没有寻找另类方式；你不可能在不同时期不同人的不同问题的答案中去寻找这个问题的解决。你知道，我所研究的不是解答的历史——这也是我为什么不愿意用"替代品"这个词的原因。我想研究的是问题和问题框架（problématiques）的谱系。我并不是说：一切都是坏的，而是说，一切都是危险的。而危险不等于坏。假如一切都是危险的，那么，我们应该总是有事可做。因此，我的立场不是要人们采取无动于衷的态度，而是提倡一种超乎寻常又不无悲观色彩的行动主义。

我认为，我们每天必须作出的伦理—政治选择是为了确定主要的危险是哪一个。以罗伯特·卡斯特（Robert Castel）的《风险管理》（*La Gestion des risques*）对反精神病学运动史的分析为例。我完全同意卡斯特的说法，但是，这并不意味着——像某些人认为的那样——精神病院比反精神病学运动要好；这也不意味着说我们对精神病院展开批评是错误的。我认为批评精神病院是对的，因为精神病院就是危险所在。现在很清楚，这种危险也已经有所改变。例如，在意大利，所有精神病院都已经关闭，而且已经有了更多的免费诊所——当然，也产生了新的问题。

问：如此看来，你应该正在撰写一部生命权力谱系学？

答：目前我没有时间做这方面的研究，但是可能会做。事实上，我必须做。

为什么说古代社会不是黄金时代，可我们还是可以从中学习？

问：那么，希腊人的生活也许不能堪称完美；不过，对于没完没了的基督教自我分析而言，这种生活倒不失为一种有吸引力的另类方式。

答：希腊伦理与纯粹男性化的奴隶社会息息相关，在这样的社会中，妇女处于弱势地位。妇女是否获得快感无足轻重，作为妻子和诸如此类的身份决定了妇女的性生活，同样，她们的性生活也仅仅是为了适应这些身份。

问：如此说来，在希腊社会，妇女是处于被统治地位，可是，同性恋的处境想必会比现在好得多？

答：或许可以这样来理解。由于大量的文献提到了希腊文化中的恋童行为（loving boys），一些史学家便会宣称，"噢，这就是他们恋童的证据。"但是，在我看来，这恰恰证明了恋童行为在那个时代也并非寻常。试想，如果恋童行为合乎常理，他们必定会像谈论男欢女爱一般去谈论这种爱情。问题就在于，他们无法接受本应成为自由公民的男童会因某个人的快感而被支配和利用。妇女、奴隶可以是被动的，因为被动符合他们的本性和身份。所有这些反思，都是对恋童行为的哲学探索，它们得出来的结论也一模一样：请别把男童当作女人对待——这一切都证明了他们无法将这些真实实践整合进他们自己的社会框架中。

在普鲁塔克的作品中，你会一眼看出他们甚至无法想象男童与男人之间的快感是对等的。如果普鲁塔克认为恋童行为不合常理，那么也绝对不是因为恋童行为本身是反自然或者是其他类似的问题。他认为："在男童和男人的身体关系中不可能存在任何的对等性。"

问：我们在亚里士多德的作品中发现"友谊"是希腊文化的一个组成部分，关于"友谊"，您尚未提及，但是这个问题似乎非常重要。在古典文献中，"友谊"就是相互承认的核心。传统并未将"友谊"视为最高美德，但是在亚里士多德和西塞罗那里，"友谊"被作为至高的美德而备受推崇，究其因就在于"友谊"不仅无私而且永恒，它不易被收买，也不会背弃尘世的功利和玩乐，可是友谊谋求的还不仅仅只是这些。

答：但是，别忘了《快感的运用》只是一本关于性伦理的书；它没有涉及爱情、友谊和对等性。值得注意的是，当柏拉图试图将恋童和友谊融为一体时，他就不得不撇开性关系。友谊是对等的，但性关系却并非如此：在性关系中，要么你就范，要么对方就范。我完全同意你对于友谊的看法，但是我认为它证实了我有关古希腊性伦理的观点：如果你拥有友情，就很难同时拥有性关系。如果你留意一下柏拉图的论著，你会发现对等性在友谊中占有重要的地位，但是在身体层面它却荡然无存；他们之所以需要哲学上的解释来为这种爱情正名，原因之一就在于他们无法接受一种身体层面的对等性。在色诺芬（Xenophon）的《会饮篇》（*Banquet*）中，苏格拉底认为在男童和男人之间，很显然，男童只不过是男人快感的旁观者。他们对恋童进行的美好描述隐含着这样一层意义：可以不必去考虑男童的快感；此外，如果男童在与男人的性关系中体会到了某种性快感，这对男童而言将是一件羞耻的事情。

我的问题是：我们能否拥有一种重视他人快感的行为伦理和快感伦理？他人的快感能否成为某种可与我们的快感相融合的东西？而且无需考虑法律、婚姻和任何未知的种种？

问：这样看来，对希腊人来说，非对等性的确成了个问题，不过这个问题似乎可以得到解决。性为什么必须被男性化？为什么只有在普遍范式经历了巨变后妇女和男童的快感才会得到重视？抑或是这个问题并非微不足道，因为如果你试图考虑他人的快感，整个等级森严的伦理体系将会分崩离析？

答：正是如此。希腊的快感伦理离不开男性化的社会，也离不开非对等性，它不顾虑他人，执著于使对方就范，迫使你感觉到自己的精力即将被消失殆尽，等等。诸如此类的种种都极其让人厌恶！

问：好，就算对希腊人而言，性关系不仅不对等，而且会导致一些焦虑，但是至少就快感本身而言它是毋庸置疑的。

答：喔，《快感的运用》想要揭示的是诸如快感与健康之间日趋增强的张力。看看医生的说法和所有有益于健康的饮食规定，最初你会发现几个世纪以来的主题极为相似。但是，与公元前4世纪相比，在公元2世纪，性行为被认为有危险性的看法更为普遍。你知道，希波克拉底（Hippocrates）认为性行为已经构成了危险，所以在进行性行为的时候必须非常小心，同时性行为也不要过于频繁，最好只在适当的时候进行等等。不过在公元1世纪和公元2世纪的时候，医生认为性行为更接近于一种"悲悯之为"（Pathos）。在我看来，这个重大的转变就是：在公元前4世纪，性行为是主动的，而对于基督徒而言，性行为是被动的。奥古斯丁曾经做过一个极为有趣的分析，这种分析代表了对有关"勃起"问题的典型看法。公元4世纪的希腊人认为，"勃起"意味着积极行动，而且是一种非常重要的行动。但是从那以后，奥古斯丁和基督徒认为，"勃起"不是什么自发行为，而是代表着被动——一种对原罪的惩罚。

问：那么，较之快感而言，希腊人是不是更加关注健康？

答：对，大量的文献资料都表明希腊人为了保持健康对饮食极为注意。相比较而言，有关他们在发生性行为的时候该如何去做的论述却寥寥无几。关于食物的探讨集中在气候、季节、空气的干湿度和食物的干燥等等之间的关系。几乎没有涉及烹饪方法；关注更多的是食物的品质。这种关注的中心不是有关烹饪的艺术，而是有关选择的艺术。

问：这样说来，尽管德国有那么多的希腊文化研究者，古希腊却并非是黄金时代。可是，我们想必能够从那个时代学到些东西？

答：依我看，在那个不属于我们时代的阶段，并没有什么值得效仿的价值。……它也不是什么值得我们重新关注的阶段。但是那个阶段的确存在有关伦理经验的例子，它意味着快感和欲望之间联系密切。如果以此对比我们当今的经验即人们——无论是哲学家还是心理学家——认为欲望远远比快感重要，我们就会感到好奇：这种分离是否并非历史事件，是否根本就是可有可无，是否不仅与人类本性无关，也与任何人类学上的需要毫无瓜葛。

问：但是关于这个问题，你已经在《性史》中通过区分性科学和东方性爱艺术（ars erotica）进行了阐述。

答：那本书中有许多值得商榷的地方，其中就包括了我有关"性爱艺术"的看法。我本来应该把我们的性科学与我们自己文化中相应的性实践相对照。希腊和罗马文化中的性爱艺术与中国的性爱艺术（或者至少在他们的文化中性爱艺术并不是什么极为重要的东西）没有什么可对比性。他们生活的艺术（tekhne tou biou）崇尚快感的节省。在这种"生活的艺术"中，如何得心应手的操控自我很快就成了关注的中心。基督教阐释学对自我的认识为这种艺术做出了新的阐述。

问：但是，你毕竟已经谈及到了非对等性和对于健康的过度痴迷，这第三种可能性能够给我们什么启示呢？

答：我想说明的是，希腊人普遍关注的问题不是自我艺术，而是生活的艺术，即如何生活的问题。很显然，从苏格拉底、赛内加到普林尼（Pliny），他们都不担心死后的生活，不担心死后会发生什么事情，或者关注上帝是否存在。对他们来说，这些都不是重要的问题；重要的是，为了如我所愿那样好好地生活，我必须采用哪一种艺术？依我看，在古代文化的发展过程中，其中一个重大的变化就是这种生活的艺术逐渐演变成为了自我技术。5世纪或者4世纪的希腊人会认为生活的艺术就是保护城邦、照顾同伴。但是对于诸如赛内加这样的人来说，生活的艺术在于关注自我。

这一点在柏拉图的《亚西比德》中讲得十分清楚：要统治城邦就得关注自我。但是为了自我而关注自我源于伊壁鸠鲁——而在塞涅加、普林尼等那里，这种看法就变得极为普遍：每个人都必须关注自我。希腊伦理看重的是自我选择和生存美学。

我对"生命"（bios）作为审美艺术物质形式的看法很感兴趣，此外，伦理可以被视为生活的强有力结构，它与法律本身、专制制度以及规训结构无关，这一点对我来说也很有趣。

问：那么，希腊人怎么看待性反常行为？

答：对希腊人来说，性伦理中最大的不同不是人们在性行为中是偏好妇女还是偏好男童，也不是以什么样的方式来从事性行为，而是有关性行为的数量以及其主动性和被动性的问题。他们关注的是你是欲望的奴隶还是欲望的主人。

问：那么，如何看待性行为过于频繁而损害健康的行为呢？

答：这种行为是傲睨神明，纵欲过度。它不是性反常的问题，而是纵欲过度或者适当节制的问题。

问：那么，他们如何看待这些人呢？

答：他们会觉得这些人行为丑陋、臭名远扬。

问：他们不去对这些人进行治疗或者改造吗？

答：有一些有助于看管自我的训练。伊壁鸠鲁认为，在遇见美少女或美少男的时候，你必须让自己不产生任何想占有她或他的欲念，你必须能够完全彻底地控制自己。

希腊社会中的禁欲生活曾是一种潮流或趋势，是源自于一群非常有教养的人们的哲学运动，它的目的就是让这些人的生活更加激情四射、锦上添花。在某种程度上，20世纪也存在同样的情形，人们为了过上更加美好的生活，尽力摆脱来自社会以及儿童时期的性压抑。纪德（Gide）在希腊时期应该会被视为一个禁欲哲学家。

问：为了生活得更好，那个时候的人们提倡禁欲，现在的人们以心理科学为名谋求一种自我实现。

答：的确如此。我认为根本没有必要把伦理问题与科学知识并列起来。在人类的文化发明物当中有不少卓越的成就，如各种装置、技艺、思想、程序等等，这些东西不一定能够重新起作用，但是它们至少可以形成，或者有助于形成某种视角，这个视角作为一个极为有用的工具，可以帮助我们分析当今正在发生的一切——然后再去做些改变。

我们不必在我们的世界和希腊人的世界之间做出选择。但是，既然我们知道我们伦理中的一些重要原则在某些时候已经与生存美学有了联系，那么这种历史分析就是有用的。几个世纪以来，我们确信，在伦理、个人伦理、日常生活、宏大的政治、社会与经济结构之间存在着逻辑上必然的联系，要在诸如性生活或者家庭生活中谋求变革，就必定会损毁经济、破坏民主等等。我认为必须摒弃这种认为伦理和其他社会、经济或政治结构之间存在逻辑上必然联系的观点。

问：我们现在已经认识到伦理与其他结构之间的关系仅仅是历史的而非必然的，那么，现在该构建一种什么样的伦理呢？

答：让我印象深刻的是这样一个事实，在我们这个社会，艺术仅仅与物相关而与个人或者生活无关。它是由艺术家一类的专业人士制作的特殊之物。但是个人的生活就不能成为一件艺术品吗？为什么一盏灯、一幢房子可以是艺术品，而我们的生活却不是？

问：当然，这种看法在伯克利这样的地方就十分常见，那儿的人们认为一切皆应该自我完善，无论是吃早饭的方式，还是从事性行为的方式，抑或是过日子的方式，概莫如此。

答：但是依我看，在大多数情形下，大部分人认为如果他们行所行之事（自行其是），按自己的方式去生活，其原因就在于他们对欲望、生活、本性、身体等等问题的真相有所了解。

问：如果一个人不依靠知识或者普遍规律就来创造自我，这种观点又如何与萨特的存在主义区别开呢？

答：我认为，从理论的角度上讲，萨特避免将自我看作某种既定事实，但是通过本真性这个道德概念，他又重新提倡我们必须成为自我——成为严格意义上的真实的自我。依我看，萨特观点中唯一可以接受的有实用价值的推论就是把他的理论洞见与创造性实践结合起来——而与本真性无关。自我不是既定的，这个观点说明只存在一种有实用价值的推论：把自我当做一个艺术品来创造。在对波德莱尔、福楼拜等人进行的分析中，我们可以看出萨特把创造行为归因于与自我的某种关系——把作者与他自身联系了起来——这些都是以本真或者非本真的形式呈现出来的，对这一点，我觉得非常有趣。但是我的观点却恰恰相反：我们不应该把人们的创造性行为归因于他与自我的某种关系，而是应该把人们与自我的关系归因于某种创造性行为。

问：这听起来像尼采在《快乐的科学》中的观点：人应该通过长期实践和日常工作来赋予生活某种风格，由此创造自己的人生。

答：是的。我的观点更接近于尼采而不是萨特。

谱系阐释的体系

问：《性史》第一卷之后，您又写了《快感的运用》和《肉体的忏悔》，这后两本书是怎样被纳入到您的谱系学计划的体系中的呢？

答：谱系研究有三个领域。第一，我们自身的历史本体论与真理相关，通过它，我们将自己建构为知识主体；第二，我们自身的历史本体论与权力相关，通过它，我们将自己建构为作用于他人的行动主体，我们自身的历史本体论与伦理相关，通过它，我们将自己建构为道德代理人。

因此，谱系学可能就是这三个轴心。在《疯癫与文明》中，这三个轴心同时抛头露面，尽管三者的共存让人觉得混杂难辨。《临床医学的诞生》、《词与物》探讨了真理轴心，《规训与惩罚》则研究了权力轴心，《性史》关注的是伦理轴心。

有关性的那本书是以道德历史作为总体框架。依我看，一般说来，一旦涉及道德历史的研究，我们就必须对道德行为和道德准则进行区分。道德行为（conduites）是受制于道德准则（prescriptions）的人们的真实行为。我认为，我们必须区分两种准则，一种准则是用来规定哪些行为是被许可的，哪些行为是被禁止的，另一种准则是用来规定各种可能的行为，哪些具备正面的价值，哪些具备负面的价值——例如你不允许和妻子以外的其他人发生性行为——就是这种准则的基本看法。道德准则还有其另一面，大多数情况下并非像这样孤立存在，但是，依我看，这一面却极为重要：你与自身应该保持的那种关系，即自我关系（rapport a soi），我称之为伦理学，它决定了个人应该如何把自己构建成为自身行动的道德主体。

这种与自我的关系涵盖了四个主要方面。第一个方面针对的问题是：自我或者自我行为的哪个部分与道德行为相关？例如，你可以说，通常在我们这个社会，道德的主要方面、自我与道德联系最为紧密的部分是我们的情感。（即使你深爱你的妻子，你依然可以与其他女孩在街上或者其他任何地方约会。）噢，显而易见，在康德主义者眼里，动机比感情要重要得多。但是基督徒却认为更重要的是欲望——嗯，这个我们可以讨论，因为中世纪与17世纪对于这个问题的看法是不一样的……

问：大体说来，基督徒看重欲望，康德看重动机，那么我们现在看重的是否就是情感呢？

答：嗯，可以这样认为。与伦理判断相关的并不总是自我或者行为的同一个部分。对此我称之为伦理实体（substance ethique）。

问：伦理实体是否就是伦理学所分析的对象？

答：对。比方说，在《快感的运用》中，我谈到了"性快感"（aphrodisia），我的目的就是想表明，与希腊伦理密切相关的性行为部分与邪念和情欲并不相同。对希腊人而言，伦理实体是与快感和欲望连为一体的行为。而且它完全不同于情欲，不同于基督教意义上的情欲。性是第三种伦理实体。

问：从伦理学的角度来看，情欲和性区别何在呢？

答：我没法回答，因为只有经过确切的调查方能加以分析。在我没有研究希腊或者希腊—罗马伦理之前，我没法回答这个问题：希腊—罗马伦理的伦理实体究竟是什么？现在我认为，通过分析他们借用"性快感"所表达的意义，我知道了什么是希腊伦理实体。

在希腊人看来，当一个哲学家爱上了一个男童，但并没有与他发生任何身体接触，这个哲学家的行为就是值得称道的。人们关注的是：他是否与男童有身体接触？这才是伦理实体：即与快感和欲望相联系的行为。而在奥古斯丁那里，很明显，当他回忆起十八岁那年与结交的年轻朋友的关系时，困扰他的是，对于那位朋友他究竟产生了一种什么样的欲望。你看，伦理实体已经发生了改变。

第二个方面是主体化模式（mode d'assujettissement），即人们被吁请或者被激励去发现自身道德义务的方式。比如说，它会不会就是在文本中已经得到揭示的神圣的律法？它会不会就是在任何情况下对任何生命存在都适用的自然法则、宇宙秩序？它是理性法则吗？它是让你的生存可能获得最美丽的形式的尝试吗？

问：当您提到"理性的"时候，您是指科学性吗？

答：不，我是指康德哲学的，指普遍性。比方说，从斯多葛学派那里，你会知道他们怎样从生存美学的理念缓慢过渡到这样的理念：即我们必须做这种那种的事情，因为我们是有理性的存在——作为人类共同体的成员，我们必须这样去做。再举个例子，在伊索克拉底（Isocrates）的作品中有一段非常有趣的谈话，据说是塞浦路斯君王（Cyprus）尼科克利斯（Nicocles）所言。他解释了为什么他总是对自己的妻子忠贞不贰:"因为我是一国之君,而且,作为他人的指挥官和统治者,我必须表明我也有控制自己的能力。"你看,这条忠贞的法则与普适性和斯多葛规则毫不相关:"我必须对我的妻子忠诚,这是因为我是一个人和一个有理性的存在。"在前面的一个例子中,我之所以如此是因为我是一国之君!在尼科克利斯和斯多葛主义者那里,同一条法则被接受的方式迥然不同。这就是我所说的主体化模式——伦理学的第二方面。

问:当这个君王说"因为我是一国之君"的时候,那意味着一种美好生活吗?

答:既是美学层面的也是政治层面的,两者密不可分。因为如果我希望民众认可我为君王,我就必须拥有一种我可以成为君王的荣耀,这种荣耀是不可能脱离美学价值的。所以政治权力、荣耀、不朽的声望和美好在某个时刻都会联成一体。这就是主体化模式——伦理学的第二方面。

第三个方面针对的问题是:为了成为伦理主体,我们应该通过什么方式改变自我?

问:也就是说,我们如何作用于这个伦理实体?

答：不错。是关于我们打算做些什么，是去节制我们的行为，还是去解释我们是什么，或者去根除我们的欲望，抑或是利用我们的性欲来达到某种目的，如生儿育女，等等——所有这些旨在使我们的行为举止合乎伦理的关于自我的详尽阐释。为了忠实于自己的妻子，你能够对自身做不同的事情。这就是第三个方面，我称其为"形成自我的实践"（pratique de soi）或者是广泛意义上的禁欲主义。

第四个方面针对的问题是：当我们遵从道德标准行动时，我们追求的是哪一种存在？比如说，我们是否会变得纯朴，或者是不朽，或者是自由，或者是变成我们自我的主人等等？这些就是我所说的目的（teleologie）。在我们称之为道德的范畴中，存在着某种能产生预期效果的人们的行为举止，存在着道德法则，以及上述四个方面与自我的关系。

问：这些方面都彼此独立吗？

答：它们之间既相互纠缠又彼此独立。比方说，你会非常清楚，如果目标是绝对纯净的存在，为什么形成自我的实践的手段，以及你打算使用的禁欲主义的手段，会与你试图主宰自身行为时所使用的种种手段不能完全吻合。在第一种情形下，你倾向于某种解码技术，或者是纯化技术。

好，如果把这种一般框架运用到异教伦理或者是早期的基督教伦理上面，我们将说明些什么呢？首先，假如我们考察这类准则——什么是该禁止的、什么是可允许的——你会发现，至少在哲学层面的行为准则里，存在三种主要的禁令或者说是规定。一是关于身体——也就是你必须非常谨慎地对待你的性行为，因为它极其消耗生命，所以要尽可能少地发生性行为。二是当你结婚后，除了你的妻子，请不要与其他任何人发生性行为。至于男童——请不要与他们有任何身体接触。这一点你可以在柏拉图、伊索克拉底、希波克拉底，后期的斯多葛学派等等那里发现这条禁令——同样也可以在基督教，甚至我们当今的社会中发现它。因此，在我看来，准则本身并没有发生重大的变化。发生变化的是其中的某些禁令；某些禁令在基督教时期比在希腊时期更为严格、更加苛刻。但是主题依旧。因此，我认为在希腊社会、希腊伦理、希腊道德以及基督教徒如何看待他们自我这几个方面发生的重大变化不在于准则，而在于我所说的伦理，即同自我的关系。在《快感的运用》一书中，通过关注准则的三大禁欲主题：健康、妻子或妇女、男童，我分析了针对自我关系的上述四个方面。

问：是否可以公允地说，因为在你眼里，道德准则相对而言要稳定一些，所以你正在从事的并非道德的谱系学，而是一种伦理的谱系学？

答：对。我正在撰写的是一部伦理的谱系学。可以称之为作为伦理行动主体的主体谱系学，或作为伦理问题的欲望谱系学。因此，如果我们研究古希腊哲学或者医学中的伦理，伦理实体是什么呢？它是性快感，同时它也是行动、欲望和快感。主体化模式是什么？它指我们必须把我们的存在建设成为美好的存在；它是一种美学形式。你看，我力图揭示的是，古典伦理不会强迫任何人如此作为：如忠于自己的妻子，不与男童进行身体接触，等等。但是，如果他们想拥有美好的存在，获得好的名声，力图去统治他人，他们就必须这样去做。为了存在的美好或荣耀，他们主动选择去接受这些道德义务。为了这种选择，无论是美学上的或是政治上的选择，他们决定去接受这种存在——这就是主体化模式。它是一种选择，一种个人的选择。

在后期的斯多葛主义那里，当他们开始说"好吧，因为你是人，所以你必须那样去做"，事情就开始发生了一些变化。它不再是一个选择的问题；你不得不如此因为你是一个理性的存在。主体化模式正在发生变化。

非常有趣的是，在基督教那里，一些性行为规范借助宗教而理所当然地变得合情合理。对这些规范实行监控的机制是一些宗教机构。但是这种义务是以法律的形式体现出来的。在基督教内部，存在着一种宗教律法的内部审判（juridification）。比方说，所有的决疑论实践都是典型的审判实践。

问：可是，启蒙运动之后，当宗教隐退的时候，审判成为了它的残留之物吗？

答：对，18世纪之后，这些法规的宗教准则在某种程度上消失了，接着，医学或者说是科学手段与审判体系分庭抗礼，难分高下。

问：您能否将上述方面概括一下？

答：好吧。对希腊人来说，伦理实体就是性快感；主体化模式就是政治—美学选择；禁欲形式就是为此而使用的艺术——在此我们发现，比如关于身体的艺术，或者是界定你自己作为丈夫这一身份的规则的经济学，或者在恋童行为中对自我实行的一种禁欲的性爱，等等。目的是指操控自我。这些就是我在《快感的运用》前两部分讨论的东西。

论伦理学的谱系学：研究进展一览

然后，这个伦理内部出现了变化。引起变化的原因就在于随着城邦的消失，社会中男性的角色发生了改变，这种变化不仅体现在家庭中男性与他们妻子的关系当中，也体现他们在政治领域中所起的作用。正是出于这些原因，他们把自己作为政治、经济活动的主体来看待的方式发生了改变。大体上，我们可以说，伴随着这些社会问题的变化，古典伦理——也就是关于自我关系的阐释——也在发生改变，但是，依我看，这些变化并没有影响到伦理实体：它依然是性快感。在主体化模式中也出现了一些变化，例如，当斯多葛学派把自我视为普遍存在的时候，变化就发生了。禁欲主义也发生了一些重大变化，如作为伦理主体的你为了承认和建构自我而使用的某种技术。目标也发生了变化。在我看来，差别就在于，按照古典的看法，要成为自我的主人意味着首先只考虑自我而不顾及他人，因为能够成为自我的主人就意味着你能统治他人。这样，操控自我就和与他人的不对称关系直接联系起来。从积极行动、不对称和非对等性意义上来说，你应该成为自我的主人。

后来，由于婚姻、社会等方面都发生了变化，操控自我不再主要针对统治他人的权力：你必须成为自我的主人，其目的不仅仅是因为要像亚西比德或者尼科克利斯那样去统治他人，还是因为你是一个理性的存在。通过这种操控自我的方法，你与其他人联系起来，而那些人同样是他们自我的主人。这种与他人的新型关系与以前相比，其非对等性的意味减弱了许多。

这些就是发生的变化，我想在《快感的运用》第四部分的后三个章节中描述这些变化。我会关注相同的一些主题——身体、妻子或者妇女、男童——我想说明相同的三个禁欲主题会和一部不完全的新伦理联系在一起。我之所以使用"不完全"这个词是因为这个伦理的有些部分并没有发生改变：比如说，性快感。但是，这个伦理的其他部分又发生了变化，比如说，技术。依照色诺芬的观点，成为一名好丈夫的方法是：确切地知道你在家或者在外的角色是什么，你必须对你的妻子施加什么样的影响力，你对你妻子的行为有什么期望等。所有这些考虑构成了你的行为准则，规定了你面对自我必须遵从的方式，然而，对于诸如伊壁鸠鲁或者赛内加这些人来说，要想成为自我的真正主人，你不必去了解自己在社会或家庭中担当的是什么样的角色，但是你必须得做一些修炼，如两到三天的主动禁食以确保你能够控制自己。如果有一天你锒铛入狱，你就不会因为不给饭吃而感到痛苦等。而且，为了所有的快感，你必须那样去做——在柏拉图、苏格拉底或亚里士多德那儿,你是找不到这种禁欲主义的。

技术和目的之间不存在完全相同的关系。你可以在不同的目的中发现相同的技术,但是有些关系会占主导地位,有些与各个目的有关的技术会占优势地位。

在基督教的著述中——我是指谈论基督教的那些著述!——我想说明所有这套伦理都发生了变化。因为目的在变:目的是追求不朽、纯粹等等。禁欲主义也变了,因为现在自我审查表现为自我解码。主体化模式成了神圣的法规。在我看来,伦理实体甚至也发生了变化,因为它不再是性快感,而是欲望、邪念、肉体等等。

问:那么,似乎我们对作为伦理问题的欲望有了一个清晰的认识?

答:对,我们现在正有一个计划。如果我们通过性行为弄清楚了三个坐标——行动、快感和欲望——我们就可以得到希腊"公式",这在第一和第二环节是相同的。在这个希腊公式中,需要在下面画线强调的是"行动",居次要地位的是快感和欲望:行动——快感——[欲望]。我把欲望放到括号内是因为在斯多葛伦理那里,你开始了一种对快感的省略；快感开始遭到谴责。

中国人的"公式"可能是快感——欲望——[行动]。行动被置于一旁，因为你为了获得最长时间和最大强度的快感必须约束自己的行动。

基督教的"公式"会强调欲望，但同时会试图消灭之。行动不得不成为了某种中立之物；仅仅是为了繁衍后代或是履行婚姻的义务，你才不得不去行动。无论是在实践层面还是在理论层面，快感都被排除在外：[欲望]——行动——[快感]。在实践层面，欲望被排除在外——你必须根除自己的欲望——但是在理论层面欲望却极为重要。

可以说，现代"公式"是欲望，它在理论层面得到了强化，在实践层面得到了承认，因为你必须释放自己的欲望。行动不是十分重要，至于快感——没人知道它是什么！

从古典自我到现代主体

问：在《关注自我》中，您已经决定对"关注自我"这个问题作专门讨论，那么它指什么呢？

答：让我感到有趣的是，大约公元前3世纪至公元二三世纪的古希腊文化、希腊—罗马文化中有一种"戒律"，希腊人使用了一个专门的词（epimeleia heautou）来称呼这种戒律，这个词的意思是：关注自我。它不是指仅仅对自己感兴趣，也不是指自我爱慕或者自我迷恋。在希腊文中，"关注自我"是一个非常有分量的词，它的意思是："作用于"或"参与"某事。比方说，色诺芬曾经使用"关注自我"这个词来描述农业管理。君王对其臣民的责任同样是"关注自我"。医生在照顾病人的时候也是"关注自我"。因此，这个词极有分量。它描述了一种工作、一种行为；它意味着关心、知识以及技术。

问：但是，将知识和技术运用于自身不是现代的发明吗？

答：在古典式的"关注自我"中，知识扮演着不同的角色。分析科学知识和自我关注之间的关系是件非常有趣的事情。一个关注自我的人必须凭借科学知识在你所知的领域中进行选择，所选之物仅仅是那些与他有关、对生活重要的东西。

问：那么，伦理和美学层面的关注不仅比理论和科学层面的理解更为重要，而且还影响了后两者？

答：他们的问题和探讨涉及的是哪些有限的知识对"看管"（epimeleia）是有用的。比方说，对伊壁鸠鲁学派来说，关于世界是什么的一般知识，世界的必然性是什么的知识，世界、必然性、诸神之间的关系是什么——所有这些对关注自我来说都是极为重要的。因为它首先是一种哲学沉思：如果你的确能够理解世界的必然性，那么，你就能够以一种更好的方式来控制自己的激情，等等。所以说，在伊壁鸠鲁学派那里，在所有可能的知识与关注自我之间存在着某种平衡关系。人们之所以必须熟悉物理学或宇宙学，其原因就在于他必须关注自我。对斯多葛学派而言，真正的自我就在于你能够成为什么样的主人。

问：这么说来，知识受制于操控的实际目的？

答：爱比克泰德（Epictetus）在这个观点上非常明确。他把每天清晨在街上巡视、观看作为一种修炼。假如你碰到一位执政官模样的人，你会说："执政官是我能够操控的吗？"不是，于是我无事可做。假如我碰见一位漂亮的女孩或英俊的男童，我会说他们的美貌和性感是依赖我而存在的吗？等等。在基督徒看来，事情就大不一样了；他们认为，撒旦有可能会潜入到你的灵魂深处，由此产生一些你并未察觉但却极为邪恶的念头，但是这些念头可能会被你视为来自上帝的东西，这种可能性会导致你的疑惑，你不知道在你的灵魂深处发生了什么。至少没有阐释学的解释，你将无法了解你欲望的真正根源是什么。

问：那么，基督徒把操控自我的新技术发展到了什么程度？

答：关于古代对关注自我的理解，我的兴趣点在于：我们通常把一系列禁欲主题的起源和发展归因于基督教。而基督教又通常被认为是用禁欲的生活方式去取代普遍宽容的希腊—罗马生活方式，这种禁欲的生活方式以一系列的克己、禁令或禁律为特征。现在，我们能够看到，在自我关注自我的活动中，古人发展了一整套可供基督徒后来直接借用的禁欲实践。我们也看到，这种活动变成了与某种禁欲行为相联系的东西，而后者则被直接纳入到了基督教伦理之中。我们并不是在谈论宽容的古代与禁欲的基督教之间的道德断裂。

问：是依照一个人选择的行为将某种生活方式强加于他吗？

答：在古代，这种对自我的操控以及随之产生的禁欲生活并不是通过公民法则或者宗教法规强加到个人头上的，而是个人对于存在的一种选择。人们自己决定是否关注自我。

我认为这并不是为了死后永生，因为他们对此并不是特别关心。说得确切一点，他们之所以如此是为了赋予生活某种价值（重现某些典范，留下高雅的名声，让生命呈现出最大程度的辉煌）。关键是使人们的生命成为某种知识的对象，某种技术—艺术的对象。

我们必须把自我、我们的生命、自我的存在当做艺术的主要工作来给予关注，并且把它们视为我们应用美学价值的主要领域，这种理念在当今这个社会几乎已经荡然无存。我们可以在文艺复兴时期发现这种理念，但是那时它略带学究气。在19世纪的浪荡作风中，它又再次出现，不过，仅仅只是充当一些片段。

问：在不少人看来，专注自我已经成为了当今社会的核心问题，希腊时期对自我的关注难道不是它的早期版本吗？

答：你可以找到一些主题——我不是说你必须以这样的方式重新利用它们——我的意思是：在一种我们拥有一些最宝贵和持久的道德元素的文化中，自我实践、自我的概念与我们当今文化中对自我的理解存在很大的差异。发生在加州的自我崇拜运动倡导人们去发现真正的自我，把自我与那些遮蔽或异化它的东西分离开来，借助心理学或者精神分析学来破译自我的真相，人们认为这一切都能够告诉你什么是真实的自我。所以，在我看来，古代的自我文化与加州的自我崇拜不是一回事，它们完全相反。

这期间所发生的正是对古代的自我文化进行颠覆。这一切都发生在基督教把自我视为人们必须摒弃之物而不再是可供创造的艺术品之时，对基督教而言，执著于自我意味着违抗上帝的意愿。

问：我们知道，《关注自我》研究的问题之一是关于自我形成中写作所起的作用。柏拉图是怎么看待写作和自我的关系的？

答：首先，要阐述一些在谈论写作问题时经常被掩盖的历史事实，我们就必须考察众所周知的"个人笔记本"（hupomnemata）这个话题。《斐德罗篇》（Phaedrus）对"个人笔记本"做出过评论，当今的一些解释者把这些评论理解为对写作是记忆的物质依赖这一观点的驳斥。事实上，"个人笔记本"有着极为具体的意义：它是一个记录本、一个笔记本。准确地说，这类记录本在柏拉图时代是时尚之物，用来记录个人或管理事务。这种新技术所带来的破坏性影响不亚于当今社会中电脑进驻人们私人生活领域所造成的影响。在我看来，我们应该把写作和自我的问题放置到产生它们的技术和物质框架之中进行讨论。

其次是一些阐释层面的问题，它们涉及《斐德罗篇》里一段著名的评论：认为写作是记忆的文化的对立面。如果你阅读《斐德罗篇》，你会发现相比另一段文字，这一部分并不重要，另一段文字不仅是最基本的，而且自始至终与主题保持一致。一个文本是书面还是口头的并不重要，重要的是所讨论的话语是否通向真理。因此，与真理相比，书面/口头的问题完全是次要的。

第三，依我看，值得注意的是，这些新工具很快就被用来建构与自我永恒的关系——个人对自我的管理必须像统治者管理属下那样，像企业老板管理自己的企业那样，像一家之主管理自己的家园那样。高尚的道德实际上在于完美地驾驭自我，也就是说，驾驭自我要像君王掌控自己的国家以防止发生叛乱那样，我们发现，几个世纪以来这种新思想都极为重要，差不多一直持续到基督教时期。因此，如果你愿意那样说，个人笔记本和自我的文化以一种奇特的方式结合起来的关键时刻就是当自我的文化把对自我进行完美的管理视为其目标的时刻，这个目标体现为一种自我与自我之间永恒的政治关系。古人通过笔记形式实现自我政治，如同政府和企业通过登记来进行管理。对我来说，这就是写作与自我文化问题如何相结合的方式。

问：你能就"个人笔记本"这个问题再多谈点吗？

答：从技术的层面讲，"个人笔记本"可以是账本、公共登记册、作为备忘录的个人笔记。它们的用途是记录生活、指导行为，这种用途好像已经在整个有教养的公众之中流行起来了。被记录下来的有引文、作品的只言片语、例子以及记录者的所见所闻或者读到的报道、听到或想到的意见或理由。这一切都构成了人们记忆所读、所听、所想之事的物质储存，累积成为人们日后重读和沉思的宝藏。同时，它们也成为了原始素材，用于创作更加富有系统性的作品，在作品中会有特定的理由和方法用以击败人性的某些弱点（如生气、妒忌、说长道短、阿谀奉承）或克服一些困难的环境（如服丧、流亡、垮台以及贬谪）。

问：但是写作又是如何与伦理及自我联系在一起的呢？

答：技巧、职业技能只能通过训练才能获得，同样，生活的艺术也只能通过自我修炼（askēsis）才能获得，这种自我修炼必须是自我对自我的训练：这是毕达哥拉斯学说（the Pythagoreans）、苏格拉底哲学以及犬儒学派（the

Cynics）长期给予重大关注的一个传统原则。在这种训练所采取的所有形式中（包括节制、默记、良心考察、冥想、缄默和倾听），似乎写作——为自我和他人写作的事实——迟迟才成为重要的角色。

问：在古代的晚期，当"个人笔记本"最终产生重大影响的时候，它具体扮演的是什么样的角色呢？

答：如同以前一样是私人的，不过，我们不应该把"个人笔记本"视为私人日记或者晚期基督教文学中有关心灵体验的记录（诱惑、挣扎、堕落和胜利）。这些记录不是关于"自我的记录"；它们的目标不是揭露良知的秘密（arcana conscientiae），也不是昭示忏悔——口述或书写——具有净化价值。他们设法实现的方式与最后一种方式相反：关键是不去描述说不清楚的东西，不去揭露藏匿的秘密，不去述说未曾说过的东西，与之相反，要把已经说过的东西收集起来，把人们能够听到或者读到的东西重新整理，这个结果恰恰就是对自我的塑造。

我们应该把"个人笔记本"重新置于那个极为敏感的紧张时局的环境中。在一个被传统深深影响的环境里，通过承认既定话语的价值，通过重提话语，通过在时代、权威约束之下的"引证"实践,伦理正直接朝着关注自我的方向发展,朝着明确的目标发展,这些目标包括回归自我、了解自我、与自我同在、自足、自我受益以及自我享受。这就是"个人笔记本"的目的:通过教导、倾听、阅读来获得对碎片化逻各斯的记忆,使之成为建立自我与自我之间尽可能恰当、完美关系的手段。

问:在我们讨论早期基督教中这些笔记所起的作用之前,您能否告诉我们希腊—罗马与基督教在禁欲生活方面的差异?

答:一个很重要的方面是:在斯多葛哲学伦理中,几乎不存在纯洁的问题,或者说这个问题不重要。而在毕达哥拉斯学派以及新柏拉图学派(the Neoplatonic schools)中,"纯洁"成了一个重要的问题,随后通过这些学派的影响以及宗教影响,这个问题变得越来越重要。在某些时候,纯洁问题甚至掩盖了生存美学的问题,当然,这是另外的问题,需要另一种技术。在基督教禁欲主义中,纯洁的问题显得越来越重要;你必须控制自身的原因就是为了保持纯洁。处女贞洁的问题,即女性完整的典范,在基督教那里变得更为重要。在希腊—罗马的禁欲主义中处女贞洁主题几乎与性伦理毫无关系；它只是一个有关自我控制的问题。自我控制是一种男性化模式，一个自我克制的妇女在对待自身关系时与男人无异。以身体完整的模式为根据，通过纯洁和处女贞洁这两个主题，有关性的自我克制的范式演变成了一种女性化范式。重要的是身体的完整，而不是自我的控制。由此，净化问题替代了作为生存美学的伦理问题。

我们必须对这种新型的基督教自我不断进行审查，因为在这样的自我中留存着对肉体的邪念和欲望。此后，自我不再是某种被创造的对象，而是某种被抛弃和被解码的对象。因此，异教和基督教之间，两者的对立不在于宽容和禁欲之间的差异，而在于与生存美学相关的禁欲形式和其他禁欲形式——强调摒弃自我和破译真相的必要性——之间的区别。

问：那么，在《道德的谱系》一书中，尼采相信基督教禁欲主义可以让我们成为某种能够做出承诺的创造物，这种看法未必是正确的？

答：是的，我们知道异教伦理从公元前4世纪到公元4世纪之后的发展变化，考虑到这一点，我认为他对基督教的理解有误。

问：人们使用记录本使自身与自身相联系，当这个技术被基督教采用后，记录本的作用发生了什么变化？

答：其中一个重要的变化是出现了记录内心活动的做法，依照阿塔那修（Athanasius）对圣徒安东尼的生平所做的记录，这种做法堪称为灵魂之战中的一件武器：当魔鬼成为一种蒙骗他人和自我的力量时（《圣安东尼的生活》中大部分就是写的这些伎俩），写作就构成了一种考验，一种类似于试金石一样的东西：通过揭示思想活动，写作挫败了敌人设下的阴谋，驱散了内心的阴影。

问：如此剧烈的变化是怎么产生的呢？

答：的确，色诺芬的"个人笔记本"只是对饮食要素进行了记录，这种记录与圣徒安东尼遭遇夜间诱惑的描写之间存在着戏剧性的变化。寻找这套过渡性技术的一个有趣的着眼点就是关于梦境的描述。几乎从一开始，人们就不得不在床头放一个笔记本来记录自己的梦境，以便在次日凌晨进行解读或者把记录拿给某个可以释梦的人去解读。依靠这种夜间的描述，人们向自我描述迈出了重要的一步。

问：自我沉思可以让自我驱散内心的阴影，并获得真理，但是想必这一点在柏拉图那里就已经提出来了吧？

答：是的，但是这种沉思只发生在本体论的层面上，而非心理学层面。至少在某些文本中，尤其是在《亚西比德》中，这种关于自我的本体论知识就以灵魂本身的沉思体现出来，其中关于"眼睛"的著名隐喻就表明了这一点。柏拉图问："眼睛怎样才能看到自己？"答案似乎非常简单，但是事实上却非常复杂。柏拉图认为，一个人不能仅仅从镜子里来看自己；它必须注视另一只眼睛，即自身内部的眼睛，然而，这只眼睛是以另外一只眼睛的形式显现出来的。而且，人们会在另一只瞳孔里看到自我：瞳孔扮演了镜子的角色。同样，灵魂通过另一个灵魂（或者通过另一个灵魂的神性）进行自我沉思，就像是它的瞳孔，看到它神圣的一面。

你看，这种认为人们必须了解自己——即获得灵魂存在形式的本体论知识——独立于我们称之为自我对自我的训练。一旦你领会了灵魂存在的形式，就无需询问自己做过些什么、正在想些什么、思想活动是什么或者你代表了什么、你依附什么。正是因为这个原因，你才能够通过把另外一个灵魂当做对象的方式来实践这种沉思的技术。柏拉图从来就没有说过对意识进行审查——从来就没有过。

问：在文学研究中，大家都知道蒙田（Montaigne）是第一位伟大的自传作者，但是您似乎在查考有关书写自我方面更早一些的史料？

答：我认为，在16世纪的宗教危机中——对天主教忏悔惯例的大拒绝——与自我的新型关系开始得到发展。我们可以发现，某些古老的斯多葛学派的惯常做法重新获得了活力。例如，在我看来，考验自我的概念在主题上就与斯多葛学派的立场很接近。关于对自我的体验不是去发掘藏匿于自我深处的某种真相，而是去尝试在现有的自由之中，哪些事可以做，哪些事不可以做。在天主教和新教中，这些古老的技术以基督教灵魂实践的形式出现，并再次焕发了活力，这一点极为引人注目。

不妨分析一下爱比克泰德所举的散步那个例子。当一个人每天早上在城邦里散步时，应该试图对所见之事（执政官或者漂亮女人）和内心的动机予以确认：是否被深深打动或吸引，是否有足够的自制力不为所动。

基督教也有类似的训练，但是其目的是为了检验人们对上帝的信赖。在我的记忆中，一本关于17世纪的文章中提到了一种练习，让我联想到了爱比克泰德，有一位年轻的神学院学生，当他散步的时候，他会留意每一件事物以什么方式显现他对上帝的依赖——以此得以解释神明的存在。这两个有关散步的例子在某种程度上具有一些类似的特征，在爱比克泰德那里，散步的时候，个人确保自己对自己的统治权，表明他不依赖任何外在之物；相反，在基督教有关散步的例子中，年轻的神学院学生在散步的时候会对每一件他看到的事物发出感慨，他会说："噢，上帝的仁慈真是伟大！他创造了这东西，把一切都掌控在手中，我更是如此"——由此提醒自己他什么都不是。

问：那么，话语充当了重要角色，但是却总是受制于其他实践，甚至在塑造自我的实践中也不例外。

答：在我看来，我们必须把所有那些号称自我文学的作品——个人日记、个人叙事，等等——统统放入与自我实践相关的普遍而丰富的框架中，否则就无法理解这些作品。人们关于自我的书写已经有了两千年的历史，不过书写的方式是不同的。我的印象是——或许是错的——人们倾向于把写作与自我叙事之间的关系展现为欧洲现代性特有的一个现象。喏，我不否认它是现代的，但是它同时也是写作的首要用途之一。

那么，仅仅说主体是在象征系统中构建起来的是不够的。主体不仅仅是在象征的嬉戏中建构起来的。它也是在真实的实践中被建构的，这些实践是可以进行历史分析的实践。在使用象征系统的时候，自我构建的技术超越了它。

问：如果说自我分析是一种文化发明，为什么它看上去却如此自然且令人快乐呢？

答：起初它可能是一种让人极为痛苦的训练，在它最终转变为一种能动实践之前需要许多文化评价。我相信，自我技术以不同的形式存在于所有的文化中。我们有必要去研究和比较事物在生产过程中的技术差异，以及人类通过治理术创造的人类发展方向，同时，我们也必须对自我技术进行质疑。造成自我技术分析困难重重的原因有两个：首先，自我技术不需要与物质生产相同的物质装备；因此，这些技术通常是看不见的。其次，常常涉及为他人指明方向的技术。例如，以教育机构为例，我们就会发现，在管理别人的过程中教他们如何管理自己。

问：我们来谈谈现代主体的发展历史。首先，古典的自我文化是否已经完全消失，或者更确切地说，基督教技术是否已经吸收并改变了古典的自我文化？

答：我认为自我文化并没有消失或者被掩盖。你可以发现基督教只不过对许多成分进行了整合、置换或者再利用。从基督教吸收自我文化的那一刻起，在一定程度上，自我文化就在为牧师行使权利服务，直到"关注自我"从本质上成为了关注他人（epimeleia ton allon）——关注他人，这是牧师的职责。但是，在个人救赎得到引导的范围内——至少在某种程度上——通过把关注灵魂作为牧师制度的目标，古典的关注自我消失了，即在整合过程中失去了大部分的自主权。

有趣的是，在文艺复兴时期，你会发现所有系列的宗教团体（它们被证实在中世纪的时候就存在）都在抵制牧师权力，并且要求获得自己确定自己身份的权利。按照这些团体的看法，个人应该对自己的救赎负责，而不是依赖教会机构或者教会牧师。因此，我们可以发现，在某种程度上，重新出现的不是关于自我的文化——这种文化从来就没有消失过，而是关于对自我文化自主性的重申。

在文艺复兴时期，你也可以发现——这里我谈到的是布克哈特（Burckhardt）对著名的生存美学所做的论述——英雄应该把自己视为艺术品。一个人可以把自己的生命塑造成艺术品，这种观点无疑与中世纪无关，在文艺复兴时期它又再度出现。

问：到目前为止，关于对古代自我控制技术不同程度的挪用，您已经做了阐述。在您自己的作品中，您总是强调文艺复兴和古典时期之间巨大的断裂。自我控制与其他社会实践相联系的方式中是不是也存在同样重大的变化？

答：这个问题很有意思，不过我不会直接给出答案。让我们先来谈谈蒙田、帕斯卡尔和笛卡尔之间的关系，不妨这样说，我们可以从这个问题的角度出发对三者的关系进行重新思考。首先，在帕斯卡尔仍然身处的传统中，自我的实践、禁欲主义的实践仍然与世界的知识密切联系在一起。其次，我们不能忘了笛卡尔曾经写过《第一哲学沉思录》——而沉思录就是自我实践。但是笛卡尔的作品值得注意的是，他成功地用作为知识实践创建者的主体代替了通过自我实践构建的主体。

这一点非常重要。即便是希腊哲学真正建立了理性，它也一直认为如果他不先对自己做些什么事情——净化的事情，通过灵魂自身的沉思而达到使之皈依的事情，一些让他能够受到了解真相这一行为影响的事情，那么主体就不可能接近真理。同样，你也可以发现在斯多葛派学者的训练中，存在这样一个主题：主体首先要确保自己的自主权和独立性——然后他还要确保自己处在与世界的知识极为错综复杂的关系中，因为正是这种知识让他得以确保自己的独立性，而且，只有当他确保了这一条，他才能够发现按其原貌存在的世界的秩序。

直到16世纪，欧洲文化中一直存在这样一个问题：我必须对自己做些什么才能接近真理，而且无愧于真理？换言之，获得真理总是要付出代价；没有禁欲，就不可能达到真理的彼岸。直到16世纪，西方文化中的禁欲主义与真理之途总是或隐或现地联系在一起。

依我看，笛卡尔在这一点上与其分道扬镳，他声称："要想通往真理，我只要成为任何一个能够看到显现之物的主体就足够了。"在自我关系与他人和世界的关系交织在一起的地方，证据取代了禁欲。自我关系不再需要非得是禁欲主义的才能走向与真理的关系。与自我的关系向我揭示了我所看到的显而易见的真理，并让我对此做出确切的理解。这样，我能够违背道德并知晓真理。我相信，先前所有的文化在不同程度上都对这种观点予以了排斥。在笛卡尔之前，一个人应该是纯洁的、有道德的，不可能知晓真理。而对笛卡尔来说，直接的证据就足够了。笛卡尔之后，出现了非禁欲的知识主体。这一变化使现代科学的制度化成为了可能。

对这一漫长的历史，我显然进行的是图式化的处理，然而，这种处理方法必不可少。笛卡尔之后，出现了知识主体，它向康德提出了一个难题，即如何了解伦理主体和知识主体之间的关系。启蒙时期，就这两种主体是否完全不同出现过很多的争议。康德的解决办法是找到一个普遍的主体，就其普遍意义而言，它可以是知识主体，不过，它依然要求具备伦理姿态——这恰恰就是康德在其《实践理性批判》中所提出的与自我的关系。

问：您的意思是说，一旦笛卡尔把科学理性与伦理学分开，康德就会将伦理学作为一种程序性理性的应用形式重新引进？

答：对。康德说："我必须把自己视为普遍的主体，即我必须遵照普遍法则，用我的每一个行动把自己建构成一个普遍的主体。"这些老问题得到了新的阐释：我怎样才能把自己建构成一个伦理主体？如何以这种方式来看待自己？需要禁欲训练吗？或者仅仅这种康德式的与普遍性的关系就可以让我通过遵从实践理性而变得合乎道德吗？这样，康德让我们的传统拥有了一种新的方式，它让我们得以知道自我不仅仅是一个既定之物，还是一个作为主体在与自我的关系中被建构起来的东西。

（上官燕　译）

安全的危险

编者按

　　这是罗伯特·波罗（Robert Bono）对福柯作的一个关于法国社会保障系统的访谈，它首先是作为一本文集《社会安全》（1983年）的附录而发表的。在这里，福柯讨论了社会安全保障和独立的问题，即如何获取社会保障的同时又保持独立自主，不被这种社会保障所讹诈？这根本上就是安全与自由的悖论问题。这篇访谈是福柯对一系列现实政治进行干预的一个案例。不仅如此，它的意义还在于，这是福柯对他一直以来所关注的生命政治所作的一个现实回应。

安全和依赖：一个恶魔对子

问：传统上，社会保障制度保护个人不受与疾病、家庭结构和年老等问题有关的大量危险的伤害。显然，它必须继续履行这种功能。

但是，从1946年至今，事情发生了改变。新的需要出现了。因此我们正在见证个人之间、群体之间一种日趋增长的独立欲望：孩子渴望独立于父母，女人渴望独立于男人，病人渴望独立于医生，残疾人渴望独立于各种机构。还有一点也正变得同样清楚，即我们需要终结边沿化现象，在很大程度上，边沿化的产生要归结于失业，但在很多情况下，也要归结于我们的社会保障体制尚不完善。

我相信，在制订下一步的社会保障措施时，至少有两种需要必须得到考虑，以便社会保障体制承担起人们给它规定的那些新功能，这些功能必然要求对分配体制进行改造。你相信我们的社会中真的存在这些需要吗？你会注意其他需要吗？在你看来，社会保障体制如何才能对它们做出反应？

答：我相信有必要一开始就强调三件事。

首先，我们的社会保障体制是在1946年建立的，现在已经达到其经济极限。

其次，这个体制是在两次战争期间建立的，也就是说，当时政府的目标之一是削弱或者最大程度地减少大量的社会冲突，而且当时这种概念性的模式是由一战前后诞生的理性观点所形成的；今天，当它被各种现代社会团体的政治、经济和社会理性观点绊倒时，这种体制就达到了其极限。

第三，不管社会保障制度具有何种积极作用，它都具有一些"负面效果"：某些机制日益僵化，并制造出一些依赖形势。这些负面效果是内在于这种体制之机能的：一方面，我们给予人们更大的保障，另一方面，我们提高了他们的依赖性。相反，我们应该期望我们的社会保障体制既让我们免遭危险，又让我们不致陷入那些将贬低或者抑制我们的情形。

问：倘若社会保障体制扩大并加强了人们的安全，因此人们确实愿意放弃某些自由和独立，那么我们怎样才能对付安全和独立这一"恶魔对子"呢？

答：我们面对一个问题，这个问题的条件是可以协商的。我们必须重视从事这种协商的人们的能力，以及他们所能达到的妥协水平。

我们看待这些事情的方式已经改变了。在30年代和战后，社会保障问题如此尖锐、如此直接，以致依赖问题在实践上被忽视了。相反，从50年代开始，尤其是从60年代开始，人们开始将安全观念与自主问题联系在一起。这种变化是一种非常重要的文化、政治和社会现象。我们不能无视它。

在我看来，似乎反对社会保障的支持者们拒绝，以一种有些简单的方式，"安全和自由"的法律中一切可能变得危险的东西。在考虑这种反对意见时我们必须更加谨慎。

确实有一种积极的需要：即安全需要，它打开了一条道路，使我们之间、我们和他人之间建立起一种更加丰富、更加多样的关系，同时又确保了我们每个人都能享有真正的自主。应该将这个新的事实添加到今天的社会保护概念之上。

我就是这样非常图示性地确定独立自主需要这个问题的。

问：你谈到的协商只能沿着一条狭窄的路线来引导。一方面我们可以看见我们的社会保障机构之中的那些僵化之处，它们与干涉主义者的秉性结合在一起，威胁着群体和个人的独立，将他们锁闭在一个行政轭套之中，这种轭套（依照瑞典的经验）最终变得让人不可忍受。另一方面，朱尔斯·古斯德（Jules Guesde）在谈到"自由的鸡舍中自由的狐狸"时描述的那种自由主义并不值得向往——人们只需看看美国就可以确信这一点了。

答：沿着这条狭窄的路线达成妥协是非常困难的，正是这种困难要求对实际情况做尽可能精细的分析。我所说的"实际情况"并非指经济机制和社会机制，对经济机制和社会机制，别人比我描述得更好。毋宁说，我指的是一个界面，这个界面的一边是人们的感受、他们的道德选择以及他们与自己的关系，另一边是包围他们的各种机构。正是在此，各种机能障碍、萎靡不振甚至还有危机出现在了社会体制中。

想想人们所说的社会保障体制的"负面效果"，在我看来，必须区分两种趋势。我们可以看到，依赖不仅来自融合，还来自于边沿化和排斥。我们需要对这两种威胁做出反应。

我相信，当有必要反抗融合现象时一定会发生这种事例。事实上，任何社会保障机制都不可能给每个人都带来好处，除非他发现自己被完全融合进了家庭环境、工作环境或者地理环境。

问：我们还在个人与国家的关系这个背景中提出融合问题吗？

答：在这一方面，我们也正在见证一个重要的现象：在"危机"出现之前，或者更准确地说，在我们现在遭遇的这些问题出现之前，我的印象是，个人决不会质疑他与国家的关系，因为这种关系（请记住那些施行高度中央集权的机构之运作方式）乃是基于一种"输入"（他所支付的应付款）和一种"输出"（不断给予他的利益）的基础之上。

今天，界限问题介入进来了。关键的问题已不再是让所有人平等地得到保障，而是让每个人无限地获得大量可能的利益。我们对人们说："你们不能无限消费。"当官方说"你没有那种权利"，或者"那些措施并不惠及你"，或者"你要支付一定的医疗费"，甚至还会有这种极端情况，即官方说"给你延长三个月的生命没有什么好处，我们将让你死去"；当官方这样说时，个人就会开始质疑他与国家之间关系的性质，并开始感觉到他对某些机构的依赖，他迄今一直误解了后者的决定权。

问：难道不是依赖问题把这种两可歧义永恒化的吗？——即使在社会保障机制建立之前，在人们创造最初的医疗机构之时，这种两可歧义就占据了统治地位。中世纪病院（Hotél-Dieu）的目标难道不是既救济穷困又让穷人和病人从社会的视线中退出、减少他们对公共秩序的威胁吗？

在20世纪，为了设想那些不那么异化人的体制，人们可能将这些体系"窃为己有"（姑且使用这个词语），我们不能抛弃将慈善与隔离联系在一起的逻辑吗？

答：在某种意义上，某些问题最终会向人们证明它们是永恒的、真的。

这就是说，我对两种知识态度非常怀疑，它们在最近20年的盛行应该受到谴责。一种态度在于预设一些相同的机制会在我们各种社会团体的整个历史中重复和延伸。由此人们得到了一种癌症似的观念，这种癌症遍布社会躯体。这是一种不可接受的理论。回到这个例子来说，我们在17世纪限制某些人口的方式，与我们所知的开始于19世纪的住院治疗是迥然有别的，与目前的社会保障机制更是大相径庭。

另一种态度则时刻维持着对"美好古代"的虚构，认为那时的社会活泼而温暖，那时的家庭牢靠结实，而个人仍然独立自主。这种幸福时光被资本主义、资产阶级和个性化的诞生打断了。我们在此得到了一种历史谬论。

对历史的线性阅读，以及对社会生活的黄金时代所做的这种怀旧性的参照，仍然缠绕着大量思考，并形成了许多政治和社会学分析。我们必须将这些态度涤荡干净。

问：有了这番认识，我们也许就触及了边缘性这个问题。似乎我们的社会分为"受保护"的部分和不受保护的、不安全的部分。仅有社会保障是不能疗救这种情况的，情况依然是，社会保障体制可以通过针对残疾人、移民和其他所有不安全人群而制订的适当措施，减少边缘化和种族隔离。至少我们是这样分析的。你也这样看吗？

答：毫无疑问，我们可以说某些边缘化现象与"受保护"的人口和"不受保护"的人口之间的分离因素联系在一起。此外，在70年代就有许多经济学家明确预见了这种分裂，他们认为，在后工业社会不受保护的那一部分必然会在整体上大大增长。但是对社会所做的这种"规划"并未经常实现，因此我们不能将其作为对边缘化过程的唯一解释而接受。

还有一些边缘化形式，我将其称之为依赖现象的另一方面。我们的社会保险体制给人们强加了一种业已决定的、使个人屈服的生活方式。结果，因为这种或那种理由，不能或者不想采取这种生活方式的所有个人或者群体将会发现他们自己被这些机构的游戏边缘化了。

问：在人们主动选择的边缘化与人们不得不屈从的边缘化之间有差别。

答：是的，而且有必要以一种更加细致的分析来区别它们。无论如何，阐明社会保障体制的运作与各种生活方式之间的关系是非常重要的，大约十年前我们就已经开始观察这些生活方式了。

某种概念性的不足

问：我们的目的是为人们提供安全和自主。也许我们可以采取两种途径以更加接近这个目标：首先，抛弃在我们法国深受喜爱的那种荒谬的司法主义，后者在每一个人那里都造成了堆积如山的文书工作（这样就导致了对边缘人群更甚一些的歧视）；这种文书工作仅仅有利于事后的立法试验，虽然这种试验可能使人们更容易获得各种社会利益和福利设施。另一方面，以一套工作班子和一些欢迎人们的合适场所实现真正的非中心化。

你认为怎么样？你赞同我刚才提出的目标吗？

答：是的，当然。最佳社会保障范围加上最大程度的独立，这个目标足够了。至于实现这个目标……

我想实现这个目标需要两种方法。一方面，需要运用一种经验性的方法。我们必须将社会机构的领域改变成实验的领域，以便决定，为了产生预期效果，哪些杠杆需要转动，哪些门闩需要松开。推行非中心化的确非常重要，比如，为了让用户们更加接近他们依赖的那些决策制定中心，为了把他们结合进决策制定程序之中，从而避免那种巨大的、彻底的融合，这种融合让人们对特殊判断得以做出的形势完全无知。因此，鉴于现已变得脆弱的整个公共机构体制很可能会经历一次彻底的重建，在特别重要且有趣的社会领域，我们必须在任何可能的地方增加这些实验。

另一方面——这也是一个节点——为了革新这些概念性的范畴，它们激发了我们着手处理社会保障和社会安全所有问题的方法，还有大量工作要做。我们仍然还处于形成于1920年和1940年之间的心理框架中，本质上仍然还在贝弗里奇[1]的影响下思考问题，可这个人至今已经一百多岁了。

---

[1] 洛德·威廉姆·亨利·贝弗里奇（Lord William Henry Beveridge, 1879—1963），英国经济学家和政府官员，是1942年社会保障计划的创造者。——译注

目前，要以一些新的术语去设想那能够使我们实现这些目标的框架，我们还完全缺乏一些知识工具。

问：要阐明你刚才谈论的那种心理框架所发生的退化，我们不是需要对"主体"这个词语在社会保障语言中的意义进行一番语言学研究吗？

答：绝对如此！但问题是为了让个人不再是臣服意义上的"主体"我们应该怎样做。

至于我刚才概述的理性上的不足，人们可能很想知道新的分析形式、新的概念框架将从何而来。

在我的大脑中占据突出地位的那种示意性的东西是，在18世纪末期的英国和19世纪的一些欧洲国家，议会活动已经能够形成一个解决和讨论新方案（比如大不列颠的财政法和惯例法）的地方。正是在这里，伟大的反省和交流运动被点燃了。在19世纪后半期，许多问题、许多方案都产生于当时尚属新生事物的联合体，比如工会联合、政党联合以及各种联合。20世纪前半期，凯恩斯和贝弗里奇，以及许多知识分子、学术界人士和行政管理者在政治、经济和社会领域中完成了一项非常重要的任务，一种概念性的努力。

但是我们要承认，我们正在经历的危机，这种危机将近十年了，并未从这些知识环境中得到任何有趣的或者新的东西。似乎在这些地方存在着一种贫瘠：人们不能在此发现任何重要的创新。

问：这些联合能够成为那些"明亮的地方"吗？

答：如果这一点是真的，即目前的弊病让政府机构权力方面的一切都成了问题，那么下面这种情况也是事实，即答案不会从实施这些权力的那些人那里产生：毋宁说，只有那些意欲平衡国家特权和建构反权力的人才会提出答案。事实上，产生于联合行动的一切最终会为创新打开一个空间。

问：革新社会保障体制之概念框架的需要给予国家相对的"市民社会"（各种联合体都是市民社会的一部分）带来了机会吗？

答：即使市民社会与政府之间的对立能够充分适用于18世纪末期和19世纪，我也不能肯定它今天仍然有效。就此而言，波兰的例子是非常有趣的：当人们把席卷这个国家的那次强大的社会运动比作一次反对政府的市民社会运动时，他就低估了对抗的复杂性和多样性。团结运动所反对的不仅只是这个政府。

政治权力、由政治权力引起的各种依附体制，以及个人之间的关系过于复杂，不能用这种公式概括。事实上，市民社会与政府的对立这种观念是在一种既定的背景中为了适应一种确定的意图而得到表述的：19世纪末期，一些自由主义经济学家提出这种观念以限制政府的行动范围，因此市民社会被设想为自主经济过程的处所。这是一个类似争端的概念，与那个时代政府的行政选择权对立，所以自由主义能够繁荣起来。

但有某种东西更加困扰我：我们可以参照这一对抗性对子，但这种参照决不会不受摩尼教的支配，在它把社会理想化为某种好的、活泼的、温暖的东西的同时，它用一种轻蔑的含义来折磨政府这一概念。

我所关注的是这个事实，即所有人类关系在一定程度上都是权力关系。我们所卷入的世界永远充满了各种战略关系。就其本身而言，所有权力关系并不就是坏的，但事实是它们总是带来一些危险。

且让我们以刑事审判为例，我熟悉它甚于社会保障。在欧洲和美国，现在正发展着一种全面的运动，这种运动有利于"非正式审判"，甚至有利于由一些群体自身做出的仲裁形式。要想认为它仅凭简单的内部调节就能够解决它所面对的问题，就必须要对社会有一种非常乐观的观点。

总之，回到我们的主题，我对市民社会与政府之间的对立仍然非常慎重。至于这个方案，即把政府吞并且以独裁主义方式实施的主动权力和行动权力转让给市民社会：不管它是以什么脚本出现，必定有一种权力关系于中运作，且问题是要知道如何限制这种关系的后果——因为这种关系本身无所谓好坏，它仅仅是一种危险的关系；所以必须在一切层面上思考将其效率导向最好方向的途径。

问：目前我们重点思考的是这个事实，即人们觉得目前形式的社会保障是一种遥控制度，具有经济统制的特征——即使情况并非如此，因为它是一个庞大的中央集权化的机器。因此，我们的问题是这样的：为了疏通权利享用者的参与渠道，必须让他们更加接近决策中心。怎么样？

答：相比市民社会和政府之间的对立，这个问题更加经验性一些：这就是我所说的"决策距离"问题。换句话说，问题是要评估采取的决策与相关个人之间的最佳距离，以便个人有发言权，以便这种决策对他来说是可以理解的。同时，这一点也非常重要，即决策要能适应他的情况，而且不必穿过一个无法解开的规则迷宫。

什么健康权？

问：对于在法国劳工联合会（CFDT）[1]的诸多要求中占据重要一席的"健康权"这个概念，你的立场是什么？

答：在此我们发现自己正位于一个极为有趣的问题之中心。

当我们今天所知的社会保障体制被大规模地建立起来时，对于什么能被称为"健康需要"，舆论也就有了一个多少有些明确的共识。总之，那就是处理"事故"的需要——也就是说，需要克服与疾病联系在一起的不正常，需要克服与先天或者后天障碍联系在一起的不正常。

从这一点出发，人们采取了两个步骤。一方面是医疗技术的提升，这不仅提高了治疗能力，而且使检查和分析能力也加快了许多倍。另一方面是健康需要的增长，这证明健康需要是没有内在限制的。

因此，企图客观地设置一个对所有人都有效的理论和实

---

[1] CFDT：法国劳工联合会。和皮埃尔·巴迪欧一起，福柯发表了一个声明，抗议法国外交部长将波兰军事独裁的建立当作"波兰的内政问题"。这份抗议得到了大约几百个知识分子的支持，法国劳工联合会邀请他们"在（波兰）团结运动的精神下"参与一项共同呼吁。法国劳工联合会后来组织了一个委员会，支援团结运动；福柯在这个委员会中发挥了积极作用，甚至是积极的组织领导作用 [见丹尼尔·德菲尔（Daniel Defert）编辑的 Dits et écrits 第一卷 "年鉴" 第59—60页]。——译注

践的门槛，由之出发人们能说自己的健康需要完全且确定地得到了满足，这是不可能的。

在这个背景中，权利问题特别棘手。我愿意略作一点评论。

显然，谈论"健康权"是毫无意义的。健康——好的健康——不会来自于权利。不管我们使用的标准多么粗糙或者多么精良，好健康和坏健康都是一些事实——事情的状态或者意识的状态。即使我们通过指出健康与疾病宽泛的划分部分上是由医生诊断疾病的能力界定的，是由主体的生活或者行动能力界定的，是由既定文化中认可的健康或者疾病界定的，从而对此做出校正，这种相对性也不能排除这个事实：无论站在健康与疾病的分界线的哪一边，都无所谓对错。

另一方面，人们有权利得到这样的工作环境，在这种环境中工作，人们不会大规模地患病或者引发其他各种各样的障碍。当官方应该以这种或那种方式对医疗事故负责时，人们也有获得补偿、照顾和赔偿金的权利。

但这不是目前的问题。我相信，目前的问题是：社会必须以集体手段努力满足个人的健康需要吗？个人能够合法地要求社会满足自己的健康需要吗？

如果这些需要无限增长的话，对此问题做出的肯定回答要变成现实看来就难以令人接受、甚至难以想象了。另一方面，人们可能会谈论到"健康手段"，我所说的"健康手段"不只是医院设施和药物治疗，而是社会在特定时刻为了实现那些在技术上可能的健康改善和健康调节所能动用的一切事物。这些健康手段定义了一条移动的边界，这个边界来自医疗的技术能力，来自集体的经济能力，来自社会希望将其作为健康资源和健康手段贡献出来的一切。我们能够定义获得这些健康手段的权利，这是一种可以在不同情况下出现的权利。这里的问题是平等获得这些健康手段的权利，这是一个原则上易于回答的问题，虽然在实践上总是不那么易于得到保证。这里还有一个无限获得这些健康手段的问题；在此我们决不能欺骗自己：这个问题无疑没有理论答案。重要的是要知道，何种仲裁，它始终是灵活的，始终是权宜性的，可能界定获得这些健康手段的边界？必须牢记这个事实：不管是健康的医学定义，还是被人们视为绝对的"健康需要"这个观念，都不可能一劳永逸地确立这些界限。

问：这就带来了很多问题，其中之一便是普通的不平等：体力劳动者的寿命远远低于神职人员或者教师；我们怎样做才能让产生"健康标准"的仲裁把这种情况考虑进去呢？

另外，今天用于卫生保健的支出已经占国民生产总值的 8.6%。这个支出是毫无计划的。健康成本——这是一个悲剧——受制于各种各样的个人决定，受制于这些决定花样翻新的过程。因此，即使在我们要求健康平等之时，我们享有的健康不也是一种"定量配给的"健康吗？

答：我相信我们关心的问题是一样的：这是一个认识问题，也是一个艰难的政治、经济和文化问题，也就是如何选择标准，以便我们能够根据这个标准去建立在任何时候都能以之界定健康权的规范。

以一种熟悉的方式强行闯入的成本问题为这种质问增加了一个维度。

我不明白——但任何人都能向我解释——沿着它们由之前进的无限坦途满足全部健康需要，这在技术上如何可能？而且即使我不知道什么能够限制它们，无论如何，让成本在这个名目下按照近几年的速度增长，也是不可能的。

为了保证人们在健康领域内的安全而建立的机构因此已经在其发展中到达了这个地步，在此地步上，我们必须判定某种疾病、某种痛苦不再会从任何保险范围获益——在这个地步上，在某些情况下，即使是生命也不再会得到任何保护。这就提出了一个政治和道德问题，如果服从应当的比例，这个问题在某种程度上与另一个权利问题联系在一起，即政府有权利要求个人在战争中付出生命。这个问题还没有失去其尖锐性，通过漫长的历史发展，它已经被完美地融合进了人们意识，因此士兵们事实上同意被杀死——这就置他们的生命于保护之外了。今天的问题是要知道，人们怎么愿意舍弃福利国家提供的保护而暴露于危险？

问：这是否意味着我们要质疑早产儿保育箱？考虑实行安乐死？由此恢复社会保障体制所对抗的那些事物？也就是说，是否我们应该允许那些身体脆弱的个体以各种形式被淘汰？社会秩序的主要话语会是这样的吗："必须要有选择；让我们选择那些最强壮的人？"在冷酷无情的治疗和新生儿医学的发展，以及工作环境的改善之间（在法国公司中，每年有百分之二十的妇女会患上神经衰弱），谁能做出选择？

答：即使人们不说，他们也每时每刻都在做这样的选择。人们根据某些理性逻辑来做这样的选择，同时又制造一些话语来证明这种逻辑。

我提出的问题是要知道，是否"健康战略"——这个选择问题式——决不能被明白道出？在此我们触及到了一个悖论：在事物目前的状态下，这种战略是可以接受的，因为人们对它心照不宣。一旦将其明白道出，即使以一种多少可以接受的理性形式，它在道德上也会变得让人难以忍受。比如透析治疗：多少人正在接受透析治疗，又有多少人无法得到透析治疗？如果我们揭露在这种治疗的不平等中登峰造极的选择，这就会让那些令人震惊的规则大白于天下！正是在这里，一些理性的观点本身会变成一桩丑闻。

我难以提出什么解决方案。但我相信，把我们的双眼蒙住是无用的——我们必须打破砂锅问到底，并直面这些事情。

问：此外，为了在做出某种痛苦甚至"丑闻性的"选择之前，精确地查明有多少节约的可能性，难道我们竟没有对成本做出非常详尽之分析的余地吗？此刻我特别想到的是因医生的治疗而引起的那些疾病，这些事情目前占据了健康问题中的百分之八（如果相关数据可信的话）。难道这不是一个例子，正好可以说明某些"反作用"恰好要归咎于理性之中的缺陷？

答：要重新检查健康问题中支配我们选择的理性——这的确是我们应该毅然致力于之的任务。

因此我们可以指出诸如诵读困难之类的问题几乎不被社会保障体制所覆盖，因为我们认为它们无害于健康，但它们的社会成本却非常巨大。比如，我们是否准确估计出了所有诵读困难在教育投资中所占据的份额，而不是简单地考虑它所能得到的治疗？当我们重新检查健康问题中我们所说的"正常"时，这就是我们要重新考虑的情况。调查、实验、采取措施，还有这个领域中我们必须重新塑造的道德和知识，在这些方面，我们还有大量工作要做。

文化与良知问题

问：对健康规范做出准确的定义，就健康开支的数量寻求共识，或者对这些开支的分配模式寻求共识，这些都给人们创造了非同凡响的机会，让他们为那些从根本上关涉他们的事情，亦即生活和福利问题负起责任。但这个任务如此巨大以致人们不无犹豫，不是吗？

我们如何能够让各种各样的公共意见都进行辩论？

答：的确，人们为这场辩论所作的贡献已经引起了强烈抗议[1]。重要的是这些抗议者提出了一些建议，这些建议触及了一些本来就有争议的问题：生与死。通过唤起这些健

---

[1] 福柯这里指的是雅克·阿塔里（Jacques Attali）的著作 *L'Ordre cannibale : vie et mort dela medecine*（Paris : B. Grasset, 1979）出版后发生的争论。——译注

康问题，我们进入了一个价值体制，这个价值体制考虑到了绝对而且无限的要求。这里出现的问题因此就是协调无限的要求与有限的体制的问题。

人类不是初次遭遇这个问题了。不管怎么说，宗教不就是用来解决这个问题的吗？但今天，我们必须用一种技术性的术语来寻找解决方案。

问：让个人对他或者她自己的选择负责，这个建议包含了答案的要素了吗？比如，当我们要求一个吸烟者支付额外的费用，这难道不就是强迫他在财政上承担他所造成的危险吗？以相同的方式，我们让人们认识到了他们所作的个人决定的意义和含义，而不是划出一些界线，界线之外的生命不再具有相同的价值；不是这样吗？

答：我完全同意。当我谈到仲裁和规范，我心中想到的并不是一些聪明人组成的委员会，他们每年都会这样声明："鉴于环境和我们的财政状况，这些危险应该纳入社会保障体制，那些则不应该。"在更加彻底的意义上，我所勾画的事物类似于一些暧昧决定，它们让自己围绕一个中轴旋转，这个中轴粗略地定义了残留的规范。仍需看到的是，如何保证这个规范性的中轴尽可能代表人们一定的意识状态，也就是说，代表他们的要求之本质，代表他们一致同意的目标之本质。我相信，仲裁的结果应该出自伦理上的一致，以便个人能够在所作的决定和决定背后的价值中辨认出自己。正是在这种条件下，这些决定才是可以接受的，即使有人抗议和反对。

有鉴于此，如果吸烟者和饮酒者必定知道他们在冒险，那么动脉硬化症患者必定也知道吃咸食是危险的，正如糖尿病患者必定知道吃甜食是危险的一样。我指出这一点是要表明这个问题是多么复杂，同时指出仲裁决不能采取单一的规则。所有单一的理性模式都会很快变得自相矛盾。

尽管如此，有一点还是非常清楚的，那就是治疗糖尿病和动脉硬化的成本与治疗烟鬼和酒鬼的成本相比实在是微不足道。

问：它们是真正的瘟疫，其成本同样是社会成本。现在我想到了青少年犯罪，想到了被折磨的儿童，想到了受到家庭暴力的妻子……

答：我们要知道，完全是19世纪的政府开启的酒吧在法国工人阶级中制造了酒鬼。我们还需知道，家庭酿酒和葡萄种植问题从来就没有得到解决。人们可以说法国有组织的酒鬼具有真正的政见。也许我们正处于这样一个位置，在此有可能当机立断地处理问题，并逐渐建立起一个与酗酒成瘾联系在一起的简化了的风险保障范围。

不管情况如何，不言而喻，我并不提倡野蛮的自由主义，对那些有力支付的人来说，这种自由主义当然会提供个人保护，而对其他人来说，则会导致缺乏保护。

我只是要强调，在其最宽泛的意义上，"健康"问题是一个文化问题，也是一个政治、经济和社会问题，一个与个人和集体的意识紧密联系在一起的问题。每个时代都有自己关于健康的"正常"概貌。也许我们应该关注一下体制，是它在"不正常"这一领域内定义了被社会"正常地"覆盖的病态和疾病。

问：为了澄清这场争论，在努力定义健康的标准时，你不认为我们应该区别来自医学领域的标准与来自社会关系的标准吗？在最近30年，难道我们没有见证对所谓的社会问题所作的那种"医学化处理"吗？比如，在我们应该改善工作环境时，我们却对旷工问题采取了一种医学应对。这种"移置"让健康预算更加吃紧。

答：事实上，有一千种事情被"医学化"了，甚至被

"过度医学化"了，这些事情其实并非产生于医学现象。事情就这样发生，以致在面对这些问题时，我们认为医学解决方案是最有效、最经济的。一些学术问题，还有性欲问题、禁闭问题等等都是这样。显然，我们应该修正许许多多诸如此类的选择。

幸福晚年——直到非事件（non-event）

问：我们还没有触及晚年问题。我们的社会难道不是倾向于把老人流放到养老院，甚至遗忘他们吗？

答：我承认我在一定程度上保留并收回关于老人、关于他们在我们社会中的孤独和凄凉所说的一切。

的确，南特和伊夫里的养老院给人以肮脏的印象。但是，我们因为这种肮脏而蒙羞，这个事实却显示了一种新的敏感性，这一点本身是与新的形势联系在一起的。战前，家庭把老人赶进房屋的角落，抱怨他们给自己带来的负担，让他们以饱受万千羞辱和万千憎恶为自己在家庭中的存在买单。今天，老人有一笔他们可以赖以活命的养老金，法国各个城市都有老人经常光顾的老人俱乐部，他们相互拜访，或者旅游、购物，构成一个日趋重要的人口部分。虽然仍有部分人被边缘化，老人们的总体情况在最近几十年得到了长足改善。我们对这些设施中正在发生的一切如此敏感，原因就在于此；当然这种敏感也是一件大好事。

问：当一切都说了做了之后，社会保障如何才能对人的伦理做出贡献呢？

答：无需列举我们这次会谈过程中所涉及的这个问题之答案的全部要素，我想说，仅凭提出了许多问题，尤其是提出了与生命价值以及我们面对死亡的方式相关的问题，社会保障就已经对人的伦理做出了贡献。

把个人和决策中心更加紧密地结合起来的构想意味着，至少作为结果是这样，当个人想在合适的条件下自杀时他有权这样做……如果我买彩票中了几亿，我要创办一个机构，想死的人们可以在那里，也许借助药物，快乐地度过一个周末，或者一周、一个月，以便随后就消失，就像被删除了一样。

问：自杀的权利？

答：是的。

问：关于我们今天的死亡方式在此能说些什么呢？关于

这种经过消毒处理的死亡，这种死亡经常发生在医院、没有家人的陪伴，我们能想到些什么呢？

答：死亡已变成一种非事件（non-event）。大多数时候，如果不是死于偶然事故，人们通常死于成堆的药物之中，所以在几小时、几天或者几周之前已经完全神志不醒。我们生活在这样一个世界：与死亡如影随形的医疗和药物清除了大多数痛苦和戏剧。

我并不真正赞同人们关于死亡的"消毒处理"所说的一切，它使人想到那种与高度综合而且戏剧性的丧葬仪式类似的东西。伏棺放声痛哭的人并非就不是犬儒主义者：遗产带来的快乐可以混进这种仪式。相比这种仪式，我更喜欢那种安静的死亡悲伤。

在我看来，今天我们的死亡方式预示了一种敏感性，一种如今盛行的价值体制。在突然发作的怀旧思绪中，企图恢复那些不再具有任何意义的实践，这可能是一种空想。

毋宁让我们为抹去一切的死亡赋予一种意义和美。

（马元龙　译）

自我书写

编者按

　　这篇文章发表于1983年。福柯非常注重书写的重要意义，对他来说，书写是自我技术的一种方式。福柯在这篇文章中对塞涅卡等人的日记和通信作了分析。这些日记和通信尽管有不同的特点，在不同的历史时期，也有不同的发展。但是它们的一个共同特征就是为了自我关注、自我塑造。文章中提到的一些材料，在福柯的另外著作和谈话中也曾反复引用。福柯这篇文章平实、流畅、漂亮，显然是受到了他喜欢的塞涅卡的文风的影响。

阿塔那修（Athanasius）的《圣安东尼的生活》（*Vita Antonii*）把有关行动和思想的文字，描述为苦行生活的一个不可缺少的要素。"让这种文字监察成为防范罪恶的保护措施：让我们每个人留意并记下我们的行为和灵魂的冲动，就好像我们彼此之间要把这些互相向对方汇报一样；您可以尽管放心，由于害怕被人知晓的极端羞耻心，我们将会停止犯罪，将完全不会心存罪恶之念。犯了罪的人谁不是企图撒谎，希望蒙混过关？正如在别人的目光中，大家都不愿使自己显得充满贪欲，因此，如果我们记下自己的思想，并好像真的要彼此告知，这样，由于耻于被别人知晓，我们将会严防邪恶之念。好吧，现在就让书面记录代表我们苦行同伴的眼睛吧，这样，我们就会为这样的写作而深感羞愧，好像我们真的被人看到了一样。就此，我们便决不会去考虑邪恶之事。以这种方式塑造自己，我们将能够征服我们的身体，能取悦于主，并把敌人的阴谋踏在脚下"[1]。在这里，书写自我清楚地表现出与隐居生活的互补关系：它缓解了独居的危险；它给予人们的所做所思以一个可能的凝视；强迫自己

---

[1] Saint Athanasius, *Vita Antonii: Vie et conduite de notre Saint-Père Antoine, écrite et adressée aux moines habitant en pays étranger, par notre Saint-Père Athanase évêque d'Alexandrie*, trans. B.Lavaud (repub. Paris: Cerf, 1989), pp. 69-70 [*The Life of Saint Antony*, trans. Robert T.Meyer (Westminster, Md.: Newman, 1950), §55, pp. 67-68].

去写这一事实，由于会引发羞耻感和对异议的恐惧，而扮演了一个同伴的角色。因此，这里可以提出第一个类比：笔记本之于隐居者，如同在一个共同体中，他人之于苦行者。但是，同时第二个类比也被提出来了，它指的是，苦行实践，不仅仅是行为劳作，更准确地说，它还是思想劳作：书写对灵魂的内在冲动所施加的约束，一如他人的在场对行为领域所施加的约束。在这个意义上，书写的角色非常接近于向导师忏悔，关于这一点，若望·格西安（John Cassian）的看法与伊瓦格里厄斯的（Evagrian）精神性一致，他会说，书写必须毫无例外地披露所有的灵魂冲动。最后，也是依据阿塔那修的文本的说法，对内在冲动的书写表现为精神搏斗的一种武器。魔鬼是一种欺骗力量，它使人自欺欺人（《圣安东尼的生活》至少有一半篇幅花在这些骗术上面），但书写则构成了一种检验和试金石：通过披露思想的冲动，它驱逐了布满敌人阴谋的黑暗。《圣安东尼的生活》是基督教文献留给我们的关于精神书写主题的最古老的文本之一，它远未穷尽后来的著作所呈现出来的所有意义和形式。但是，人们可以集中关注它的一些特征，从而能够回顾性地分析，在基督教产生前夕，书写在自我的哲学教化中所起的作用：书写与同伴关系紧密关联；它在思想冲动方面的运用；它作为真理检验的角色。这些不同的要素已经在塞涅卡（Seneca）、普鲁塔克、马可·奥勒留的著作中出现，但意义却很不相同，遵循的步骤也完全不同。

没有练习，任何技术和专业技能都不能获得；没有一种被理解为自身的自我训练的修炼（askēsis），生活的艺术（tekhnētou biou）也不能被习得。这是毕达哥拉斯学派、苏格拉底学派和犬儒学派长期重视的传统原则之一。在这种训练所采用的所有形式（包括节欲、铭记、自我反省、沉思、沉默和倾听）之中，书写——为自己也为他人的书写行为——似乎相当晚才开始起重要作用。无论如何，帝国时期产生的、和自我实践相关的文本对书写作了大量的强调。塞涅卡说，不仅需要去读，还需要去写[1]。爱比克泰德（Epictetus）开设专门的口语教学，但仍然有好几次强调书写作为一项个人训练的功能：人们应该"沉思"（meletan）、书写（graphein）、训练自己（gumnazein）："当死亡降临到我身上时，愿这些成为

---

[1] Seneca, *Lettres à Lucilius*, trans. H. Nublot (Paris:Belles Lettres, 1945-1964), vol. 3 (1957), bk.11, let.84, §1, p.121 [*Ad Lucilium Epistulae Morales, with an English translation by Richard M. Gummere* (Cambridge, Mass.: Harvard University Press, 1961), vol. 2, let. 84, p. 277].

我的思想，成为我的研习、写作或阅读。"[1]或是更进一步："让这些思想日夜听从你的支配：记下它们，读它们，谈论它们，对你自己和你的邻居……如果某件所谓的令人不快的事情降临到身上，你首当其冲的即刻解脱办法将是：它并非出乎所料。"[2]在爱比克泰德的这些文本中，书写出现时常常关联着"沉思"，关联着关于思想本身的训练，即重新激活思想所知道的事情；想起某个准则、法则或是例子；思考它们，吃透它们；并通过这种方式，使思想本身做好面对现实的准备。然而，人们也会看到书写以两种不同的方式联系着思想训练。一种采取线性"系列"的方式：它从沉思发展到书写这一行为，再过渡到赤身训练（gumnazein），即在真实情境中进行训练和磨炼——一种思想劳动，一种经由书写的劳动，一种现实中的劳动。另一种是循环的方式：先是沉思，后是笔记，笔记促成了重读，而重读反过来再一次地发起沉思。无论如何，不管练习过程以何种方式进行，在整个练习所引发的过程中，书

---

[1] Epictetus, *Entretiens*, trans. J.Souilhé (Paris: Belles Lettres, 1963), vol. 3, bk. 3, ch. 5: "A ceux qui quittent l'école pour raisons de santé," §11, p. 23 [*The Discourses and Manual*, trans. P.E.Matheson (Oxford:Oxford University Press, 1916), vol. 2, bk. 3: "Against those who make illness an excuse for leaving the lecture-room," p. 20].

[2] Ibid., bk. 3, ch. 24: "Qu'il ne faut pas s'émouvoir pour ce qui ne depend pas de nous," § 103, p.109 [ch. 24: "That We Ought Not Spend Our Feelings on Things Beyond Our Power," p. 99].

写构成了一个基本阶段：也就是说，将那些公认的、被认为是真实的话语塑造为理性的行为准则。作为自我训练的一个要素，书写，用普鲁塔克的一个表达来说，具有一种形塑性格（ethopoietic）的功能：它是将真理转变为气质的一个动因。

像这种通过第1、2世纪的文献表现出来的形塑性格的书写，似乎将自身置于上述两种已广为人知的形式之外，而用于其他目的：个人笔记本（hupomnēmata）和通信。

个人笔记本

个人笔记本，从技术的意义上来说，可以是书本、公共登记簿，或是辅助记忆的私人笔记本。它们被当做生活之书和行为指南来运用。这对于所有有教养的公众而言，似乎已成为平常事物。人们在其中写下一些引文、书摘、范例、目击到或者读到的行为、对所闻所想的反思和推论。它们构成了人们所读所闻所思的物质记录，因此，为随后的重读与沉思提供了一种累积的财富。它们也为起草更系统的论文形成了素材，人们在这些论文中提出一些论证和手段，用以抗争某些弱点（诸如愤怒、嫉妒、闲话、谄媚），或是克服某些困难的境遇（悲痛、放逐、毁灭、耻辱）。因此，当方达姆斯（Fundamus）向普鲁塔克请教如何对抗灵魂躁动的建议时，后者那时其实并没有时间去完成一篇形式完备的论文，所以在当时的情形下，普鲁塔克把自己写的、关于灵魂宁静的主题的笔记交给了他；至少，这是他引介他的《论愉悦》（*Peri euthumias*）这个文本的方式[1]。故作谦虚？无疑，这是为《论愉悦》的有些不连贯的风格进行辩解的一种方式，但是，这种姿态也必须被视为对这些笔记本性质的某种暗示——也是对写作论文本身之用途的暗示，而论文只保留了少许原初的形式。

这些个人笔记本不应被简单地认为是一种记忆辅助，可以时不时地拿来查阅；它们也不意味着是回忆失效时的替代品。更恰当地说，它们构成一种材料和框架以便反复地进行这些训练：阅读、重读、沉思、与自己及他人交谈。这是为了使它们——用一再出现的表述是——顺手、听从支配。那么，"近在手边"的意思，不仅是指人们能够把它们召回意识，还指的是，无论何时，只要需要，就能够在行动中使用它们。这是一个为自己构造生命伦理逻各斯（logos

---

[1] Plutarch, *De Tranquillitate*, 464e.

bioēthikos）的问题，即构造一种有用的话语装备，就如普鲁塔克所说的，这种话语装备能够提高声音、使激情沉默，就像一个主人一出声就能让狗吠平静下来一样[1]。为此，它们必不可仅仅被放置于某种记忆的橱柜中，而是必须深深地存留于灵魂中，"植根其中"，塞涅卡如是说。它们应当构成我们自身的一部分：简言之，灵魂必须使它们不只是为灵魂所有，而且是灵魂本身。个人笔记本的书写在这种话语的主体化中是一种重要的接力传递。

无论这些个人笔记本可能是多么的私密，它们都不应被理解为私人日记或是后来基督教文献中所发现的灵魂经验（诱惑、奋争、堕落及胜利）的记述。它们并不构成一种"自我叙述"；它们的目的，不是将具有净化价值的口头的或书写的忏悔公诸于众。它们努力促成的运动与此相反：其意图不在于追寻不可言说之物，也不在于显露隐藏之物，也不是去说那些未说出之物，而是相反——去捕捉那些已经说出的，去收集那些设法听到的或读到的，其目的完全是为了形塑自我。

个人笔记本需要重置于当时非常明显的张力语境中。在

---

[1] Plutarch, *De Tranquillitate*, 465c.

一种深刻地铭刻着传统性的文化中,借助那些已被言说的公认价值,借助话语的重现,借助古老与权威封印之下的"引证"实践,发展出了一套伦理,"关注自我"极其明显地引导了这种伦理的目标:回归自我、接触自我、与自我一起生活、相信自我、从自我中受益和自我享乐。这就是个人笔记本的目标:形成人们对片断逻各斯(logos)的回忆,并通过教学、聆听或阅读的手段进行传播,这种手段在自己与自己之间建立关系,一种尽可能充分与娴熟的关系。对我们而言,所有这些里面都存在些悖论:如何能够藉由一种永恒的、几乎放之四海皆准的话语的帮助,去使得一个人同自我协调呢?事实上,如果个人笔记本的书写,经由这些分散的逻各斯(logoi),能够有助于自我的形塑,那么,这源于三个主要的原因:书写与阅读结合配对的限制效果;有选择权的异类事物有规律性的实践,以及对这种实践效果的挪用。

1. 塞涅卡强调的重点:自我的实践包括阅读。因为一个人无法单独地从自身的储备中抽取一切,也不能用那些对自我行为来说不可或缺的理性原则来独自武装自己。引导、范例、他人的帮助,都是必需的。但是阅读和书写一定不能分离;人们应该"交替地求助"于这两类追求,并且"将这两者结合起来"。如果太多的书写使人精疲力竭（塞涅卡考虑的是风格要求），过多的阅读则具有分散的效果："在阅读中很多书是分散注意力的。"[1]不断地从一本书转移到另一本，一直不停，不经常地返回蜂箱供出花蜜——结果就是不做笔记不创建阅读的宝库，人们就很可能一无所获，很可能在不同的思想之间遍地撒网，遗忘了自我。书写，作为阅读活动中的积累方式，收集阅读感想的方式，是一种与有着巨大缺陷的犹豫不决相反的理性训练，无穷尽的阅读会促成这类犹豫不决。犹豫不决的定义是，在面临任何可能发生的事情时，精神动摇、注意力分散、观点与意愿发生改变，因此，它是一种弱点。它的特征是，使心智转向未来，使心智对新奇的思想感兴趣，并阻碍心智在已知真理的获有过程中为自身提供固定支点[2]。个人笔记本的书写，通过固定的已获得的要素、通过一份对过去的建构，以抗拒这种注意力的分散。可以说，返回过去或退回过去都是可能的。这种实践能与当时一个非常普遍的主题联系起来；无论如何，这对斯多葛学派和伊壁鸠鲁学派的道德哲学来说极为常见——对一种转向未来的心态的拒绝（由于未来的不确定

---

[1] Seneca, *Lettres*, vol. 1 (1945), bk. 1, let. 2, §3, p. 6 [vol. 1, let. 2, §3, p. 7].
[2] Ibid., vol. 2 (1947), bk. 5, let. 52, §§1-2, pp. 41-42 [vol. 1, let. 52, p. 345].

性，它导致灵魂的焦虑和躁动）；并且，将人们能充分享受的、无忧无虑的过去赋予正面价值。个人笔记本贡献了一种手段，人们藉此能把灵魂与对未来的关注分开，将灵魂重新定向为对过去的沉思。

2. 不过，当个人笔记本的书写使人们能够抵消注意力的分散时，它也是（而且必须仍然是）一种异质事物的有规律的、深思熟虑的实践。它是对异质要素的一种选择。在这方面，它与语法专家的工作形成了对照，语法专家试图去了解一整部作品或一位作家的全部作品；它也与专业哲学家的教学相冲突，专业哲学家赞成一个学派的整体教条。爱比克泰德说，一个人是否读过芝诺（Zeno）或克吕西波（Chrysippus）的全部作品无关紧要；一个人是否准确领会他们想说的，或者一个人是否能够重建他们的整个论证，这都没有关系[1]。笔记本由两个原则主导，人们可以称之为"准则的局部真理"及"特殊的使用价值"。塞涅卡为他自己和他的通信者选择要记下的东西，不仅来自于他自己这一派的某个哲学家，也来自于德谟克利特和伊壁鸠鲁[2]。根

---

[1] Epietetus, *Entretiens*, vol. 2, bk. 1, ch. 17: "De la Nécessité de la logique," §§11-14, p. 65 [vol. 1, bk. 1, ch. 17, p. 95: "That the Processes of Logic Are Necessary"].
[2] Seneca, *Lettres*, vol. 1 (1945), bk. 1, lets. 2, §5, p. 6; 3, §6, p. 9; 4, §10, p. 12; 7, §11, pp. 21-22; 8, §§7-8, p. 24, etc. [vol. 1, lets. 2, §5, p. 9; 2, §6, p. 13; 4, §10, p. 19; 7, §11, pp. 35-37; 8, §§7-9, p.41].

本的要求是，他能够把选择的句子视作一句箴言：其论断是真理，其指示也适宜，就一个人的具体情况而言也有用。书写是自己对自己的个人训练，是一种异质真理的艺术——或者更准确地说，是一种有目的的结合方法，即把已经说出的传统权威与被确证的独特真理，以及决定真理使用的特定环境结合起来。"所以你应该总是阅读权威性的作者；当你渴望改变时，退守到那些你之前读过的作者那里。每天都获得一些使你变得坚强的东西以对抗贫穷、死亡和其他的不幸；当你浏览了许多思想之后，选择其中一个在当天来彻底消化。这是我自己的习惯；从我读过的许多东西中，我索取一些为己所有。今天的思想是我在伊壁鸠鲁那里发现的；因为我惯于跨越，甚至跨到敌人的阵营——不是作为一个逃跑者，而是作为一个侦察者（tanquam explorator）。"[1]

3. 这种深思熟虑的异质性并不排除统一。但是，统一并不是在组成一个整体的艺术中实现的；在作者本人那里，它必须被确立为书写的结果，被确立为作者建构（因此就在书写行为中）与咨询（因此在他们的阅读与再阅读中）的结果。这两个过程可以区分开来。一方面，它与此有关：在个

---

[1] Seneca, *Lettres*, vol. 1 (1945), bk. 1, let. 2, §§4-5, p. 6 [vol. 1, let. 2, §§4-5, p. 9].

人书写的训练中,通过将这些异质性片断主体化,从而使这些片断结为一体。塞涅卡根据相当传统的隐喻,将这种统一与蜜蜂采蜜、食物消化,或数字总和作一番比较:"我们应该注意,无论我们吸收了什么,都不允许保持不变,否则,它就不是我们的一部分。我们必须消化它;否则,它只是进入记忆,而没有进入推理能力中(in memorian non in ingenuim)。我们且忠诚地欢迎这样的食粮,使它们成为我们自身!这样形成的一体之物就可由许多要素构成,就像一个数字是由几个要素构成一样。"[1] 与阅读的全部建构一道,书写的功能,就是去建构一个"身体"(quicquid lectione collectum est, stilus redigat in corpus)。这个身体不应被理解为一体化的教义,而毋宁是——仿效一个经常被提及的关于消化的隐喻——某个人的身体。他转写他的读物,并因此挪用它们,将其中的真理据为己有:书写把看到或听到的东西转变成"组织与血液"。这成为书写者本人的一个理性行为原则。

不过,还有一种相反的情况,即书写者通过回忆说过的事情来建构自己的认同。同样在第84封信中——这封信构成

---

[1] Seneca, Lettres, vol. 3 (1957), bk. 11, let. 84, §§6-7, p. 123 [let. 84, §§6-7, p. 281].

了关于阅读与书写关系的某种短论——塞涅卡对相似、忠实和独创性的伦理问题作了一个集中的阐述。他解释说，对作者的原有东西进行重塑，但作者本人不应该在这个过程中被辨认出来；思想，不是借助于笔记，也不是借助于书写（书写可以将以前读过的东西复习一遍），去建构一系列可辨认但却"已死亡"的"肖像"（塞涅卡在这里想到的是那些肖像画廊，借助它们，人们通过参照别人确认了自己的出身、断定了自己的地位、显示了自己的身份）。一个人自己的灵魂必须要构建到他的书写物中；但是，就像一个人在脸上标记着他与祖先的天生相似一样，他能感觉到铭刻于他的灵魂中的思想的血缘关系，这是件好事。通过选择的读物和同化性的书写之间的相互作用，人们应该能够形成一种认同，借此，整个精神的系谱便能被辨识出来。在合唱团之中，有男高音、男低音和男中音，有男声和女声："单个歌唱者的声音被隐藏起来了；我们听到的是所有人在一起的声音……对于这样的音质我有自己的看法；它应该由许多艺术、规则以及取自许多历史时期的指挥模式装备起来；但是一切都应该和谐地结合成一体。"[1]

---

[1] Seneca, Lettres, vol. 3 (1957), bk. 11, let. 84, §§9-10, p. 124 [§§9-10, pp. 281-283].

通　信

笔记本本身构成了个人的书写训练，也能够用作人们给别人寄送的文本的素材。作为回报，书信——顾名思义，对他人来说意味着文本——也提供了一个个人训练的机会。因此，正如塞涅卡指出的，当一个人写作时，他阅读了自己写下的东西，就像他在说话时听见了自己正在说的话一样。通过书写这一行为，书信对其写作者本人产生影响，正如通过阅读与再阅读对收信者产生影响一样。在这种双重作用中，书信非常接近于个人笔记本，它们的形式常常是相似的。伊壁鸠鲁的文献提供了这类例子。被称为《给毕陀克勒（Pythocles）的信》的文本的开始就是告知来信收到，在这封来信中，学生表达了他对老师的感情，并努力"回忆起[伊壁鸠鲁的]论证"使人获得的快乐；回信者给予认可：这个意图不错；并且作为答报寄送了一个文本——伊壁鸠鲁的《论自然》（*Peri phuseōs*）的概要，这篇概要应该能够用作毕陀克勒记忆的材料，并有助于他的沉思。[1]

---

[1] *Lettre à Pythocles*, trans. A. Ernout, in Lucretius, *De Rerum natura: Commentaire par Alfred Ernout et Léon Robin* (Paris: Belles Lettres, 1925), vol. 1, §§84-85, p. 87 ["Letter to Pythocles," in *Epicurus: The Extant Remains*, trans. Cyril Bailey (Oxford: Oxford University Press, 1926), p. 57].

塞涅卡的信显示了一种指导活动，由一个已退休、上了年纪的老人指导另一个仍担任重要公职的人。但是，在这些信中，塞涅卡并不只是为了帮助他、在几个重要的行为原则上给他建议和评论。通过这些书写功课，塞涅卡根据两个他常援引的原则继续训练自己：一辈子都需要训练自己；在灵魂自身的劳动上人们一直需要他人的帮助。他在第7封信中给出的建议，构成了他自己与鲁西里乌斯（Lucilius）关系的一个描述。在其中，他描述了自己退休后的同时性的双重工作：通信工作，为自己工作；也即是，尽可能回到自身；让自己同能够使自己受益的人发生关系；向自己期望改善自身的人敞开大门——"这个过程是相互的；因为教学相长。"[1]

一个人写信去帮助他的通信者——建议他、劝勉他、告诫他、安慰他，这对写信者本人也构成一种训练：有点像和平时期的士兵操练兵器示范。当一个人在急迫的情况下，你给予他意见，这实际上是为自身面对类似可能发生的事做准备的一种方式。例如，塞涅卡寄给鲁西里乌斯的第99封书信，它本身是他寄给马鲁路斯（Marullus）的另一封信的复制，马鲁路斯的儿子前一段时间死了[2]。这个文本属于

---

[1] Seneca, Lettres, vol. 1 (1945), bk. 1, let. 7, §8, p. 21 [vol. 1, let. 7, §8, p. 35].
[2] Ibid., vol. 4 (1962), bk. 16, let. 99, pp. 125-134 [vol. 3, let. 99, pp. 129-149].

"安慰"文类。它提供给收信人"充满逻辑的"武器以对抗悲伤。但这个干预为时已晚,因为马鲁路斯"被突然的打击震惊了",有一段虚弱期,"偏离了他真实的自我";所以在这个问题上,这封信具有告诫的作用。不过对于收信的鲁西里乌斯和对于写信的塞涅卡而言,这封信起到了再激活原则的作用——激活所有可能克服悲恸的理由,说服自己死亡不是不幸(他人或自己的死亡都不是)。鲁西里乌斯读这封信,塞涅卡写这封信,这样,当类似事情降临到他们身上时,他们就能做到有备无患。帮助和告诫马鲁路斯的"安慰文"(consolatio),对于鲁西里乌斯和塞涅卡都是一个有用的预想。帮助收信人的书写武装了书写者——而且可能也武装了阅读它的第三者。

但是也会发生这样的情形,写信者给予通信者的灵魂帮助,以"返回式建议"(return advise)的方式返还给了写信者本人;因为,接受指导的人进步了,他变得更有能力,现在反过来,轮到他给先前帮助他的人提供一些意见、劝勉和安慰。不过,指导并不长久保持单向的形式;它充当了交换的语境,这种交换帮助它变得更为平等互惠。第34封书信已经标示出这种运动。信的开始,塞涅卡就这样告诉收信人:"我是为了自己而要求你……以前,我劝勉你,鞭策你，不允许你懒散拖拉，不断地使你奋发。现在，我同样这么做；但是这一次，我正在鼓舞的人有成功的可能，因此，轮到他鼓舞我了。"[1]在接下来的信中，他唤起了完美友谊的回报，在这种友谊中，两人彼此持久不倦地相互帮助和支持，这在第109封信中被提道："训练有素的摔跤手通过练习来保持状态；音乐家被同样精通音乐的人所激发。智者也需要在行动中保持德性；如同他鼓励自己行动一样，他也会被另一个智者所鼓励。"[2]

但是，尽管有这么多的共同点，通信还是不应被简单视为个人笔记本实践的延续。它不只是借助书写而完成的自我训练，也不是通过一个人给另一个人提出忠告和意见而完成的自我训练：它也构成了某种展示方式——自我展示，向他人展示。书信把写信者呈现在收信人面前。呈现的方式，不单是因为他所给予的信息——关于他的生活、活动、成败、福祸等等；更是一种直接的、近乎肉体的存在。"我感谢你如此频繁地写信给我；因为你正在以你唯一能够的方式将你自己展现给我（te mihi ostendis）。我一收到你的信，就马上感觉到与你同在！假如不在身边的朋友的图像令我们高

---

[1] Seneca, *Lettres*, vol. 1 (1945), bk. 4, let. 34, §2, p. 190 [vol. 1, let. 34, §2, p. 241].
[2] Ibid., vol. 4 (1962), bk. 18, let. 109, §2, p. 190 [vol. 3, let. 109, §2, p. 255].

兴……那信岂不更是如此！它给我们带来了一个不在场的朋友的真实印迹、真实迹象。所以，当我们相见时，最甜蜜的事是由朋友书信上面的手印所带来的——看着这手印就是在辨认朋友。"[1]

因此，书写是"展现自己"，把自己投射到目光中，使自己的脸出现在别人面前。就此，我们会明白，书信是一种凝视，它将目光对准收信者。（收信者一收到信，就感觉到被注视）；同时，写信者将自己的情况告诉收信者，从而被对方凝视。在这个意义上，书信建立了一种面对面的会见。此外，狄米特里乌斯（Demetrius）在《论文体》（De Elocutione）中解释了书信体应该具备的风格：它只能是"简捷明了"、行文流畅、用词朴素，因为每个人在书信中都应该袒露他的灵魂[2]。通信不只是为了相互建议和帮助；它也是相互凝视和检查。作为一种训练，书信致力于将真实话语，以及这种话语的同化和转化，作为"个人资产"进行主体化，同时，它也构成了灵魂的客体化。值得注意的是，塞涅卡着手给鲁西里乌斯写一封信，信中，他必须展示

---

[1] Seneca, *Lettres*, vol. 1 (1945), vol. 1 (1945), bk. 4, let. 40, §1, p. 161 [vol. 1, let. 40, §1, pp. 263-265].
[2] Demetrius of Phaleron, *De Elocutione* 4. pp.223-225.

他的日常生活,他回忆了那则道德箴言——"我们应该活着,好像活在所有人清晰的视野之中"[1],他还回忆了一个哲学原则:上帝永存于我们的灵魂内,没有什么东西能瞒得过他。通过书信,我们将自己向他人的凝视敞开,并将收信者视作为灵魂内的上帝。这是将我们自己交给凝视的一种方式,我们必须告诉自己,在我们思考的那一刻,这种凝视正射进我们的内心深处(in pectis intimun introspicere)。

通信工作有赖于接受者,但是,写信人寄出的信,也给写信人自己带来压力,因此,写信包含一种"内省";但是,"内省"与其说是自己对自己的解读,不如说是使自己对别人敞开心扉。我们碰上了一个可能有点令人惊讶的现象,但是,对任何一个希望去书写自我教化的历史的人来说,它极富意义:自我叙述的第一段历史发展,不是在"个人笔记本"的方向上出现的——个人笔记本是对他人的话语进行汇集才得以形成;而另一方面,自我叙述可以在与他人的通信中、在灵魂的交互帮助中找到。事实上,在塞涅卡和鲁西里乌斯、马可·奥勒留和弗龙托(Fronto)的通信,以及某些普林尼(Pliny)的书信中,我们看到自我叙述的

---

[1] Seneca, *Lettres*, vol. 3 (1957), bk. 10, let. 83, §1, p. 110 [vol. 2, let. 84, §1, p. 259].

发展，它非常不同于西塞罗（Cicero）给熟人的书信中那种常见的自我叙述：后者将自己解释为行为主体（或深思熟虑的行为主体），但这个主体总是同敌友相关，同幸运与不幸事件相关。而在塞涅卡和马可·奥勒留，有时也在普林尼那里，自我叙述则是对一个人和他自己的关系的记述；在此，我们看到有两个要素，也即是两个战略据点，清晰地凸现：对灵魂和身体（感想而非行为）、闲暇活动（而非外部事件）的干预；身体和寿命。这两点，在所谓的自我关系的书写中变成了特殊对象。

1. 传统上，健康报告是通信的一部分。但是它们逐渐扩大了范围，对人们可能经历到的身体感觉、不适，各种失调进行了细致的描述。有时，人们试图推荐一些他们认为对通信者有用的养生法[1]。有时，它也与回忆有关：回忆身体对灵魂的影响、回忆灵魂的相互作用、或由于对灵魂的关切而把身体治愈好了的情况。例如，给鲁西里乌斯的第18封重要长信，它主要致力于此："擅用"疾病与痛苦；但是它以塞涅卡回忆年轻时罹患的严重疾病开头，这场重病也伴随

---

[1] Pliny, The Younger, *Lettres*, bk. 3, let. 1, trans. A.-M. Guillemin (Paris: Belles Lettres, 1927), vol.1, pp.97-100 [Pliny, *Letters and Panegyrecus*, trans. Betty Radice (Cambridge, Mass.: Harvard University Press, 1969), vol. 1, bk. 3, §1, pp. 159-163].

着精神危机。塞涅卡讲述到,在很多年以前他也经历过"黏膜炎",即鲁西里乌斯所抱怨的"短暂发作的发热":"在其初期我轻视了它。因为当我还年轻的时候,我能忍受苦痛并勇敢地面对疾病。但是最后我屈服了,我到了这样一种状态:除了抽鼻子之外什么也干不了,衰弱到极限。那时我经常心怀冲动:结束自己的生命;但是对我慈祥老父亲的挂念打消了我的念头。"是灵魂的治疗治愈了他。在这些灵魂的治疗之中,最重要的是他的朋友,他们"极大地帮助了我康复;我常常为他们鼓舞的话、他们花费在我床边的时光,以及他们的谈话所慰藉。"[1] 还会出现这样的情况,书信追溯了一个主观印象通往一种思想练习的过程。这可在塞涅卡详述的沉思活动中得到见证:"我发现必须用力摇动我的身体,为了让聚集在我喉咙的胆汁能被摇出来——如果它造成麻烦的话;或者,假如[我肺中的]空气由于某些原因已经变得太浓密,那么我觉得摇晃对我而言是件好事,因为这可能会使它变稀薄。所以我坚持去一处迷人的海滩,呆上比平常更久的时间,它蜿蜒于库迈(Cumae)和塞尔维利乌斯·瓦提亚(Servilius Vatia)的乡村房舍之间,一边被海、

---

[1] Seneca, *Lettres*, vol. 3 (1957), bk. 9, let. 78, §§1-4, pp. 71-72 (vol. 2, let. 78, §§1-4, pp. 181-183).

另一边被湖环绕,就像一条狭窄的小径。因为最近的暴风雨,海滩地面被压紧了……一如我的习惯,当我的目光落在曾经属于瓦提亚的别墅上面的时候,我就开始四处寻找可能对我有帮助的东西。"[1]塞涅卡告诉鲁西里乌斯,孤独和友谊,造就了他对退休的沉思。

2. 书信也是这样一种方式:通过对自己日常生活的展示,从而把自己呈现给通信者。详述一个人的一天,构成了书信体实践的一部分。之所以是这一天,并不是因为这一天发生了重要的事件,而恰恰是因为,这一天和其他日子一模一样。这种方式要检验的,就不是活动的重要性,而是存在模式的质量。鲁西里乌斯发现,要求塞涅卡"给[他]每一天并且是一整天的叙述"是很自然的事。塞涅卡非常欣然地接受了这个义务,因为它使他承诺活在别人的凝视之下而没有任何的隐藏:"因此我将如你所吩咐的去做,将高兴地用书信告知你我正在做什么、以怎样的顺序去做。我将持续地观察自己,将回顾每一天——这是一个最有用的习惯。"的确,塞涅卡唤起了已经流逝的某一天,它同时也是所有日子中最平凡的一天。它的价值在于,由于什么也没有发生,他

---

[1] Seneca, *Lettres*, vol. 2 (1947), bk. 6, let. 55, §§2-3, pp. 56-57, or also let. 57, §§2-3, p. 67 (vol. 1, let. 55, §§2-3, pp. 365-367, or also let. 57, §§2-3, pp. 383-385).

就可以将注意力放在对他来说唯一重要的事情方面：专注自己。"今天一直是完整的；没有人从我这里偷走哪怕是最微不足道的部分。"一些身体训练，带着一个宠爱的奴隶跑跑步，在温暖适度的水中洗个澡，一顿简单的面包快餐，打个盹儿。但是这一天中的主要部分——这占据了书信最长的篇幅——专门用于沉思芝诺的诡辩派的三段论所提出的关于醉酒的主题。[1]

当书信变成对平凡一天、独自一天的叙述时，我们看到，它与塞涅卡在第83封书信的开头所谨慎暗示的一种实践紧密相关。在此，他唤起了那个特别有用的习惯——"回顾一个人的一天"：这就是自我反省，他在《论愤怒》（*De Ira*）中的一段描述了其形式[2]。这种实践为不同的哲学潮流——毕达哥拉斯的、伊壁鸠鲁的、斯多葛的——所熟悉，似乎已成为和记忆相联的一种主要的心理训练。它与此相关：将自我建构为"自己的检察者"，因此而去判断普通错误、重新激活人们必须一直铭记的行为准则。没有什么

---

[1] Seneca, *Lettres*, vol. 3 (1957), bk. 10, let. 83, §§2-3, pp. 110-111 (vol. 2, let. 83, §§2-3, pp. 259-261).

[2] Seneca, De Ira: *De la Colère*, trans. A. Bourgery, let. 36, §§1-2, in *Dialogues* (Paris: Belles Lettres, 1922), vol. 1, pp. 102-103 [let. 36, §§1-2, in *Moral Essays*, trans. John W. Basore (Cambridge, Mass.: Harvard University Press, 1958), vol. 1, pp. 339-341].

表明这种"回顾一天"采用了书写文本的形式。因此，正是与书信有关——写信就是为了将自己置于他人的凝视之下——良心审查才得以形成，它是关于自我的书面叙述：一种关于日常平庸之事的叙述，一种关于正确或错误的行为、遵循的养生法、人们身体或心理训练的叙述。在马可·奥勒留致弗龙托的信中，可以发现书信实践与自我反省相结合的一个显著例子。这封信是奥勒留呆在乡下时写的，呆在乡下，被普遍认为是对公共活动的摆脱、健康疗养，以及关注自己的最佳时机。在这个文本中，我们发现了乡下人生活的两个相关联的主题——因为自然所以健康——也发现了纵情于交谈、阅读与沉思的闲暇生活。同时，一整套关于身体、健康、身体感觉、养生法和感情的细微标记，显示出对自己的极端警觉和关注。"我们很好。因为轻微的感冒，我起得有点晚，现在感冒似乎已经减退了。因此，从早上五点到九点，我用一段时间阅读加图（Cato）的《论农业》（*On Agriculture*），用一段时间写一点东西，感谢老天，写得没有昨天那么糟糕！然后，在向我父亲请安之后，我舒缓一下我的喉咙，我说的不是漱口——尽管我相信"漱口"（gargarisso）这个词发现于诺维乌斯（Novious）和别的地方——而是通过将蜂蜜水吞到喉咙最深处再把它喷出来的办法。在放松喉咙之后,我去我父亲那儿,同他一起献祭。然后我们去吃午餐。你猜我吃了什么?一点点面包,虽然我看见别人狼吞虎咽地吃豆子、洋葱,以及满是鱼卵的鲱鱼。然后我们辛勤地采集葡萄,大汗淋淋,非常快乐……六点之后我们回家。

"我只做一点点工作,而且,没有成效。然后,我跟母亲进行一次长聊,她坐在床上,显得矮小……我们就这样闲谈、争辩:我们俩到底谁更爱你们俩,更爱你们俩中的谁。这个时候,铜锣响了,这是宣告父亲已经去洗澡了。洗澡之后,我们在榨油房吃晚餐;我想说的不是在榨油房中洗澡,而是指我们洗完澡后,在那里吃晚餐,我们喜欢听乡下人彼此间的打趣。回来之后,在呼呼大睡之前,我要完成我的任务(meum penso explico),向我最亲爱的老师记述当天的所作所为(diei rationem meo suavissimo magistro reddo),假如我对您的思念日重,即便衰瘦也心甘情愿。"[1]

信的最后几行清楚地显示了它是如何与自我反省的实践联系起来的:就在睡前,要对刚逝去的一天进行解读;而这

---

[1] Marcus Aurelius, *Lettres*, bk. 4, let. 6, trans. A. Cassan (Paris: Levavasseur, 1830), pp. 249-251 [in *The Correspondence of Marcus Cornelius Fronto*, trans. C. R. Haines (Cambridge, Mass.: Harvard University Press, 1982), vol. 1, p. 183].

种解读正好也是这一天的结束。人们展开卷轴，当天的活动就写在上面，正是这想象性的回忆之书，在第二天的信中复制下来，寄给那位师友。写给弗龙托的信，几乎就是对前一天晚上的检查的复制，这种检查是通过阅读良心的精神之书而进行的。

很显然，这离阿塔那修几个世纪之后在《圣安东尼的生活》中所提及的精神搏斗之书完全不同。但是，我们也能衡量，日常生活管理中的自我叙述，其步骤是如何不同于西塞罗的通信和个人笔记本的实践的。前者关注身体和灵魂中发生的事情；后两者是对读到和听到之事情的汇集、是对思想训练的支持。在个人笔记本这里，是将残篇断简式的固有言谈进行挪用、整体化和主题化，从而将自我建构为一个理性行为的主体；在修道院式的精神体验中，是把最隐秘之冲动从灵魂内部幽深处驱逐出来，从而使人们能够摆脱它们。而在对自我之书信记述的情形中，是将他人的凝视和自我的凝视协调起来。当人们根据生活技艺的原则衡量自己的日常行为时，就会出现这种自我凝视。

（张勇　译/汪民安　校）

自我关注的伦理学是
一种自由实践

编者按

这是1984年1月20日H. Becker、R. Fornet-Betancourt以及A.Gomez-Muller对福柯的访谈。访谈内容发表在 *Concordia: Revista internacional de filosophia 6*（July-December 1984）上。福柯去世前不久的这次访谈，涉及福柯思想的方方面面。福柯一方面回顾了他20多年的整个研究思路，即权力/知识和主体/真理的这二者之间的关系，他将他先前的研究看做是探讨主体是如何进入真理游戏之中的；由此涉及权力和知识之间的关系。另一方面，也对他当前的研究作了提纲挈领的概括。在这里，福柯将古代的自我关注看做是一种自由实践，它是古代伦理的中心问题，并在古代占据着至关重要的位置。不仅如此，福柯还将自由和解放作了区分。解放涉及的是压抑模式（福柯在《认知意志》中已经对压抑模式作了批判，这也是他和德勒兹的重要区别），因为有压抑，所以要解放；而古代人的自由实践并不意味着是因为压抑而要解放，相反，它是意味着对可能吞噬自己的欲望的控制。自由意味着对自己的欲望的自由，因此，这是一种自我选择和自我塑造。

问：首先，我想问的是，您当前思考的重点是什么。我一直在关注您思想的最新发展，尤其是您1981—1982年间在法兰西学院所做的关于主体解释学的演讲，因此，我想了解的是，主体性和真理这种两级对立是否依然决定着您当前的哲学研究。

答：事实上，我一直对这个问题感兴趣，即使我在表述它的时候有点不一样。我一直想探明，人类主体是如何适合某些真理游戏的，这些真理游戏是否采取了科学的形式，或者只是提到科学模式，或者它们是否是人们会在各种制度和宰制活动中碰到的真理游戏。这是我在《事物的秩序》中探究的主题，在这部作品中，我力图弄明白，在科学话语中，人类主体是如何把自己界定为一个言说的、活着的和劳作的个体。我在自己的法兰西学院课程中，大体上提出了这个问题。

问：您以前的问题与主体性/真理问题之间是否存在一种"断裂"呢，尤其从"自我关注"这个概念提出以来？

答：到那时为止，我从强制活动（比如，精神病学和监狱体制）或者理论和科学游戏（比如，对财富、语言以及生命的分析）层面，一直考虑主体和真理游戏之间的关系这个问题。我在法兰西学院的演讲中，努力依据所谓自我实践来理解它；尽管这种现象并没有做过很多研究，不过，我认为，自从希腊罗马时代以来，它在我们的社会中显得非常重要。在希腊和罗马文明中，诸如此类的自我实践与后来——尤其自宗教、教育、医学或精神病机制在某种程度上接管它们之后——相比，显得更为重要，尤其更加具有自主性。

问：那么，某种转变发生了：这些真理游戏不再涉及强制实践，而是涉及主体的自我形塑实践。

答：没错。这就是人们所谓的禁欲实践，这里是指广义上的禁欲主义——换言之，不是指克己的道德，而是自我对自我的训练，人们通过这种活动来发展和改变自我，并且获得某种存在模式。我这里所采用的禁欲主义，比马克斯·韦伯所界定的意义更广泛，不过思路一样。

问：我们可以把自我训练理解为某种解放、理解为一种解放过程吗？

答：我会更加谨慎地对待这种观点。我始终对解放概念心存疑虑，原因在于，如果在讨论它的时候不小心谨慎并且有所限制，那么人们就有可能冒着危险求助于如下观念，即存在一种人类的本性或基础，作为某些历史、经济以及社会过程的结果，它一直受到压迫机制的掩盖、疏远或约束。依据这种假定，人们所要做的，就是打破这种压迫局面，人类从而就会获得自我和谐、重新发现自己的本质或者重新与自己的起源建立联系，并且重新建立与自己充分而积极的关系。我认为，在接受这种观点时，应该进行仔细审查。我并没有说解放或某种形式的解放不存在：当殖民地人民努力将自己从殖民者手中解放出来时，这确实是严格意义上的解放实践。不过，我们很清楚，在这个具体事例中，这种解放实践本身不足以界定自由实践，这种自由实践依然是需要的，如果这个民族、这个社会以及这些个人要想界定合理的、合意的存在形式或政治社会形式的话。这就是我更加强调自由实践而不是解放过程的原因；事实上，解放过程自有其位置，不过在我看来，它们自身不能界定所有自由的实践形式。这就是我在性行为方面碰到的问题："让我们把性解放出来。"这么说有意义吗？这个问题难道不是界定自由实践的问题吗？通过这种实践，人们能够确定什么是性快感、什么是与他人的性爱、情欲关系。在我看来，自由实践的界定这个伦理问题，比起一再重申必须解放性欲的观点而言，显得更为重要。

问:行使自由实践难道不是需要某种程度的解放吗?

答:没错,确实如此。在这里,我们必须提出宰制概念。我努力做出的分析,本质上与权力关系联系在一起。不过,我所说的权力关系与宰制状态不一样。权力关系普遍存在于人类关系之中。这并不是说政治权力无处不在,而是说,在人类关系中存在一个权力关系领域,它会在个人之间、家庭之中、教育关系之中以及政治生活等领域发挥作用。权力关系分析是一个非常复杂的领域;人们有时会遇到所谓的宰制状态,在这种状态中,权力关系——它不是易变的,不允许不同参与者采取策略修正它们——是静止不动的。当个体或者一个社会团体成功地占据权力关系领域、使之处于静止状态,并且以经济、政治和军事手段阻止一切可逆的运动时,人们就面临着所谓的宰制状态。在这种状态中,无疑不存在自由实践,或者只存在单方面的自由实践,或者自由实践受到严格约束和限制。因此,我同意你的观点,即解放有时候是自由实践的政治或历史条件。以性为例,很明显,与男性权力相比,我们还需要大量的解放,就关于异性恋和同性恋的压迫性道德而言,这种解放是必不可少的。但是这种解放并没有创造沉浸于性欲——主体能够取得与这种性欲的完美而满意的关系——的幸福之人。解放为新的权力关系铺平了道路,这种关系必须受到自由实践的控制。

问:解放本身不能够成为自由实践的一种模式或形式吗?

答:在某些情况下可以。在某些情况下,解放和争取解放的斗争对自由实践来说是必不可少的。例如,就性而言——我并没有沉溺于论战,因为我不喜欢论战,觉得它们通常徒劳无益——存在一种赖希(Reichian)模式,它源自对弗洛伊德的某种解读。现在,在赖希看来,这个问题完全是解放问题。我们大致谈一下这个问题,依据赖希的看法,欲望、冲动、禁令、压迫和内在化(internalization)确实存在,通过摆脱这些禁律,换言之,通过解放自我,这个问题就得到了解决。我认为——我很清楚自己是在大大简化一些作家更有意思的、更精致的立场——这么做完全忽略了自由实践这个伦理问题:人们如何才能够践行自由呢?就性而言,很显然,通过解放我们的欲望,我们会学着依照伦理标准与他人发生愉悦的关系。

问:你认为自由必须从伦理上来践行……

答:没错,伦理如果不是指自由实践、有意识的自由实践,那又会是什么呢?

问：换句话说，你把自由当做本身具有伦理意义的一种现实。

答：自由是伦理的本体论状态。我们通过反思得知，伦理是自由所采取的深思熟虑的形式。

问：伦理是在寻求自我或自我关注的过程中获得的吗？

答：在希腊罗马世界，自我关注是一种模式，人们由此把个人自由——在某种程度上，是公民自由——当作伦理来加以思考。如果你考察一下从柏拉图早期对话到晚期斯多葛学派（爱比克泰德、奥勒留等人）的主要文本，你就会发现自我关注这个主题从头到尾地贯穿着道德思考。但另一方面，注意到如下一点很有意思，即在我们生活的社会，在一个难以作出准确定位的时刻，自我关注却变得有点令人怀疑。从某个时刻开始，关注自我很容易被斥责为自爱和自私的形式，与关注他人或者自我牺牲的要求相矛盾。这些都发生在基督教世界；然而，我并没有简单地声称基督教应当对此负责。问题要更加复杂，就基督教而言，获救也是自我关注的一种方式。但是，就基督教而言，拯救是通过弃绝自我而获得的。这是基督教的自我关注的悖论，不过，这是另外一个问题。回到你刚才谈论的问题，我认为，在希腊人和罗马人当中,尤其在希腊人当中,自我关心和自我关注是正确的行为和适当的自由实践所要求的,目的在于认识自我——这些是认识你自己(gnothi seauton)的常见内容——塑造自我、超越自我,以及对可能会吞噬人们的欲望进行控制。对希腊人来说,个人自由很重要,这与大致来自黑格尔的老生常谈相矛盾,后者认为,与气势宏伟的整座城市相比,个人自由显得微不足道。不要成为一名奴隶——另一个城邦的、你周围人的、你的统治者的,以及你自己感情的奴隶——绝对是一个基本主题。对存在八个世纪之久的古代文化而言,对自由的关注是一个本质的、恒久的问题。我们现在所讨论的,是一种以自我关注为中心的伦理;它为古代伦理提供了特殊的形式。我并不是说伦理是自我关注的同义词,而是说,在古代,作为有意识的自由实践,伦理以一个基本的命令为中心而发展起来,即"关注你自己"。

问:这个命令意味着对逻各斯、真理的吸收。

答:没错。关注你自己要求认识自我。毫无疑问,自我关注是关于自我的知识——这是苏格拉底—柏拉图的内容——也是关于一系列可接受的行为规则或一系列原理(它们既是真理也是规定)的知识。关注自我也就是用这些真理装备自己：在这里，伦理与真理游戏联系在一起。

问：你说它涉及创造这种真理，这种真理已经得到学习、识记并且逐渐被应用到宰制自我的准主体身上。这种准主体的地位怎样？

答：在柏拉图的思想中，至少在《亚西比德》（*Alcibiades*）的结尾处，主体或个人灵魂所要做的，就是关注自身，确定自己身在何处，与此同时，回忆真理，这种真理源自它，而且它一直能够对之予以思考[1]；另一方面，在我们能够大致称为斯多葛学派的思潮当中，问题在于学习许多真理和学说，其中一些是基本原理，另一些是行为规范。你必须依照这些原则在特定情形下告诉你的方式而前进和行动。在这里，我们碰到了一个来自普鲁塔克而不是斯多葛学派的比喻："你必须持续不断地以这种方式学习这些原则，不管你的欲望和恐惧在何时觉醒，并且像狗一样咆哮，逻各斯会像主人一样说话，主人只要一出声，他的狗就

---

[1] Plato, *Alcibiade*, trans. M. Croiset (Paris: Belles Lettres, 1925), pp.109-110 [*Alcibiades*, trans. W.R.M. Lamb, in *Plato* (Cambridge, Mass. : Harvard University, 1967), vol.12, pp.210-213].

会安静下来"[1]。此刻，我们碰到了有效的逻各斯这个概念，它如其所是，不需要你的任何干预；你成为了逻各斯，或者逻各斯就是你。

问：我想回到自由与伦理的关系这个问题。当你说伦理是自由的反思部分时，这意味着自由能够意识到自己是伦理活动吗？可以说，它首先并且一直是"道德化"的自由吗，或者说，人们必须依靠自我反思来发现自由的伦理维度吗？

答：希腊人把他们的自由和个人自由作为伦理问题而提出来了。这是希腊人所理解的伦理：气质（ethos）是一种存在和行为方式。对主体来说，它是一种存在模式，伴随着一种特定的行动方式，一种他人可见的方式。一个人的气质在他的衣着、外表、步态以及他对每件事情的冷静应对上显露无遗。对希腊人来说，这是自由的具体形式；这是他们讨论他们的自由的方式。气质卓越不凡者——受到敬仰并且被当做楷模——是以特定方式践行自由的人。我认为，在把自由设想为气质的时候，并不需要发生一种变化；它直接就

---

[1] Plutarch, *De la tranquillité de l'ame*, trans. J. Dumortier and J. Defradas, in *Oeuvres Morales* (Paris: Belles Lettres, 1975), vol.3, pt.1, 465c, p.99 [*Tranquillity of Mind, in The Complete Works of Plutarch: Essays and Miscellanies*, ed. W. L. Bevan (New York: Thomas Y. Crowell, 1909), vol.2, pp.283-284]. 这段引文是不太精确的意译。

被当做气质问题。但是，为了让这种自由实践呈现为一种气质——它是出色的、美好的、可敬的、值得称道的、令人难忘的和典范性的气质，大量的自我训练是必要的。

问：你是在这里进行权力分析吗？

答：我认为，就自由对希腊人来说意味着非奴役状态而言——这与我们对自由的定义完全不同——这个问题完全是政治性的。说它是政治性的，原因在于，不成为他人的奴隶是一个条件；奴隶没有伦理。因此，自由本质上是政治性的。就自由状态意味着不成为自身或自己欲望的奴隶而言，它也有一个政治范例，这种奴役状态意味着，就自身而言，个人建立了被称为本原（arkhe）或权力和命令的某种宰制和统治关系。

问：你前面讲过，自我关注在某种程度上是对他人的关注。在这种意义上，自我关注也始终是伦理的，并且本身就是伦理的。

答：对希腊人来说，并不是对他人的关注使得自我关注成为伦理的。自我关注本身就是伦理的；不过，自由的这种气质也是关注他人的方式，就此而言，它意味着与他人的复杂关系。这就解释了为何一个自由人（他在应该采取行动的时候行动）有资格管理他的妻子、孩子和家庭显得至关重要，它也是统治艺术。就自我关注促使一个人在城市、共同体或人际关系中占据一个合适的位置——不管是作为行政官还是朋友——而言，气质也意味着与他人的关系。就合适的自我关注需要聆听导师的教诲而言，自我关注也意味着与他人的关系。人们需要向导、顾问、朋友，即能够坦诚相待的人。在自我关注的发展过程中，始终存在着与他人的关系问题。

问：自我关注始终以他人的幸福为宗旨；它旨在管理存在于一切关系之中的权力空间，不过是以一种非权威性的方式来这么做。在这种背景之中，作为对"关注他人"有所关心的人，哲学家可以扮演什么样的角色呢？

答：让我们以苏格拉底为例。他会在大街上向人们或者在运动场向年轻人问一个问题：你在关注自己吗？因为神灵授予他这个使命，他不会放弃它，即便受到死亡威胁。他关心的是对他人的关注；这是哲学家的特殊立场。不过，让我简单地以自由人为例，我认为，整个这种道德的基本原理就是，适当地关注自我的人，基于同样的理由，在与他人的关系上并且为了他人之故，能够采取适当的行动。所有人都适当地关注自我的城邦，也会是一个运转良好的城邦，并且也会从这种关注之中找到它永久存在的伦理原则。不过，我认为我们不能说关注自我的希腊人必须首先关注他人。在我看来，这种观点是后来才出现的。我们不得把关注他人置于自我关注之前。自我关注具有伦理上的优先性，因为与自身的关系具有本体论上的优先性。

问：这种具有积极的伦理含义的自我关注，可以被理解为对权力的一种颠覆吗？

答：没错，是一种颠覆。事实上，它是限制和控制权力的一种方式。如果奴隶制是希腊自由所面临的最大威胁，那么还存在另一种威胁，这种威胁一开始的时候表现为对奴隶制的反对，这就是权力的滥用。在滥用权力的时候，人们超出个人权力的合法行使，把自己的奇思怪想和欲望强加于他人身上。这时，我们想到的是暴君、富人和有权势者，他们使用他们的财富和权力来虐待他人，将一种无法证明正当性的权力施加到他们身上。不过，人们可以观察到，这种人是他自己欲望的奴隶，无论如何，这是希腊哲学家的思想。好的统治者是依照权力应当得到使用的方式来行使他的权力，也就是说，他同时把权力施加到自己身上。因此，人们施加到自己身上的权力也制约着他们施加到他人身上的权力。

问：当自我关注与关注他人相分离时，它是不是有变成绝对之物的危险呢？自我关注的这种"绝对化"，难道不会成为向他人行使权力（从控制他人的层面而言）的方式吗？

答：不会，只有当人们不关注自我并且成为自己欲望的奴隶之后，控制他人和向他人行使专横权力的危险才会出现。如果你正确地关注自我，换言之，如果你在本体论意义上知道你是谁，如果你知道你能够做什么，如果你知道成为城邦公民对你来说意味着什么，成为家庭的家长意味着什么，如果你知道应当惧怕和不应当惧怕什么，如果你知道你能够合理地期待什么，另一方面，知道哪些事情对你来说无关紧要，最后，如果你知道无需害怕死亡——如果你懂得所有这些，那么你就不会向他人滥用自己的权力。因此，危险并不存在。那个观念很晚才出现，即当自爱变得可疑并且最终被认为是各种道德过错的来源之一时，它才会出现。在这种新的背景中，弃绝自我将会成为自我关注的基本形式。所有这些都明显地体现在尼撒的贵格利（Gregory of Nyssa）所著的《论贞洁》中，该著作将自我关注界定为弃绝一切尘世的依恋。这是弃绝一切可能的自爱,弃绝对尘世自我的依恋。[1]不过,我认为,在希腊和罗马思想中,自我关注本身不可能变成如此夸张的自爱形式,以至于忽视他人,或者(更糟糕的是)向他人滥用权力。

问:因此,这种自我关注在思考自我的同时,也在思考他人?

答:没错,确实如此。关注自我的人,就他很清楚自己作为家长、丈夫和父亲的责任而言,他会发现他与自己的妻子和孩子之间存在一种合适的关系。

问:此时此刻,人类的状况——就它的有限性而言——难道不是扮演着一个很重要的角色吗?你刚才谈到死亡:如果你不惧怕死亡,那么你就不会向他人滥用权力。在我看来,有限性这个问题显得很重要;对死亡的恐惧、对有限性的恐惧以及对遭受伤害的恐惧,是自我关注的核心。

答:当然如此。正是在这一点上,基督教——通过提倡

---

[1] Gregory of Nyssa, *Traité de la virginité*, trans. M. Aubineau (Paris: Cerf, 1966), ch. 13, 303c-305c, pp.411-417 [*Treatise On Virginity*, in *Saint Gregory of Nyssa: Ascetical Works*, trans. V. W. Callahan (Washington, D. C.: Catholic Universities of America Press, 1966), pp.46-48].

死后得救——在某种程度上推翻或者至少扰乱了自我关注的平衡。让我重申一下，尽管寻求个人得救确实意味着关注自我。不过，得救的条件恰好是弃绝。然而，在希腊人和罗马人看来，就人们一生关注自我，就死后声誉是人们可以期盼的唯一来世之后，自我关注的中心可能完全是个人自己、个人所做的事情以及个人在他人眼中的重要性。它可能完全以接受死亡为中心，这在晚期斯多葛学派那里体现得非常明显，在某种程度上，它几乎可能成为对死亡的渴望。与此同时，它即便不是关注他人，至少也能够成为有益于他人的自我关注。例如，就塞涅卡而言，注意到这个主题的重要性是很有意思的：让我们快点变老，快点到达终点，我们由此可能回归自我。死亡之前的这种时刻——当没有其他事情发生时——与我们在基督徒那里发现的对死亡的渴望不一样，基督徒期待通过死亡获得拯救。前者类似于历经生命抵达一个时刻的运动，在那个时刻，除了死亡的可能性之外，没有其他事情可以期待。

问：现在，我想回到另一个主题。你在法兰西学院的演讲中，谈到权力和知识（savoir）之间的关系。现在你谈到主体和真理之间的关系。这两组概念，即权力/知识和主体/

真理，在某种程度上是互补的吗？

答：正如我一开始所说的，我一直对主体和真理之间的关系这个问题感兴趣。我的意思是，主体是如何适合某种真理游戏的？我考察的第一个问题就是，为何疯癫——从某个特定的时刻以及依据某些程序——被当做某种医学模式的疾病提了出来。疯癫主体是如何被置于由一种医学模式或一种知识所界定的真理游戏之中？在进行这种分析时，我意识到，与那时（大约60年代早期）常见的实践活动相反，我们无法仅仅通过谈论意识形态来对这种现象做出合理的解释。事实上，一些实践活动让我回到权力制度问题而不是意识形态问题，本质上而言，这些实践活动就是监禁的广泛使用，监禁在17世纪早期得到发展，并且成为疯癫的主体进入到这种真理游戏中的条件。这就促使我提出知识和权力问题，在我看来，它不是基本的问题，而是一种手段，通过它，我们就有可能以最精确的方式（我是这么认为的）来分析主体和真理的关系这个问题。

问：一般说来，你一直"禁止"人们向你谈论主体。

答：没有，我没有"禁止"他们这么做。或许，我自己没有表达清楚。我拒绝的是从主体理论开始的想法——例如，现象学和存在主义的做法——拒绝在这种理论的基础上询问一种既定知识形式是如何可能的。我努力想表明，主体如何以这种或那种特定的形式，如何通过特定的实践活动，诸如真理游戏和权力实践等等，把自己建构成疯癫的或者健康的主体，建构成有罪的或者无罪的主体。我必须拒绝关于主体的先验理论，以便分析一种关系，这种关系或许存在于主体的建构或者不同的主体形式与真理游戏和权力实践活动等事物之间。

问：这意味着这种主体并不是一个实体。

答：它不是一个实体。它是一种形式，这种形式并非从根本上或者自始至终与自身一致。当你把自己建构成一个在会议当中投票和发言的政治主体，当你寻求在性关系中满足自己的欲望时，你并没有拥有相同的自我关系。毫无疑问，这些不同的主体形式之间存在着联系和矛盾；不过我们并不是在讨论同一类主体。在每一种情形中，人们扮演着角色，建立不同类型的自我关系。我所感兴趣的，就是这些与真理游戏联系在一起的不同主体形式的历史建构。

问：不过，疯癫的、病态的以及有罪的主体——或许还有性爱主体——是这么一种主体，即它们是一种理论话语的对象，我们暂且称之为"消极的"主体，在过去两年，您在法兰西学院的演讲中谈论的主体是"积极的"，一种政治上积极的主体。自我关注关心所有与政治活动和宰制相关的问题。因此，你似乎发生了一个改变，这不是视角的改变，而是问题的改变。

答：如果疯癫主体的建构确实可以被认为是一种压迫体制的结果——这是消极主体——那么，你们很清楚，疯癫主体并非一个不自由的主体，一个有精神疾病的人被建构成疯癫主体，只是与那些宣称他疯癫的人相比较而言。癔症在精神病学的历史上以及19世纪的精神病院中显得很重要，在我看来，它正好体现了主体是如何被建构为疯癫主体的。因此，癔症的主要迹象在那些情形之中——在这里，最大程度的强制迫使个人认为自己是疯癫的——受到观察绝非偶然。另一方面，我想说的是，虽然我现在对主体如何通过自我实践活动这种积极的方式建构自我很感兴趣，不过，这些实践并不是个体自己创造的。这些实践是他在当时的文化中所发现的范式，并且是当时的文化、社会和社会群体向他推荐并且强加给他的。

问：在你的问题之中，即在反抗权力这个概念之中，似乎存在某种不足。这个概念预设了一个非常积极的主体，这种主体非常关心自我关注和关注他人，因此，在政治上和哲学上也很有能力。

答：这把我们带回到我所说的权力这个问题。我很少使用权力这个词，偶尔使用的时候，仅仅把它当做我通常使用的权力关系这个词的简略表述方式。不过，确实有一些现存的模式：当我们谈论权力的时候，人们立马想到一种政治结构、一种统治、一个主要的社会阶级以及主人和奴隶等等。当我谈论权力关系的时候，我考虑的并不是这些东西。我的意思是说，在人类关系之中，不管是涉及语言交流——比如，我们现在这种交流——还是恋爱、制度或者经济上的关系，权力始终存在：我指的是一种关系，在这种关系中，人们努力去控制他人的行为。因此，我谈论的是不同层面、不同形式的关系；这些权力关系是动态的，我们可以对它们做出更改，它们并不是完全固定不变的。例如，我可能比你年长，你最初的时候可能受到胁迫，在我们的对话过程中，这个事实可能颠倒过来，最终我可能会受到某人的胁迫，恰恰因为他比我年轻。因此，这些权力关系是动态的、可逆的和不稳定的。还应当注意一点，即只有主体是自由的，权力关系才可能存在。如果一个主体完全受到他人的宰制，成为后者的物，成为他滥用暴力的对象，那么就不会存在任何权力关系。因此，权力关系要想起作用，双方至少存在某种程度的自由。即便权力关系完全不平衡，即便我们可以宣称一方拥有压倒另一方的"绝对权力"，权力依然可以施加到另一方，只要后者依然有自杀、跳楼以及杀死另一方的选择。这意味着在权力关系中，必须存在反抗的可能性，因为如果不存在反抗的可能性（暴力反抗、逃跑、欺骗以及采取有可能颠覆这种状况的策略），那么根本就不会存在权力关系。这是一般形式，我拒绝回答人们有时候向我提出的这个问题，即，"如果权力无处不在，那么就不存在自由"。我的回答是，如果权力关系存在于社会每一个领域，恰恰是因为自由无处不在的缘故。毫无疑问，宰制状态确实存在。在许多情形中，权力关系是以某种方式固定下来的，以至于它们永远是不对称的，并且只允许一种非常有限的自由。举一个简单的例子，我们不能说只有男人才在18和19世纪的传统婚姻体系中行使权力；妇女也有一些选择：她们可以欺骗丈夫、窃取他们的钱财、拒绝与他们做爱。不过，她们依然处于宰制状态中，因为这些选择终究只是策略，永远无法颠覆现状。就这种宰制而言，不管是经济的、社会的、制度的还是性爱的，问题的关键在于认识到反抗活动会从何处发展起来。例如，就会起来反抗宰制的工人阶级而言，这种反抗在于工联或政党；它会采取什么形式呢？是罢工、总罢工、革命还是议会反抗呢？在这种宰制状况中，所有这些问题都需要得到明确的回答，这种回答需要考虑正受到讨论的宰制的类型和确切形式。"权力无处不在，因此自由无立足之地"，在我看来，这种主张很不充分。权力是一种宰制体系，控制着一切事物，没有为自由留下任何空间，这种观念不得归之于我。

问：你前面谈到自由人和哲学家是自我关注的两种不同形式。哲学家的自我关注有一个无法与自由人的自我关注混淆在一起的特征。

答：我想说的是，这些人代表了自我关注的两种不同立场，而不是自我关注的两种形式。我认为，自我关注的形式依然没有改变，不过，就强度、对自我的热情程度以及（随之而来的）对他人的热情程度而言，哲学家的立场并非任何自由人的立场。

问：此时此刻，我们能够在哲学和政治之间建立一种基本联系吗?

答:当然可以。我认为,哲学和政治之间的关系是永久性的和根本性的。毫无疑问,如果人们观察一下希腊哲学中自我关注的历史,就会发现哲学与政治的这种关系是显而易见的。它呈现出一种非常复杂的形式:一方面是《亚西比德》[1]中的苏格拉底和柏拉图以及《回忆苏格拉底》(Memorabilia)[2]中的色诺芬,这些人向年轻人打招呼,并且向他们说道:"你们想成为政治家、想统治城邦、想关注他人,可是你们甚至都没有关注自己。如果你们不关注自己,那么你们只会成为拙劣的统治者。"从这种观点来看,自我关注似乎是培养优秀统治者的一种教育、伦理以及本体论条件。把自己建构为统治主体,也就是意味着人们把自己建构为关注自我的主体。然而,另一方面,我们知道,苏格拉底在《申辩篇》(Apology)中宣称,他之所以与所有人打交道,原因在于每个人必须关注自我;[3]不过他又补充

---

[1] Plato, *Alcibiade*, 124b, p.92; 127d-e, p.99 [*Alcibiades*, pp.173-175; p.189].

[2] Xenophon, *Mémorables*, trans. E. Chambry (Paris: Garnier, 1935), bk.3, ch.7,§9, p.412 [*Memorabilia*, trans. A. L. Bonnette (Ithaca: Cornell University, 1994), bk.3, ch.7,§9, p.91].

[3] Plato, *Apologie de Socrate*, trans. M. Croiset (Paris: Belles Lettres, 1925), 30b, p.157 [*Socrates' Defense (Apology)*, trans. H. Tredennick, in *Plato: The Collected Dialogues*, eds. E. Hamilton and H. Cairns (Princeton: Princeton University Press, 1961), 30b, p.16].

道:"我这么做是在为城邦提供最高尚的服务,你们不但不应当惩罚我,相反,你们应当以远远超出奖励奥林匹克运动会优胜者的力度来奖励我"[1]。我们由此发现了哲学和政治之间的密切联系,当哲学家不但关注公民的灵魂,而且也关注君主的灵魂之时,这种联系会得到进一步发展。哲学家成为君主的顾问、老师和精神导师。

问:自我关注问题会成为对政治进行新的思考的核心吗,会成为一种政治形式——它与我们今天认识的政治不一样——的核心吗?

答:我承认自己在这方面没有展开论述,我很乐意回到更加当代的问题,以便努力弄清楚,在当前的政治问题的背景下,这一切能够构成什么。我的印象是,就19世纪的政治思想而言——或许,我们应该回溯得更远,回到卢梭和霍布斯那里——政治主体本质上被构想为法律(不管是指自然法还是实在法)主体。另一方面,在我看来,当代政治思想很少讨论伦理主体问题。我并不想对我没有研究的问题做出回答。然而,我很乐意回到我所考察的贯穿整个古代文化

---

[1] Plato, *Apologie de Socrate*, 36c-d, p.166 [*Socrates' Defense (Apology)*, 36c-d, pp.21-22].

的问题。

问：哲学之路（导向自我知识）和精神性之路之间的联系是什么？

答：我所说的精神性——我不能确定，这种界定是否长期有效——是指主体获得某种存在形式和发生一些转变，主体要想获得这种存在形式，就必须实现自身的转变。我认为，在古代的精神性之中，精神性和哲学是同一的，或者几乎是同一的。无论如何，哲学最重要的关怀是以自我为中心，关于世界的知识是后来出现的，并且通常服务于自我关注。当阅读笛卡尔的著作时，值得注意的是，我们在《第一哲学沉思录》中发现了同样的精神关怀，即关心获得一种存在形式，在这种存在形式中，怀疑不再可能存在，而且人们最终能够进行认知。[1]不过，通过以这种方式来界定哲学所探寻的存在形式，人们认识到，这种存在模式完全是依据知识而得到界定的，反过来，哲学是依据认知主体的发展或者这种主体本身的资格条件的发展而得到界定的。从这种角

---

[1] R. Descartes, *Méditations sur la philosophie première*, in *Oeuvres* (Paris: Gallimard, 1952), pp.253-334 [*Meditations on First Philosophy*, trans. And ed. J. Cottingham (Cambridge: Cambridge University Press, 1996)].

度来看，我觉得，哲学为科学性的基础知识这个理想增添了精神性功能。

问：古典意义上的自我关注这个概念应当得到更新以便应对这种现代思想吗？

答：确实如此，不过，我当然不会仅仅说："我们不幸忘却了自我关注；此时此刻，它就在这里，万物的钥匙。"下面这个概念对我来说最为陌生，即在某一时刻，哲学偏离正途或者忘却了某种事物，在它的历史的某处，存在一个必须重新得到发现的原则和基础。我觉得，所有这种形式的分析，不管它们是采取激进的形式并且宣称哲学从一开始就是一种忘却，还是采取一种更加具有历史性的观点并且声称"某某哲学家忘却了某种事物"，这两种方法都不是特别有吸引力或者有用。这并不是说，与某某哲学家接触不会创造某种事物，不过，必须强调指出的是，这将是某种新事物。

问：这促使我提出这么一个问题：今天，人们为何要探寻真理，探寻政治意义上，也即政治策略上的真理，这些策略所针对的，是关系体系中各种各样的权力"障碍"。

答：这确实是一个问题。归根结底，为什么是真理呢？

为何我们关注真理甚于自我关注呢？为何自我关注只能通过关注真理来进行呢？我认为我们现在触及到了一个根本性问题，我称之为西方的问题：整个西方文化是如何开始以这种真理义务（它呈现出不同形式）为中心的呢？事物如故，迄今为止，没有迹象表明我们能够界定一种外在于这种关怀的策略。在探寻真理的义务这个领域，我们可能以某种方式活动，有时候可以反对宰制的影响，这种宰制或许与各种真理机构或者被赋予真理的各种机制联系在一起。为了大大简化问题，我们可以举出很多例子：一直存在一场所谓的生态运动——随便说一下，这是一种非常古老的运动，并非开始于20世纪——事实上，它通常反对科学，或者至少反对真理主张所赞同的技术。不过，这种生态学也阐述了它自身的真理话语：批评是以自然的知识、生命进程的平衡等名义进行的。因此，人们逃脱真理的宰制，并非在于他们玩一种与真理游戏完全不同的游戏，而在于以不同的方式玩相同的游戏，或者通过其他有力的手段玩另一种游戏或另一手牌。我认为，这些同样适用于政治秩序；例如，人们现在能够依据宰制状态（由不公正的政治状况所导致）的结果提出批评，但是，人们只能通过如下方式来这么做：玩某种真理游戏、指出其结果、指明还存在其他合理的选择，并且就人们所不知道的自身状况、工作状况以及所受到的剥削来教导他们。

问：就真理游戏和权力游戏这个问题而言，难道你不认为我们可以在历史中为这些真理游戏的特殊类型找到证据吗？与其他可能的真理游戏和权力游戏相比，这个特殊的真理游戏具有特殊的地位，它引人注目之处在于它本质上的开放性、它对所有的权力障碍的反对（这里所说的权力指宰制/屈从）。

答：当然可以。不过，当我谈论权力关系和真理游戏时，我并没有说真理游戏正好掩盖了权力关系——这是一种可怕的夸大其词。正如我已经说过的，我的问题在于理解真理游戏是如何得到确立的，是如何与权力关系联系在一起的。例如，我们可以表明，疯癫的医学化，换句话说，医学知识机构——它以被认定为疯癫的个体为中心——与特定时期的整个社会和经济过程联系在一起，也与各种权力制度和实践联系在一起。这个事实绝对没有质疑精神病学的科学有效性或治疗效果：它并没有认可精神病学，不过它也没有让精神病学失去效力。同样真实的是，数学也与权力机构联系在一起，与精神病学相比，尽管它采取一种完全不同的方式，如果采取如下方式就好了：数学家通过这种方式达成共识，这种方式在一种封闭的范围内发生作用，并且具有自身的价值，决定数学中什么是好的（真实的）或者什么是糟的（错误的）。这并不是说数学只是一种权力游戏，不过，数学真理的游戏以某种特定的方式——因此绝对不会变得无效——与权力游戏和权力制度联系在一起。很显然，在一些情形下，这些联系是如此这般，以至于人们能够写作数学通史而无需将它们考虑进去，尽管这个问题一直很有意思，甚至一些数学史家现在也开始研究他们制度的历史。最后，显而易见的是，在数学领域，权力关系和真理游戏之间可能存在的联系，完全不同于精神病学领域存在的联系；无论如何，人们不能简单地宣称真理游戏就是权力游戏。

问：这个问题把我们带回到主体问题，因为就真理游戏而言，它是这么一个问题，即弄清楚谁在言说真理、如何言说以及为何言说。因为在真理游戏中，人们可以戏说真理：这是一场游戏，人们把玩着真理，或者真理就是一场游戏。

答："游戏"这个词可能会让人迷惑不解：当我说"游戏"的时候，我指的是一套规则，真理据此得以创造。这不是消遣意义上的游戏；它是导向某种结果的一套程序，我们可能依据它的原则和程序规则，来判断这种结果是有效还是无效，是成功还是失败了。

问：这里还存在"谁"的问题：它是指一个群体还是个体呢？

答：它可以指群体也可以指个体。事实上，这里存在一个问题。就这些多种多样的真理游戏而言，我们可以察觉到，自希腊人的时代以来，我们社会的一个显著特征就是缺乏对真理游戏（它们可以把所有其他的真理游戏排除在外）精确而绝对的定义。在一个既定的真理游戏中，我们总是能够发现某种不同的事物，或者在某种程度上能够对这条或那条规则做出修改，有时候甚至可以对整个真理游戏做出修改。这种情况无疑为西方提供了其他社会所缺乏的发展的可能性。谁在言说真理？是自由的个体——他们建立了某种共识，他们发现自己处于某种权力实践活动和强制性制度的网络中。

问：这么说来，真理并非一种建构？

答：这得依情况而定。在一些真理游戏中，真理是一种建构，在其他真理游戏中，又不是。例如，我们可以来看一个以某种特定方式描述事物的真理游戏：一个对社会做出人类学描述的人，他所提供的是一种描述而不是建构，这种描述本身也拥有一些在历史上变幻不定的规则，因此，就其他描述而言，我们可以说，这种描述在某种程度上是一种建构。这并不是说只存在虚幻，不是说一切事物只不过是想象的虚构。例如，人们能够就真理游戏的这种变化发表意见，一些人由此得出结论，说我声称无物存在——人们认为我说过疯癫并不存在，然而事实恰恰相反：这是一个认知问题，即在人们所提供的各种各样的定义中，在一个特定时期，疯癫是如何被纳入到制度领域的，这种制度领域把它建构成一种精神疾病，与其他疾病一样，它也占据着一个特定的位置。

问：在真理问题的核心，最终存在着交流问题，存在着谈话的语言的透明性问题。有能力阐释真理的人也拥有权力，即能够言说真理并且以他所希望的方式表达真理的权力。

答：没错，不过，这并不意味着这个人所说的不真实，但是绝大多数人都这么认为。当你对人们说，真理和权力之间可能存在联系时，他们就会说："那么它根本就不是真理！"

问：这与交流问题联系在一起，因为在一个交流达到很高透明度的社会，真理游戏或许更加不依赖权力机构。

答：这确实是一个很重要的问题；我认为，你这么说的时候想到的是哈贝马斯。我对他的作品很感兴趣，尽管我也知道他完全不同意我的观点。不过，我倒是有一点同意他所说的，就他赋予交流关系如此重要地位以及功能（我称之为"乌托邦的"）而言，我始终有所怀疑。我认为下面这种观点是乌托邦式的：存在一种交流状态，它允许真理游戏畅通无阻，不受任何约束或者强制。这种观点未能了解权力关系本身并非糟糕透顶之物，并非我们必须摆脱的事物。我认为，一个社会没有权力关系就无法存在，如果我们所说的权力关系是指个体试图用来指导和控制他人行为的策略的话。因此，问题的关键不在于在一个完全透明的交流乌托邦中来消解权力关系，而是去获得法则、管理技巧、道德、气质以及自我的实践活动，所有这些会让我们以尽可能少的宰制来玩这些权力游戏。

问：您与萨特很不一样，他说权力是邪恶的。

答：没错，这种观点与我的思维方式很不一样，不过通常被归之于我。权力并不是邪恶的。权力是策略游戏。我们都知道权力并不是邪恶的！例如，让我们以性关系为例：在一种可以调整的策略游戏中（在这里，情形有可能被逆转），向他人行使权力并不是邪恶的；它是性爱、感情和性快感的一部分。让我们举另外一个例子，也是通常受到合理批评的某种事物，即教育制度。我觉得如下行为并没有什么不对，即，在一个明确的真理游戏中，比其他人知道得更多的人，告诉这些其他人去做什么、教育他们并且向他们传授知识和技巧。在这种实践活动中，权力（它本身并不是糟糕的事物）必然会发挥作用，问题的关键在于认识到如何避免宰制作用，在这种宰制作用中，小孩受制于教师专横的、不必要的权威，或者学生被滥用权威的教授所宰制。我认为，这个问题必须依据法则、合理的统治技巧和气质以及自我和自由的实践活动来加以叙述。

问：下面我们准备讨论您称之为新伦理学的基本标准吗？它是以尽可能少的宰制来玩游戏的问题……

答：我认为，这个问题事实上是伦理关怀和政治斗争的关键，这种斗争追求的是对权利和批判性思想的尊重，反对滥用统治技巧和伦理学研究（它旨在为个人自由奠定基础）。

问：当萨特声称权力是最大的罪恶时，他似乎在暗示权力统治这个事实。在这一点上，你可能会同意他的说法。

答：是的，我认为所有这些概念的定义都很糟糕，因此，我们很难了解人们到底在说什么。当我首次对权力问题感兴趣的时候，我甚至不敢确定我自己是否表达清楚了，或者是否使用了正确的语言。现在，我对这个问题有了更加清楚的认识。我觉得，我们必须区分被理解为策略游戏（发生在未经许可的行为之间）的权力关系和人们通常称之为"权力"的宰制状态，在那种策略游戏中，一些人想方设法控制他人的行为，后者则努力避免他们的行为受到控制，或者试图控制另外一些人的行为。在权力游戏和宰制状态之间，存在着统治技巧，当然，这里是指广义上的统治技巧，不但包括管理各种制度的方式，也包括家长控制妻儿的方式。对这些技巧做出分析很有必要，因为宰制状态通常是通过这些技巧而得到建立和维持的。我的权力分析存在三个层面：策略关系、统治技巧以及宰制状态。

问：在您论主体解释学的演讲中，您在一段文字中说，反抗政治权力的第一个抵抗点也是唯一有用的抵抗点，存在于自我与自我的关系中。

答：我认为，反抗政治权力——这里是指宰制状态——唯一可能的抵抗点并非存在于自我与自我的关系中。我所说的是，"治理术"（governmentality）意味着自我与其自身的关系，我希望"治理术"这个概念涵盖整个实践活动领域，这些实践活动制定、界定和组织各种策略，并且把它们工具化，自由的个体在相互打交道时，可以使用这些策略。那些企图控制、决定和限制他人自由的人本身是自由的，他们掌握着某些可以用来宰制他人的工具。因此，所有这一切的基础是自由，即自我与自身以及与他人的关系。不过，如果你打算分析权力而不以自由、策略和治理术为基础，而是以政治制度为基础，那么你只能把主体设想为法律主体。我们由此得到的主体拥有或者不拥有权利，他们拥有的这些权利或者由政治社会提供，或者被它剥夺；这一切又把我们带回到法律主体概念。另一方面，我认为治理术这个概念使我们有可能提出主体的自由以及主体与他人的关系，正是这些构成了伦理学的本质内容。

问：就为何存在控制他人的行为这种倾向而言，你认为哲学对此有什么看法呢？

答：他人行为受到控制的方式千差万别，并且激发出强烈程度完全不同的欲望（依社会而定）。我对人类学一无所知，但是，我完全能够想象这种社会，在那里，对他人行为的控制预先得到了很好的规范，以至于从某种意义上来说，游戏已经结束了。另一方面，在像我们自己这样的社会中，存在很多游戏，控制他人行为的欲望也更加强烈，例如，正如我们在家庭关系或者情感和性爱关系中所见到的。然而，人们之间的关系愈自由，他们就愈想控制对方的行为。游戏愈开放，它也就愈有吸引力和愈迷人。

问：你认为哲学的作用在于警示权力的危险吗？

答：这始终是哲学的重要功能之一。就其批评特征而言——我所说的是广义上的批评——哲学质疑所有层次以及所有形式的宰制，不管是政治的、经济的、性爱的还是制度上的，或者你所能想到的其他一切宰制。在某种程度上，哲学的这种批评功能源自苏格拉底的训谕，即"关注你自己"，换句话说就是，"通过掌握自我，让自由成为你的基本原则。"

（刘耀辉　译）

何谓直言?

编者按

  本文选自福柯的《直言》（*Fearless Speech*）[Semiotext(E)，2001年]，第一、二章和结语。根据福柯1983年在美国加州大学伯克利分校的英语讲座录音整理而成（福柯本人并没有校正整理稿）。"直言"是福柯生命最后几年讨论的话题。更详细的论述在他1983—1984年法兰西学院的演讲中。这篇可以和后面一篇对照读。福柯晚年对古代自我技术的讨论中包含三个领域：性、自我关注和直言。

1. "直言"一词的意义[1]

"直言"（parrhēsia，παρρησία）一词首次在希腊文学中出现可追溯至欧里庇得斯（Euripides，公元前484—407），到了公元前五世纪末，它便在古希腊的文字世界里全面出现。但我们同样可以在公元四世纪末至五世纪的教父文本中发现这一词语，例如，让·克里索斯托姆（Jean Chrisostome，345—407）曾数十次提及它。

该词有三种形式：名词形式的"直言"（parrhesia）；动词形式的"直言"（parrhesiazomai，παρρησιάζομαι）；还有"直言者"（parrhesiastes，παρρησιαστής）一词——这种形式比较罕见，难以在古代经典文本中找到。或者，你只能在希腊罗马时期的文本里发现——如普鲁塔克（Plutarch）和卢西恩（Lucian）。在卢西恩的一篇对话文章"死而复生，或渔夫"[2]中，一个角色就叫"直言者"（Parrhesiades，Παρρησιαδής）。

---

[1] Cf. H. Liddell & R. Scott, "Παρρησία" in *A Greek-English Lexicon*, 1344; Pierre Miquel, "Παρρησία" In *Dictionnaire de Spiritualité*, Vol. 12, col. 260-261; and Heinrich Schlier, "Παρρησία, παρρησιάζομαι" in *Theological Dictionary of the New Testament*, Vol. 5, 871-886.

[2] Lucian, "The Dead Come to life. Or The Fisherman," Trans. A. M. Harmon in *The Works of Lucian*, Vol. 3, 1-81.

"直言"通常被英译为"自由言说"（法语是"直言不讳"[francparler]，德语则是"坦率"[Freimüthigkeit]）。"Parrhesiazomai"或"parrhesiazesthai"意味着使用直言，而直言者（parrhesiastes）是使用直言的人，即言说真理的人。

在今天研讨的第一部分，我将给出"直言"一词意思的一般概要，以及该词在希腊和罗马文化中的意义演变。

坦率

首先，"直言"一词的一般意思是什么？语源学上，"parrhesiazesthai"意味着什么都说——从万物（pan，πάν）到神谕（rhema，δήμα）。使用直言的人，即直言者，是一个说出他[1]心里所想的一切的人：他不隐藏什么，而是通过自己的话语向他人完全敞开心扉。在直言中，言说者应该将他的全部想法完整且准确地讲给听众，这样，听众就能够确切地理解言说者在想什么。所以，"直言"一词指的是言说者和他所说的内容之间的一种关系。在直言中，言说者清楚明白地

---

[1] 回答学生的问题时，福柯指出，希腊社会中妇女是受压迫者，通常被剥夺了使用直言的权利（与异邦人、奴隶及儿童相似）。因此，整个研讨班上，福柯大都使用阳性代词"他"（指称"直言者"）。——译注

表明，他所说的就是自己所想的。并且他会避免使用任何有可能掩盖其思想的修辞。相反，直言者使用他能找到的最直接的词语和表述形式。修辞为言说者提供了技巧，来帮助他说服听众的心灵（不管修辞学家如何看待自己所说的内容），但在直言中，直言者是通过尽可能直接地展示他实际相信的东西来对他人的心灵产生作用。

如果我们把言说的主体（阐释的主体，the subject of the enunciation）和被阐释的语法主体（the grammatical subject of the enounced）区分开来，那么，我们就说，还存在着一种相信阐释的主体（the subject of the enunciandum）——它涉及言说者持有的信念和观点。在直言中，言说者强调一个事实：他既是阐释的主体，也是相信阐释的主体——他自己就是他所说之观点的主体。直言式阐释这一特殊的"言说活动"（speech activity）就采取了如是的形式："我就是这样或那样想的人。"

我采用"言说活动"而不是约翰·塞尔（John Searle）的"言语行为"（speech act）（或奥斯丁的"施事话语"[performative utterance]），是为了把直言式言说及其承诺与通常在某人及其言论之间获得的那类承诺区分开来。因为正如我们将看到的，直言所涉及的承诺是和某一特定社会情境,以及言说者与其听众之间的身份差异联系在一起的;它关涉到一个事实:直言者所说的东西对他自身是危险的,因此包含了一种风险,如此种种。

真理

我们必须区分两种类型的直言。首先,是这个词的轻蔑之意,类似于"喋喋不休",包括不假思索或口无遮掩地说任何事情。这种轻蔑之意出现在柏拉图那儿[1],例如,作为坏的民主制的一个特征,每个人都有权利向周围的公民倾诉并告诉他们一切——甚至是对城邦而言最荒唐或最危险的东西。这种轻蔑的意思还可以在基督教文学中更频繁地发现,在此,"坏的"直言是和沉默相对立的,而沉默是一种戒律或沉思上帝的必要条件[2]。作为一种反映心灵与思想每一运动的口头活动,直言在这种消极的意义上显然是对上帝进行沉思的障碍。

但多数时候,在经典文本中,直言并不具有这种轻蔑的意思,而是积极的意思。"直言"(parrhesiazesthai)意味

---

[1] Plato, *Republic* 577b. Cf. also *Phaedrus* 240e & *Laws* 649b, 671b.
[2] Cf. G. J. M. Bartelink, "Quelques observations sur παρρησία dans la literature paléo-chrétienne," in *Graecitas et latinitas Christianorum primaseva*, Supplement III, 44-45[παρρησία au sens péjoratif].

着"说真话"。但直言者说的是他认为是真的东西,还是他所说的真地就是真的?在我看来,直言者说的就是真的,因为他知道那是真的;他知道那是真的因为它真地是真的。直言者不仅真诚地说出他的想法,而且他所说的还是真理。他说的是他知道为真的东西。所以,直言的第二种特征就是信念和真理的完全一致。

把希腊的直言和现代(笛卡尔的)证明概念做一番比较将颇为有趣。自笛卡尔以后,信念与真理之间的一致性是由某种(精神的)证明体验获得的。而对希腊人来说,信念与真理的一致性并不发生于一种(精神)体验,而是发生于一种口头活动,即直言。似乎从这种希腊的意义上来看,直言不可能在我们现代认识论的框架中出现。

我应该指出,我从未在古希腊文化中发现任何直言者怀疑其是否占有真理的文本。事实上,这就是笛卡尔的问题和直言的态度之间的差异之所在。因为在笛卡尔获得不容置疑的确定性和明确的证明之前,他还不能肯定他所相信的东西在事实上就是真实的。然而,在古希腊的直言概念中,真理的获得似乎不存在这样的问题,因为真理是由某些道德品质担保的:当某人拥有某些道德品质时,那便是他通达真理的证据——反之亦然。"直言游戏"假定,直言者是拥有某种道德品质的人；他首先需要这种道德品质来知道真理，其次是把真理传达给他人。[1]

如果直言者的真诚需要一种"证明"的话，那便是他的勇气了。一个言说者讲述危险的东西——不同于大多数人相信的——这个事实就是他乃一个直言者的有力证明。如果我们提问：我们如何能够知道某人是否是一个真理言说者，那么，我们需提出两个问题。首先，我们究竟是如何知道某个特定的个体是真理言说者的？其次，所谓的直言者到底是怎样能够确定他所相信的东西在事实上就是真理的？第一个问题——认识到某人是一个直言者——在希腊罗马社会中是极为重要的，我们会看到，它不断地为普鲁塔克、盖伦（Galen）等人明确地提出并加以讨论。而第二个怀疑论的问题，是一个相当现代的问题，我相信，它对希腊人而言是陌生的。

危险

只有当某人言说真理的时候存在着某种风险或危险，他才被认为是使用直言或够资格称为直言者。例如，在古希腊

---

[1] Cf. Foucault interview, "On the Genealogy of Ethics: An Overview of Work in Progress," in H. L. Dreyfus & P. Rabinow, *Michel Foucault*, 252.

人看来，一个语法教师可以把真理告诉他所教育的儿童，并且毫不怀疑自己所教的是真的。这里虽然也存在着信念与真理的一致性，但他并不是一个直言者。然而，当一个哲学家面对着君主或暴君，告诉他暴政不合于正义，因为其暴政令人惶恐不安和感觉厌恶，那么哲学家说的是真理，并相信自己正在言说真理，更为重要的是，他冒着风险来说（因为暴君可能被激怒，会惩罚他、放逐他、杀害他）。这正是柏拉图在叙拉古面对狄奥尼西奥斯（Dionysius）时的处境——柏拉图的第七封信（Seventh Letter）和普鲁塔克的《狄翁传》（The Life of Dion）都很有意思地提到了这点。我想我们会在后面研究一下这些文本。

所以你们看，直言者就是冒着风险的人。当然，这种风险并不总是生命的风险。例如，当你发现一个朋友在做错事，而你冒着激怒他的风险告诉他做错了的时候，你就在扮演一个直言者。在这样的情形里，你没有冒生命的风险，但你的言论可能会伤害他，你们的友谊也许会因此受到影响。在政治争论中，如果一位演说者由于其观点与大众相悖而冒险丧失人气，或他的观点会曝光一起政治丑闻，那么，他就在使用直言。所以，直言是和面对危险的勇气相关的：它要求勇敢地说出真理，不论是什么样的危险。在其极端的形式里，言说真理就在生或死的"游戏"中发生。

正是由于直言者必须冒险言说真理，国王或暴君一般不能使用直言；因为他无风险可冒。

当你接受使自身生命暴露无遗的直言游戏时，你便采取了一种与自己的特殊关系：你冒着死亡危险来言说真理，而不是在真理无法言说的生命安全中休憩。当然，死亡的威胁来自他者（the Other），因而也要求一种与他者之间的关系。但是直言者主要是要选择与他自身的某种特定关系：他要自己选择做一个真理言说者而不是一个对自己虚伪不忠的活人。

批判

在一场审判中，如果你说了一些对自己不利的东西，尽管你是真诚的，尽管你相信你所说的是真实的，并且这么说会把你置于危险当中，但你或许还不算是在使用直言。因为在直言中，危险总来自说出的真理会伤害或激怒对话者这一事实。所以，直言总是言说真理的人与其对话者之间的一场"游戏"。例如，直言所涉及的或许是关于对话者应该以某种方式表现的建议，或许是关于他所想的或所做的是错误的等等的忠告。或者，直言是言说者向某个人告白自己的所作所为，那个人对言说者施展权力并可以对其所作所为进行指责或惩罚。所以你们看，直言的作用并不是把真理展示给别人，而是具有批判的功能：对话者的批判或言说者自身的批判。"这是你所做的和你所想的；但这是你不应该做的或应该想的。""这是你表现的方式，但那才是你应该表现的。""这是我所做的，而这么做是错误的。"直言是批判的一种形式，是对他人或对自己的批判，它总处于如是的情境当中：言说者或告白者相对于对话者是地位低微的。直言者相对于他的对话者总是弱势的一方。直言可以说来自"底层"，指向"上层"。这就是为什么古希腊人不会说一个批评小孩的教师或父亲在使用直言。但是，当一个哲学家批评暴君，当一个公民批评大众，当一个学生批评他的老师的时候，此时的言说者就有可能在使用直言。

然而，这并不意味着任何人都可以使用直言。虽然在欧里庇得斯的一个文本里，一个奴仆使用了直言，[1]但绝大多数时候，直言的使用要求直言者清楚其自身的谱系和地位；通常，如果一个人要作为直言者言说真理，他必须首先是一个男性公民。事实上，一个被剥夺了直言的人和奴隶

---

[1] Euripides, *The Bacchae*, 666ff.

的处境相差无几，也就无法参加城邦的政治生活，或玩一场"直言游戏"。在"民主直言"中——一个人对公民大会或议事会言说——一个人必须是一个公民；实际上，他必须是公民中的佼佼者，拥有特殊的个人、道德和社会品格，那样，他才有言说的特权。

但是，当直言者揭露了威胁大众的真理时，他就是拿其自由言说的特权冒险。譬如，这曾是众所周知的司法情形：仅仅是由于提出了某种违背大众的东西，甚至是因为公民大会认为某领袖的强大影响力限制了它的自由，雅典领袖们就被放逐。因此，在这个意义上，公民大会"排斥"真理。这就是"民主制直言"的制度背景——它必须与"君主制直言"区分开来，在"君主制直言"中，提议者给君主提供诚实和有益的建议。

责任

直言的最后一个特点在于：在直言中，言说真理被视为一种责任。例如，对那些难于接受其真理的人言说真理的演说者，以及那些可能以某种方式被放逐、被惩罚的演说者，他们都有保持沉默的自由。没有人强迫他言说，但他认为那是他的责任。另一方面，当某人被迫言说真理（例如，被酷刑折磨）时，他的话语就不是直言式的言说。一个迫于法庭压力供认其罪行的罪犯并不是在使用直言；但如果他出于道德义务而向别人自愿地坦白罪行，那么，他就是在实施一种直言行为。批评一个朋友或一位君主也是一种直言行为，因为帮助一个没有认识到其错误行为的朋友是一种责任，或者帮助国王成为一个更好的君主是城邦的责任。因此，直言就与自由和责任相关联。

总而言之，直言是一种口头的活动，言说者通过坦率而与真理相关，通过危险而与其自身生命相关，通过批判（自我批判或对他人的批判）而与他自己或其他人相关，通过自由和责任而与道德律相关。更确切地说，直言是这样的口头活动：言说者表达了他与真理的个人关系，又因为他认识到言说真理是提高或帮助他人（还有自己）的责任而使其生命陷于危险当中。在直言中，言说者动用了其自由，他选择坦率而不是说服，选择真理而不是谎言或沉默，选择死亡的风险而不是生命或安稳，选择批判而不是奉承，选择道德责任而不是自我利益和道德冷漠。大体看来，这就是大多数希腊文本中直言一词的正面意义，这一意义从公元前5世纪一直持续到公元5世纪。

直言的演变

在本次研讨班上,我并不是要研究和分析直言一词所有的维度和特征,而是要展示和强调在古代文化(从公元前五世纪始)直到基督教开端直言游戏演变的某些方面。我认为我们可以从三个视角来分析这种演变。

修辞

首先是关于直言与修辞之间的关系——这一关系早在欧里庇得斯的著作中就已经成为需要探讨的问题。在苏格拉底—柏拉图传统中,直言与修辞截然对立;例如,这种对立在《高尔吉亚篇》中就清晰可见,其中直言一词出现多次。[1] 连续冗长的话语是一种修辞或矫饰的策略,而问答对话则是一种典型的直言形式,也就是说,对话是一种实施直言游戏的主要技术。

直言与修辞之间的对立同时贯穿整个《斐德罗篇》——正如你们了解的,这篇对话主要探讨的不是说话与写作的对立本质问题,而是有关于两类逻各斯的区别:一类言说真理,另一类无法言说真理。直言与修辞之间的这种对

---

[1] Plato, *Gorgias* 461e, 487a-e, 491e.

立遍布柏拉图的作品，在公元前四世纪即是显明之事，并将在哲学传统中持续数世纪之久。例如，在塞涅卡（Seneca）的作品中，人们会发现私人的交谈是透露心扉和言说真理的最佳介质，在这样的交谈中，人们无需修辞手法和矫饰伎俩。甚至在整个公元二世纪，修辞与哲学之间的文化对立仍然非常明显且十分重要。

但是，人们也会在帝国初期修辞学家的作品中发现直言一词在修辞术领域使用的迹象。例如，在《雄辩术原理》[1]（*Institutio Oratoria*）第九卷第二章中，昆体良（Quintillian）解释说，某些修辞手法被特别用来强化听众的情感；他称这样的技术手法为"惊叹"（exclamatio）。与这种惊叹手法相关联的是一种自然感叹（natural exclamation），昆体良指出，这不是一种模仿或巧妙设计。他将这种类型的自然感叹称之为"自由言说"[libera oratione]；并告诉我们科尔尼菲西乌斯（Cornificius）称之为"特许"[licentia]，希腊人称之为"直言"。直言因此就是众多修辞手法的一种"修辞格"，但具有如下特征：它是不具有任何修辞的修辞格，因为它是完全自然的。直言是那

---

[1] Quintillian, *The Institutio Oratoria of Quintillian*, Vol. 3, 389-439.

些能够强化听众情绪的修辞手法中的零度修辞。

政治

直言演变的第二个重要方面与政治领域有关。[1]正如在欧里庇得斯戏剧以及公元前四世纪的文本中所看到的,直言是雅典民主制的基本特征。当然,我们仍然需要对直言在雅典政制中所扮演的具体角色或发挥的特定作用加以细致考察。我们可以大体上说,直言曾经是一种民主制原则,同时也是优等公民所具有的一种伦理特征和个人态度。雅典民主制非常明确地被界定为这样一种政治制度(politeia):其中,人们享有demokratia(民主)、isegoria(平等的演讲权)、isonomia(所有公民平等参与权力的行使)及parrhesia(直言)。直言是公开演讲的一个必要条件,既发生于作为个体的公民之间,又出现在组成公民大会的成员之间。此外,集市(agora)是直言的发生地。

希腊化时期,随着希腊诸君主国的兴起,这种政治含义发生了变化。直言现在主要集中于君王与他的提议者或廷

---

[1] Cf. Piette Miquel, "Παρρησία" In *Dictionnaire de Spiritualité Vol.* 12, col. 260-261; Erik Peterson, "Zur Bedeutungsgeschichte von Παρρησία" in *Reinhold Seeberg Festschrift*, Bd. I, 283-288; Giuseppe Scarpat, *Parrhesia. Storia del termine e delle sue traduzioni in Latino, 29ff;* Heinrich Schlier, "Παρρησία, παρρησιάζομαι" in *Theological Dictionary of the New Testament* Vol. 5, 871-886.

臣之间的关系。在城邦君主政制中，使用直言是提议者的职责，以此帮助国王做出或修改决策，并阻止国王滥用权力。对国王本人及他治下的民众来说，直言既必要又有益。尽管君主本人并不是直言者，但他是否能够实施直言游戏则成为一名优秀统治者的试金石。因此，即使批评国王的决策会令他不快，一个好的国王也应该接受一名真正的直言者所告知他的一切。如果国王对提议者的坦诚不屑一顾，或者由于他们所说的话而对其加以惩罚，那么一个君主就将自己展现为暴君形象。大多数希腊历史学家描绘一个君主，都会将他对待其提议者的方式考虑在内——好像这样的方式足以表明君主是否有能力聆听直言者。

君主制直言游戏还存在第三类参与者，即沉默的大多数：那些在国王与他的提议者交流过程中不在场的普通民众——提议者总是代表他们向国王提建议，所提的建议也大多关涉他们的利益。

在君主统治情形下，直言的发生地是国王的朝廷，而非集市。

哲学

最后，直言的演变可以通过其与哲学领域的关系加以追溯——（直言）被认为是一种生活的艺术（technē tou biou）。

在柏拉图的著作中，苏格拉底呈现为一名直言者。尽管"直言"（parrhesia）一词多次出现在柏拉图的作品中，但他从未使用"直言者"（parrhesiastes）一词——这一词语只是在后来才成为希腊词汇的一部分。不过，苏格拉底显然扮演直言者的角色、发挥直言者的作用：正如《申辩篇》[1]所记载，他不断地在街上与雅典同胞展开交锋，向他们指出真理之所在，督促他们关心智慧、真理及灵魂的完善。另外，在《亚西比德前篇》（Alcibiades Major）中，苏格拉底在对话中也承担一种直言角色——亚西比德的朋友和爱慕者为了得到他的垂青都竭力奉承他，而苏格拉底则在冒险激怒他，竭力使他具有如下认识：在亚西比德能够完成他本应肩负的重任之前（即在他成为雅典公民中的佼佼者从而统治雅典，并能够比波斯国王更强大之前），在他有能力关心雅典之前，他必须首先学会如何关心他自己。哲学直言就此与"关心自己"[2]（epimeleia heautou）这一主题紧密关联。

---

[1] Plato, *Apology* 29d-c.
[2] Cf. Michel Foucaulr, *Le Souci de soi*, 58ff.

到伊壁鸠鲁学派时期，直言与关心自己的紧密关联进一步发展，在此，直言首先被认为是一种精神指引的技术（techne），其目的是"教化灵魂"。例如，菲罗德谟斯（Philodemus，约公元前110—35，公元前一世纪最为重要的伊壁鸠鲁派作家之一）与卢克莱修（Lucretius，约公元前99—55）写过一本有关直言的书[Περί παρρησίας][1]，主要探讨伊壁鸠鲁共同体中对相互教导及帮助有所助益的诸种技术性实践。我们也将详细考察某些直言技术在爱比克泰德（Epictetus）、塞涅卡等斯多葛派哲学中的发展与演化。

2. 欧里庇得斯悲剧中的直言

今天，我想开始分析"直言"一词在希腊文学中的首次出现——具体来说，我要考察一下这一词语在欧里庇得斯六部悲剧中的用法：《腓尼基女人》（*Phoenician women*）、《希波吕托斯》（*Hippolytus*）、《酒神的伴侣》（*The Bacchae*）、《厄勒克特拉》（*Electra*）、《伊翁》（*Ion*）及《俄瑞斯忒斯》（*Orestes*）。

---

[1] Philodemus, *Περί παρρησίας*, Ed. A. Olivieri. Leipzig, 1914.

在前四部剧中,直言并没有构成一个重要的主题,也并非戏剧的主旨之所在;但是这一词语却多次发生于某一具体情景之中,这一情景有助于我们理解直言一词的意思。在后两部剧——《伊翁》和《俄瑞斯忒斯》——中,直言起着非常重要的作用。事实上,我认为《伊翁》一剧完全是在探讨直言问题,因为它一直在追问这一问题的答案:谁有权利、责任及勇气言说真理?在《伊翁》中,这一直言式问题是在诸神与人类的关系框架下提出的。在《俄瑞斯忒斯》(写于十年之后,因此属于欧里庇得斯的晚期作品)中,直言并没有那么重要。但是这出戏剧仍然存在着一个值得注意的直言场景,关涉到雅典人后来提出的一系列政治问题,其中,关于直言问题存在一种转变,因为它仅仅发生在人类制度的背景之下。具体来说,直言既被视为是一个政治问题,又是一个哲学问题。

那么,今天我首先试着讲一下直言一词在前四部戏剧中的情况,这样,我们对直言的意思有一个更为直观、深入的了解。然后,我要尝试将《伊翁》作为一出至关重要的直言式戏剧(parrhesiastic play)进行全面分析,其中,我们看到人类自身开始肩负起真理言说者的角色——诸神不再担负这一角色。

《腓尼基女人》（约公元前411—409）

首先看一下《腓尼基女人》。这部戏剧的主题关涉俄狄浦斯两个儿子——厄忒俄克勒斯（Eteocles）与波吕尼刻斯（Polyneices）——之间的争斗。

回想一下故事的发展：俄狄浦斯丧失权力[1]之后，诅咒他的儿子将会用"利剑"分割他的家业，为了避免厄运，厄忒俄克勒斯与波吕尼刻斯订立了一份协议轮流执政忒拜城（Thebes），一年为期，哥哥厄忒俄克勒斯先行掌权。但是，执政一年之后，厄忒俄克勒斯拒不放弃大权传政于弟弟波吕尼刻斯。厄忒俄克勒斯因此就代表着僭主政制，而流亡异乡的波吕尼刻斯代表民主政制。为了分享父亲的王权，波吕尼刻斯集结一支阿尔戈斯军队返回故土，围攻忒拜城，意图推翻厄忒俄克勒斯。伊俄卡斯特（Jocasta）——厄忒俄克勒斯与波吕尼刻斯的母亲，俄狄浦斯的妻子和母亲——希望化解两个儿子的纷争，因此说服他们见面商谈和议。当波吕尼刻斯前来会见，伊俄卡斯特询问他被逐出忒拜逃亡期间所受的苦难，"被放逐确实很苦痛么？"回答道，"比任何事

---

[1] 本剧中，杀父娶母事情查清后，俄狄浦斯刺瞎了自己的双眼。其子厄忒俄克勒斯与波吕尼刻斯为了掩盖这一丑闻将他禁闭起来，后来为了争夺王权相互厮杀。俄狄浦斯的妻子伊俄卡斯特在两个儿子相互杀死后自杀。——译注

情都糟。"当伊俄卡斯特问道为何流亡如此苦楚，波吕尼刻斯回答说是因为一个人不能享有直言：

> 伊俄卡斯特：首先我想问你一个我极想问的问题：流亡的生活是怎样的？是件非常大的苦难么？
>
> 波吕尼刻斯：是最大的了；这难以忍受，超过了言说。
>
> 伊俄卡斯特：是什么样子呢？流亡者最痛苦难忍的是什么？
>
> 波吕尼刻斯：最痛苦的是：不存在自由言论的权利。[ἐν μέν μέγστον, σύκ ἔχει παρρησίαν.]
>
> 伊俄卡斯特：你说的是奴隶的生活——被禁止说出心中所想。
>
> 波吕尼刻斯：还必须忍受掌权者的愚昧行为。
>
> 伊俄卡斯特：参与蠢人的蠢事——那是很痛苦的。
>
> 波吕尼刻斯：人们发现，违背本性、成为奴隶会有好处。[1]

---

[1] Euripides, *The Phoenician Women*. Trans. Philip Vellacott, lines 386-394.

从这几行你们可以看到，直言首先与波吕尼刻斯的社会身份相关。因为，假若你不是城邦中一个普通公民，假若你被放逐，那么你就不能使用直言。这一点非常明显。我们也可以看出另外一点，即如果你没有权利自由言说，你就难以行使任何的权力，那么你就与奴隶的处境相同。此外，如果这样的公民无法使用直言，他们也就不能反对统治者的权力；没有了批判，君王行使权力将不受限制。伊俄卡斯特将这种不受限制的权力描述为"参与蠢人的蠢事。"因为没有任何限制的权力无异于疯狂。只有当有人能使用直言批判他，从而对他的权力与命令加以限制的时候，行使权力的人才会明智。

《希波吕托斯》（公元前428）

我想要引用的第二段文字来自于欧里庇得斯的《希波吕托斯》一剧。你们知道，这一幕剧是关于菲德拉（Phaedra）对希波吕托斯的爱情。那段有关直言的文字出现在菲德拉的告白之后：在戏剧的早些时候，菲德拉向她的乳母坦白了对希波吕托斯的爱意（实际上并没有说出他的名字）。但是，直言一词并不关涉这一告白，而是另有所指。因为就在告白了她对希波吕托斯的爱意以后，菲德拉谈到那些高尚的、皇室家庭的贵族妇女，是她们首先与别的男人行苟且之事，从而使他们的家庭、丈夫与儿女蒙羞。菲德拉说她并不想做同样的事情，因为她要她的儿子们居住在雅典，以他们的母亲为荣并实施真言。她声称，如果一个人觉察到他的家庭有污点，那么他就会成为奴隶：

> 菲德拉：我永不被看到有辱我的丈夫和孩子。我想要我的两个儿子回去居住在光荣的雅典城，高扬他们的头颅，像自由人那样言说自己的想法[ελεύθεροι ταρρησία θάλλοντες]，因他母亲的名字而备受尊敬。有一件事情能使最坚强的人成为奴隶：那就是知道父亲或母亲丑行的秘密。[1]

在这段话中，我们再次看到缺失直言与奴隶境况之间的联系。假如因为你意识到家庭存有丑行而不能自由言说，那么你就处于奴隶的境地。另外，公民身份本身看上去并不足够来获得和确保进行自由言说。一个人能够自由地向城邦公民进行言说之前，同时需要荣耀，需要他自己及其家庭拥有

---

[1] Euripides, *Hippolytus*. Trans. Philip Vellacott, lines 420-425.

好的名声。因此,直言涉及道德的与社会的两种资质,既需要高贵的家庭出身又需要良好的道德声誉。

《酒神的伴侣》(约公元前407—406)

《酒神的伴侣》一剧中,有很短的一段起过渡作用的文字涉及直言这一词语。国王彭透斯(Pentheus)的一个仆人——国王的牧人和报信人——前来报告酒神的女祭司们给城邦带来的无序与混乱,以及她们所做的种种离奇之事。可是,你们都知道,这是一个古老的传统:即带来喜讯的传信者会被奖赏,而带来噩耗的则要受惩罚。所以,这个国王的仆人非常犹疑是否应该将坏消息告诉彭透斯。于是,他就问国王他是否能够使用直言告诉国王他所知道的一切,因为他害怕国王会暴怒。彭透斯承诺说只要他能说真话,他将不会有麻烦:

牧人:我看到圣洁的酒神女信徒们,向飞行的矛一样赤着脚狂乱地冲出城去。我回来急于向您和城邦报告她们所做的十分离奇可怕的事情——都是真实所见。但是首先我想知道我是应该自由地说出[παρρησία φραδωω]那里发生的一切呢,还是应该修剪一下我的话语。王啊，我害怕你急躁的脾气、突然的动怒、过分强大的王权。

彭透斯：对我，你没有什么好惧怕的。说出你意欲要说的一切吧；对无辜的人是不应该动怒的。你报告的这些酒神仪式越是骇人听闻，我越是要重重惩罚这个怂恿我们的女人走上邪路的人。[1]

这几行文字很有意思，因为从中我们可以看出，言说真相的直言者并不是一个完全自由的人，而是国王的仆人——如果不是国王足够明智地参与到直言游戏，许可他畅所欲言，那么这样一个人是不能使用直言的。如果国王缺乏自制，如果他任由激情裹挟对报信者动怒，那么他就听不到真相，对城邦来说，他将是一个糟糕的统治者。作为一个明智的国王，彭透斯给予了他的仆人我们可称之为"直言契约"的东西。

"直言契约"——在希腊化—罗马世界统治者的政治生活中变得相当重要——是指这样一种场景：君主拥有权力却缺乏真相，他向拥有真相但缺乏权力的人说话，告诉他，

---

[1] Euripides, *The Bacchae*. Trans. Philip Vellacott, lines 664-676.

"如果你能告诉我真相,不管这一真相会是什么,你也不会被惩罚;将要受到惩罚的是那些行不正义之事的人,而不是那些言说不正义之真相的人。"因此,"直言契约"这一说法是指将直言作为一种特权赋予城邦中最优异、最诚实的公民。当然,彭透斯与他的传信者之间的直言契约仅仅是一种道德责任,因为它缺乏任何的制度基础。作为国王的仆人,传信者仍然非常容易受到伤害,在言说的过程中仍然冒着某种风险。尽管他很勇敢,但他也不敢鲁莽行事,他会对自己言说的后果持谨慎的态度。"直言契约"的目的就是要降低他在言说过程中所冒的风险。

《厄勒克特拉》(公元前415)

在《厄勒克特拉》一剧中,直言一词发生在厄勒克特拉与她母亲克吕泰涅斯特拉(Clytemnestra)的对抗交锋过程中。我不需要重述这一著名故事的整个情节,只是要指出:这幕剧中直言一词出现之前,俄瑞斯忒斯刚刚杀死了僭主埃癸斯托斯(Aegisthus)——克吕泰涅斯特拉的情人,与她共谋杀死了阿伽门农(克吕泰涅斯特拉的丈夫,俄瑞斯忒斯和厄勒克特拉的父亲)。就在克吕泰涅斯特拉登场之前,俄瑞斯忒斯收拾好埃癸斯托斯的尸体躲藏了起来。因此,当克吕泰涅斯特拉进入舞台的时候,她并没有意识到刚刚发生的事情,也就是说她并不知道埃癸斯托斯已经被杀了。她登场的时候,乘坐着皇家马车,周围簇拥着掳获自特洛伊的艳丽侍女,显得雍容华贵、庄严肃穆。厄勒克特拉在母亲到来之前已经等候多时,见到母亲后她装作乖巧听话、把自己当作奴隶,以免泄露天机,因为她知道为父报仇的时机就在眼前。随之而来的戏剧场景就是两个人之间的对话交锋。辩论就此开始,我们读到两次针锋相对、结构类似的发言,每一次发言都很冗长(四十行之多)。首先是母亲克吕泰涅斯特拉说话,然后是厄勒克特拉。

克吕泰涅斯特拉的发言以"我要说"[λέξω δέ](1.1013)这一字眼开始,接着她讲出实话,承认她杀死阿伽门农是为了惩罚他将女儿依菲琴尼亚(Iphigeneia)献祭杀死。紧跟着她的发言是厄勒克特拉的回应,以"那么,我要说啦"[λέγοιμ' άν](1.1060)这一对称性表达开篇。尽管表达方式对称相似,但两者的发言却有一个非常明显的区别。试看,在克吕泰涅斯特拉的发言结尾处,她非常直接地对厄勒克特拉说,"使用你的直言来证明我杀死你父亲是错误的":

克吕泰涅斯特拉：……我杀了他。我只有一条路可走——转向他的敌人寻求帮助。我能怎么办呢？你父亲的朋友绝不会帮我杀他的。所以，如果你急于反驳我，尽管来吧；畅所欲言（想说什么就说什么）吧[κἀντίθες παρρησία]；证明你父亲的死是不合乎情理的。[1]

接着歌队说完之后，厄勒克特拉说道，"不要忘记你最后说的话，母亲。是你给我直言来面对你的"：

厄勒克特拉：母亲，记住你刚刚说的。你承诺过我可以自由表达我的看法而不用担心什么[διδοῦσα πρὸς σέ μοι παρρησίαν]。[2]

克吕泰涅斯特拉回答道："是我说的，女儿，我保证不反悔"（1.1057）。但是厄勒克特拉还是非常谨慎，她担心母亲听完她的话后会惩罚她：

厄勒克特拉：你听了我的话之后会翻脸不认人么？

克吕泰涅斯特拉：不，不会的；你可以自由地说出

---

[1] Euripides, *Electra*. Trans. Philip Vellacott, lines 1046-1050.
[2] Ibid., 1055-1056.

你心中所想。

厄勒克特拉：那我就说啦。我要首先从这里开始……[1]

接下来，厄勒克特拉畅所欲言、开诚布公，谴责她母亲犯下的过错。

在这两个人的话语之中，还存在一个非对称的元素，这关涉到两个说话者之间身份地位的差异。克吕泰涅斯特拉是女皇，并不需要使用直言来为她杀害阿伽门农的行为进行自我辩护。但是厄勒克特拉却不一样——她处在奴隶的境地，在剧中扮演的是一名奴隶的角色，她已经失去了父亲的庇护，不再能够居住在父亲的宫殿里面，她与母亲对话应该像仆人跟女皇那样说话才行。厄勒克特拉特别需要拥有直言的权利。

这样，克吕泰涅斯特拉与厄勒克特拉两人也签订了一个直言契约：克吕泰涅斯特拉许诺厄勒克特拉不会因为她的坦率而惩罚她，这跟《酒神的伴侣》中彭透斯对传信者的许诺一样。但是，在本剧中，这一直言契约却被暗中破坏了。它不是被克吕泰涅斯特拉推翻的（作为女王，她始终有权力惩

---

[1] Euripides, *Electra*. Trans. Philip Vellacott, lines 1058-1060.

罚厄勒克特拉);而是被厄勒克特拉自己推翻的。厄勒克特拉要求母亲承诺不会由于她的坦率言说而惩罚她;克吕泰涅斯特拉做出了这样的承诺,但却不知道接下来她会由于自己先前的告白而受到惩罚——几分钟之后,她的孩子俄瑞斯忒斯与厄勒克特拉将杀死她。因此,这一直言契约就发生了翻转:获得直言特权的人没有受到伤害,而有权力给予直言的人却受到惩罚,并且是被那个向她请求直言的人、那个处在弱势一方的人所伤害。对克吕泰涅斯特拉而言,这一直言契约就成为一个具有颠覆性的陷阱。

《伊翁》(约公元前418—417)

现在我们讨论一下《伊翁》这一幕直言式戏剧。

这幕剧的神话学构架涉及雅典的创立传说。根据阿提卡神话,厄瑞克透斯(Erectheus)是雅典城的首位国王——他是大地女神之子,死后回归地母的怀抱。因此,厄瑞克透斯象征着雅典人引以为傲的东西,即他们神圣纯洁的原生性、本土化出身(autochthony):根据记载,他们出自雅典本土,是雅典土生土长的儿女。[1]在公元前418年,也

---

[1] Cf. Plato, *Menexenus* 237b.

就是此剧写作之际,这样的神话构架与指涉有其政治蕴含。欧里庇得斯想要提醒他的观众雅典人均来自于雅典这块土地;但是借助苏托斯(Xuthus)——厄瑞克透斯之女克瑞乌萨(Creusa)的丈夫,来自于弗提亚(Phthia),对雅典来说是一名异邦者——这一人物以及他与克瑞乌萨的婚姻,欧里庇得斯也想向观众指出雅典人与伯罗奔尼撒人(尤其是阿该亚人)有关联,阿该亚(Achaia)这一名字即来自于苏托斯与克瑞乌萨之子阿该乌斯(Achaeus)。但是,欧里庇得斯又想描述雅典家族的泛希腊化特征,因此他将伊翁说成是太阳神阿波罗与克瑞乌萨的私生子(克瑞乌萨是雅典国王厄瑞克透斯的女儿)。克瑞乌萨后来嫁给了苏托斯,因为在雅典人与尤卑亚人(Euboeans)战争期间,苏托斯是雅典人的盟友[II. 58—62]。他们结婚后生育了两个儿子:多洛斯(Dorus)和阿该乌斯(Achaeus)[I. 1590]。伊翁被说成是伊奥尼亚人的先祖,多洛斯是多里安人的先祖,阿该乌斯则是阿该亚人的先祖。这样,希腊一族的所有支系祖先均是雅典皇室的后裔。[1]

---

[1] 关于《伊翁》一剧的政治蕴含,A.S. 欧文(A. S. Owen)写道:"它的目标是要陈述理由来论证雅典帝国应该凝聚一起、团结一致,同时使伯罗奔尼撒半岛的多里安人感觉这样的远古亲缘关系可以证明他们与雅典结盟的正当性。"("Introduction" to Euripides, *Ion*. Oxford: Clarendon Press, 1957; xxii)——译注

欧里庇得斯谈到克瑞乌萨与阿波罗的关系，并将戏剧场景安置在德尔斐的阿波罗神庙，是为了展示雅典人与太阳神阿波罗之间的紧密关联——阿波罗是德尔斐圣殿中的泛希腊之神。在《伊翁》创作的这一古希腊历史时刻，雅典正试图打造一个强大的泛希腊联盟来对抗斯巴达。但当时雅典与德尔斐并不友好，德尔斐祭司们主要站在斯巴达一边。为了将雅典摆在领袖整个希腊世界的有利位置，欧里庇得斯特别想要强调两座城邦之间的家族亲缘关系。由此可见，这些神话谱系在某种程度上是为了论证雅典针对其他希腊城邦实施帝国政治的合法性。那时候，雅典的领导者依然认为有可能维持一个强大的雅典帝国。

在此，我不想展开来讲这幕戏剧的政治及神话含义，而是要重点讨论一下"真相揭示的地点从德尔斐转移到雅典"这一主题。你们知道，古希腊的德尔斐被认为是宣示神谕的地方，通过皮媞亚（Pythia）之口，神明谕示人类事实真相。但在此幕剧中，我们看到一个非常明显的转变，即德尔斐的神谕式真理揭示转向了雅典城：雅典成为真理渐显的场所。并且，作为这一转变的一部分，真理不再由神明（通过宣示神谕的方式）向人类揭示，而是由人类通过雅典式直言向自身揭示。

欧里庇得斯的《伊翁》一剧赞扬了雅典纯洁的原生性、本土化特征，证实雅典与大多数希腊城邦存在血亲关系，但它主要讲述的是真理言说的地点是如何从德尔斐转向了雅典，真理言说者如何从太阳神变为雅典公民。这就是我认为这幕剧是有关直言故事的原因所在：是一幕关键性的希腊直言式戏剧。

现在我要给出这出戏剧的故事梗概图，如下：

沉默	真理	欺骗
德尔斐	雅典（雅典娜）	异邦
阿波罗	厄瑞克透斯	苏托斯
	克瑞乌萨	
	伊翁	

我们会看到，自始至终阿波罗都保持沉默；苏托斯被神欺骗，但同时也是欺骗者。我可也会看到，克瑞乌萨和伊翁是如何分别针对阿波罗的沉默说出了真相；只有他俩跟雅典本土有关，而正是雅典这块土地赋予了他们直言。

赫尔墨斯的开场白

首先，我想简单地叙述一下戏剧开场之前发生的事情，这些都是借赫尔墨斯之口说出的。

厄瑞克透斯的其他子女（塞克罗普斯、奥莱蒂娅和普罗科里斯）死后，克瑞乌萨成为雅典王朝唯一存活的后代。还是少女的时候，有一天，她在长岩附近采摘黄花草，被阿波罗强奸或诱奸了[γάμοις, 1.10]。

到底是强奸还是诱奸呢？对希腊人而言，两者的差别并不像我们今天这么重要。很明显，当某人强奸一个女人、女孩或是男孩的时候，他使用了身体暴力；相反，当某人诱奸另一个人的时候，他使用的是语言，他利用了自己的话语能力、优越的地位，等等。对希腊人来说，一个人利用自己的心理优势、社会地位或知识能力诱奸别人同使用身体暴力强奸别人没有什么大的差别。实际上，从法律的角度来看，诱奸比强奸的罪行要更加严重。因为，某人被强奸了，这完全违背他或她的意愿；但是当某人被诱奸了，这就证明在某一特定时刻，被诱奸者自愿选择对他的妻子或她的丈夫不忠、对自己的父母或家庭不义。诱奸更多地被认为是侵犯了对方配偶或家庭的权力，因为被诱奸者选择了违反自己配偶、父母或家庭的期望与祝福。[1]

不管怎样，克瑞乌萨被阿波罗强奸或诱奸，然后怀了胎。在临产之前，她回到了阿波罗带她去过的地方，即雅典卫城下的一个洞穴——位于雅典城正中心的帕拉斯山脚下。在这里，她独自隐藏起来直到生下了一个儿子[1.949]。但是，她不想要父亲知道有这么一个孩子（因为她为此感到羞愧），所以将他遗弃在野兽横生的户外，任其自生自灭。阿波罗随后派他的兄弟赫尔墨斯将这个孩子连同他的摇篮和襁褓带到德尔斐神庙。在德尔斐的圣殿中，这个男孩作为神的仆人被养育长大。他被认为是一名弃婴，因为在德尔斐没有人（除了阿波罗自己）知道他是谁、来自哪里；伊翁自己也不知道。因此，正如上图所示，伊翁出现在德尔斐与雅典、阿波罗与克瑞乌萨之间的位置——他是阿波罗与克瑞乌萨的儿子，出生在雅典，但是在德尔斐生活长大。

在雅典，克瑞乌萨对她孩子发生的事情一无所知，不知道他是死是活。后来，她嫁给了异邦者苏托斯，他的外来者身份使雅典神圣纯洁的原生性传承成为一个极大的问

---

[1] K.J. 多夫（K. J. Dover）写道："诱奸一个拥有公民身份的女人要比强奸她罪责更大，因为强奸可能被认为是没有事前预谋的一种冲动行为，而诱奸则涉及到俘获她的芳心、赢得她的忠诚。诱奸的罪责之处并不在于这种行为伤害了被诱奸者的感情，而是指它一定程度上冒犯了她所归属那个男人。"（"Classical Greek Attitudes to Sexual Behavior," 62）

题——这也是为何克瑞乌萨认为跟苏托斯有一个后嗣是如此重要的原因之所在。但是，结婚之后，苏托斯和克瑞乌萨却无法得子。在本剧结尾处，阿波罗承诺他们生育多洛斯和阿该乌斯；但在戏剧开始的时候，他们还没有子女，尽管他们极度需要生育自己的孩子使雅典王朝得以传承延续。所以，他们俩来到德尔斐询问阿波罗他们是否会生育子嗣。戏剧由此开始。

阿波罗的沉默

但是，克瑞乌萨与苏托斯两人向太阳神阿波罗询问的问题并不相同。苏托斯的问题非常简单明了："我还没有孩子，我跟克瑞乌萨会有么？"然而，克瑞乌萨问的是另一个问题。当然，她很想知道，她跟苏托斯是否会有孩子；但是，她也非常想问一下："阿波罗啊，我跟你有个孩子，现在我很想知道他是死是活。阿波罗，我们的儿子到底怎么样了？"

阿波罗神庙是德尔斐的神谕之所，在这里，神明会告诉前来向它虔诚咨询的芸芸众生事实真相。苏托斯和克瑞乌萨一起来到神庙门前，遇到的第一个人就是伊翁——阿波罗的仆人、阿波罗与克瑞乌萨之子。当然，克瑞乌萨并没有认出她的儿子，伊翁也没有认出他的母亲，对彼此来说，他们都是陌生人，这就跟索福克勒斯《俄狄浦斯王》中俄狄浦斯与伊俄卡斯特（Jocasta）最初相遇的情景类似。

回想一下，俄狄浦斯也是被他母亲遗弃，后来化险为夷。刚开始，他也没有认出自己的生身父母。《伊翁》一剧的情节与俄狄浦斯的故事有类似之处。但是两部戏剧中真理的动力学（dynamics of truth，真相的渐显过程）却完全相反。在《俄狄浦斯王》中，福波斯·阿波罗在一开始就说出了真相，巨细无遗地预言了接下来将要发生的事情；而人类自身却一直在隐瞒或逃避这一真相，竭力逃脱神明谕示给他们的命运。但是，最终借助阿波罗给予他们的神迹，俄狄浦斯和伊俄卡斯特发现了他们不愿相信的真相。在《伊翁》这幕剧中，人类自身竭力去发现真相：伊翁想知道他是谁、他来自哪里；克瑞乌萨想要知道她儿子的命运；而故意隐藏真相的却是阿波罗。俄狄浦斯式真理问题得以解决的方式是：神明告诉了凡人事实真相，尽管他们选择视而不见，但最终他们看到了自己不愿看到的真理之光。伊翁式真理问题得以解决的方式是：尽管阿波罗保持沉默（不愿说出真相），人类自身却发现了他们急迫想要知道的真相。

神的沉默这一主题贯穿《伊翁》始终。这一主题在悲剧一开始克瑞乌萨与伊翁相遇的时候就出现了。克瑞乌萨依然为自己做过的事感到羞愧，所以跟伊翁说她是替她的"朋友"来询问神谕的。这样,假借朋友之名,她告诉了伊翁自己的部分遭遇,并且问他是否认为阿波罗会给予她的朋友以答案。作为神的忠实仆人,伊翁告诉她阿波罗不会给出任何回答。因为假如阿波罗做了她朋友所说的事情,那么他会无地自容、羞愧难当:

> 伊翁:……阿波罗怎么会宣示他想隐瞒的事情?
>
> 克瑞乌萨:任何希腊人前来询问他的神谕,他不是都会回答的么?
>
> 伊翁:不,这件事关涉到他的荣耀;你一定要尊重他的感受。
>
> 克瑞乌萨:但他受害者的感受呢?这对她来说得意味着什么啊?
>
> 伊翁:不会有人肯为你问这个问题的。假设在阿波罗自己的神庙中真的证明了他曾经做过那些坏事,他就会使你的传达人受苦的。夫人啊,还是算了吧!我们不能在阿波罗自己的庙堂里指控他。如果我们凭了献祭或是鸟的飞行,试图强迫神说出他不愿意说出的真情,这

将是我们极大的愚蠢。我们追求的目的,如果违背神的意愿,即使得到了对我们也没有好处……[1]

所以,在这出戏剧的一开始,伊翁就说明了为何阿波罗不会说出真相,事实上,他(阿波罗)自己也从来没有回答克瑞乌萨的任何问题。这是一个隐匿之神。

但是,更重要和引人注意的是戏剧结尾处发生的事情,在此,各色人物均已粉墨登场最终说出实情,大家都知道了事实真相。这时,大家都在等待阿波罗的显身——整幕剧自始至终他都没有出现在舞台上(尽管他是剧情展开过程中最为重要的人物)。古希腊悲剧有一个传统,即神会以最光辉神圣的形象出现在剧末。可是,在这幕剧的末尾,阿波罗——金光闪闪的神——却没有出现,反而是雅典娜赶来传达他的神讯。由于庙门没有开,雅典娜就出现在德尔斐神庙上方。为了解释自己为何的要来,她说道:

> 雅典娜:在这里,我是你们的朋友,就跟在雅典这座以我命名的城邦一样——我是雅典娜!我受阿波罗

---

[1] Euripides, *Ion*. Trans. Philip Velacott, lines 365-378.

之托一路奔来。他觉得自己出现在你们面前不合适,免得他来了引起对往事的公开指责,所以他托我来向你们传达这一信息。伊翁,这是你的母亲,阿波罗是你的父亲。苏托斯并没有生你,而是阿波罗将你给了他,这样你就可以成为一个高贵家庭的公认继承人。阿波罗在这件事上的目的暴露出来的时候,他设计将你们从彼此手中解救出来,以免你们杀死对方。他原本打算把真相保密一段时间,等到了雅典再宣布克瑞乌萨是你的母亲,你是阿波罗与她所生的儿子……[1]

所以,即使在这最后一刻,在所有事情都真相大白之际,阿波罗都不敢显身言说事实真相。他隐藏起来,而由雅典娜代劳言说。我们一定要记得,阿波罗可是预言之神,他的主要职责就是向众生言说真相。可是,他为自己的过错感到羞愧而无法扮演这样的角色。你们看,在《伊翁》中,沉默与过错归到了阿波罗神这边;在《俄狄浦斯王》中,沉默与过错却属于人类。《伊翁》一剧的主旨有关于人类是如何对抗阿波罗的沉默、奋力获取真相的:人类必须自己主宰自

---

[1] Euripides, *Ion*. Trans. Philip Velacott, lines 1554-1568.

己，发现并言说事实真相。阿波罗没有说出真相，他没有揭示自己了如指掌的实情；他用自己的沉默欺瞒众生，即使说了什么，也纯粹是谎言；他没有足够的勇气来言说自己，反而利用自己的权力、自由和优势掩盖自己做过的事情。阿波罗是一个"敌直言者"（*ami-parrhesiosres*）。

在与神的沉默进行抗争的过程中，伊翁和克瑞乌萨是两个主要的直言形象，但他们是以不同的方式扮演的直言者。因为，作为一个雅典本土出生的男性，伊翁天然拥有使用直言的权利；但另一方面，克瑞乌萨是作为一个告白自己内心想法的女性扮演的直言者角色。现在，我想仔细考察一下这两个直言角色，指出两者的差异以及这种差异的本质之所在。

伊翁的角色/作用

首先谈一下伊翁。在戏剧开始不久，有一幕伊翁与苏托斯相遇时的场景，在两个人一长串的对话中，伊翁很明显扮演的是一名直言者角色。苏托斯和克瑞乌萨前来询问神谕，苏托斯首先进入了圣殿，因为他是丈夫和男人。他向阿波罗问了自己的问题，神告诉他出去后第一个遇到的人就是他的儿子。那么，他遇到的第一个人就是伊翁了，因为作为神的忠实仆人，伊翁总是站在神庙门口附近。接下来的对话，我们一定要特别注意一处希腊原语表达，这一表达并没有很切当地翻译成法语或英语。这处表达是这样的：

παῖδ' ἐμὸν πεφυκέναι

"πεφυκέναι"这一词语的使用表明伊翁被说成是苏托斯"天生的"（by nature）儿子：

伊翁：阿波罗给你说了什么神谕呢？
苏托斯：他说，我走出神庙的时候，不管是谁碰到我——

伊翁：不管是谁碰到你——好吧：他会怎样呢？
苏托斯：——是我天生的儿子！[παῖδ' ἐμὸν πεφυκέναι]。

伊翁：是你亲生的，还是别人送的？
苏托斯：是人家送的；但也是我自己生的[δῶρον, ὄντα δ'ἐμοῦ]。[1]

---

[1] Euripides, *Ion*. Trans. Philip Velacott, lines 533-536.

所以你们看，阿波罗并没有像往常对待熙攘的求神谕者那样宣告那种模棱两可、令人费解的神谕。在此处，他的回答非常清晰，但却是彻头彻尾的谎言，因为事实上伊翁并不是苏托斯"天生"或"亲生"的儿子。在这个场景中，阿波罗不是一个模棱两可、左右逢源的讲真话者，而是一个说谎者。而苏托斯听了阿波罗的假话，天真地相信伊翁——他遇到的第一个人——就是他"如假包换"的亲生儿子。

下面我们仔细分析一下这第一个重要的直言场景，可以分为三部分。

第一部分[II. 517—527]说的是伊翁与苏托斯之间的误会。苏托斯走出神庙，看到了伊翁，于是——根据阿波罗的回答——坚信伊翁就是他的儿子；苏托斯非常开心，走向前去想要亲吻他[φίλημα, I. 519]。伊翁——这时并不知道苏托斯是谁，也不清楚为何要亲吻自己——误解了苏托斯的行为，以为苏托斯要跟他发生性关系（如果一个男人要亲吻自己，任何一个年轻希腊男孩都会这么想）。大多数评论者，即便承认此处伊翁存有对苏托斯行为的性阐释，认为这不过是一个"喜剧场景"——这种场景时常出现在欧里庇得斯的悲剧中。反正不管怎样，伊翁对苏托斯说："如果你继续骚扰我，我就向你胸部射一箭。"这与《俄狄浦斯王》的场景很相似。在那幕剧中，俄狄浦斯开始也不知道忒拜国王拉伊俄斯就是他的父亲；他也误解了与父亲相遇这件事情的性质，随后发生争执，拉伊俄斯被俄狄浦斯所杀。但在《伊翁》一剧中，当时的情况却是相反的：雅典国王苏托斯没有意识到伊翁并非他的儿子，伊翁也不知道苏托斯认为自己就是伊翁的父亲。所以，由于阿波罗的谎言，大家都一头雾水、不识庐山真面目。

这幕场景的第二部分[ll. 528—562]说的是伊翁对苏托斯的怀疑。苏托斯告诉伊翁："别紧张，我想亲吻你，是因为我是你的父亲。"但是，在知道了他的父亲是谁之后，伊翁丝毫没有觉得欣喜，接下来他问苏托斯的第一个问题是："那么，谁是我的母亲呢？"[l.539]。不知为何，伊翁最关心的是要知道他母亲的身份。不过他接着问道："我怎么会是你的儿子呢？"苏托斯答道："我也不知道；我只能带你去问阿波罗神说的是什么意思了"[l. 543: οὐκ οἶδ᾽, ἀναφέρω δ᾽ εἰς τὸν θεόν]。接着，伊翁说出了一句非常有意思的话，这句话在法语译本中完全翻译错了。希腊文是这么说的[l. 544]：

φέρε λόγων ἁψώμεθ᾽ ἄλλων

法文版翻译成:"让我们说点别的吧。"更准确的译文应该是:"让我们试一下另一种话语(方式)。"所以情况应该是这样的:伊翁问道他怎么会是苏托斯的儿子呢;苏托斯回答说他也不知道,是阿波罗向他说的这些;接下来,实际上伊翁跟苏托斯说的是"让我们试一下另一种更能够说出真相的话语方式":

伊翁:我怎么是你的呢?
苏托斯:不是我说的,是阿波罗给的答案。

伊翁(停顿了一下后):我们来换一个方向,改变一下策略(try another tack)[I. 544]。
苏托斯:好的,这对我们更有帮助。[1]

这样,苏托斯和伊翁就放弃了阿波罗神谕式的话语表达方式,转而通过两个人相互问答的方式来探寻问题的答案。作为询问者,伊翁问宣称是他父亲的苏托斯与什么人、在什么时候、是怎样有的孩子,以至于自己有可能是他的儿子。

---

[1] Euripides, *Ion*. Trans. Ronald Frederick Willetts, lines 542-544.

苏托斯回答他说："好吧，我想我是与一个德尔斐姑娘发生过关系。"什么时候？"在我娶克瑞乌萨之前。在什么地方？"可能在德尔斐。"怎么发生的？"在庆祝酒神节篝火狂欢的那天，我喝醉的情况下。"当然，作为对伊翁出身的一种解释，这种思路纯粹是无稽之谈；但他们两人却对这一探寻方法持严肃认真的态度，竭尽全力试图以自己的方式发掘事实真相——就跟前面他们被阿波罗的谎言所引导那样。沿着这一探寻之路，伊翁非常不情愿、非常冷漠地接受了苏托斯的假设：他也把自己看做是苏托斯儿子。

发生在苏托斯与伊翁之间的这一直言场景的第三部分有关于伊翁的政治命运，说的是伊翁作为苏托斯的儿子和继承人到达雅典后可能会经历的政治厄运与灾难[ll. 563－675]。说服伊翁相信他就是自己的儿子之后，苏托斯承诺带伊翁返回雅典，作为国王之子，伊翁会有权有势、富甲一方。但是伊翁却对这一光辉前景不太上心；因为他知道他是作为苏托斯的儿子（对雅典本土来说，是个外来者）来到雅典，并且不知道母亲是谁。而根据雅典立法，一个人如果父母有一方不是雅典本土出生，那么他就不可能是一名雅典普通公民。所以，伊翁对苏托斯说自己会被看做是一名异邦者和私生子，不名一文。这样一种焦虑的情绪促发了伊翁接下来的鸿篇大论，这一言论乍一看好像是偏离了剧情发展，实际上却展示了欧里庇得斯对当时雅典政治生活的批判性描述：既包括民主政制，也涉及君主政制生活。

伊翁解释到，在民主制中存在三种类型的公民[II. 596—603]：（1）那些按当时的政治词汇来说被称作"ἀδύνατοι"（虚妄小人）的人：他们是些没有权势、财富的雅典公民，憎恨所有比他们优异的人；（2）那些被称作"χρηστοί δυνάμενοι"（贤良达人）的人：他们是优良的雅典人，有能力实施权力，但他们足够智慧[σοφοί]，所以保持沉默[σιγῶσι]，不会为城邦政治事宜煞费苦心[κού σπεύδουσιν εἰς τὰ πράγματα]；最后（3）那些有权有势有声望（治国能人）的人，他们使用自己的话语和理性参与城邦公共政治生活。展望了一下这三类人对他作为异邦者和私生子出现在雅典后的反应，伊翁说道：第一类虚妄小人[ἀδύνατοι]会憎恨他；第二类贤良达人会嘲笑他，笑他妄想成为一名雅典的居高位者；第三类政治能人会嫉妒他，诋毁这个新来的竞争者从而将他放逐。所以，对伊翁而言，来到民主制下的雅典并不会有一个美好的前景。

对民主政治生活做了这番描述之后，伊翁接着讲到了家庭生活的困苦负面之处，与一位没有子嗣的继母生活在一起会招致她的怨恨,她不会接受自己成为雅典王位的继承人[II. 608—620]。但话锋一转,伊翁又重新开始谈论政治图景,给出了他对君主生活的描述:

> 伊翁:……至于成为一名国王,人们对此事的评价过高。至高无上的王权,表面上风光而骨子里可悲。在担惊受怕、侧目提防中度过自己一生,这难道是美好的么?有谁能是幸福快乐的呢?我宁愿选择一个普通人的幸福,而不愿拥有国王般的生活,我不想成为一个由于担心被杀而喜欢结交不法之徒、却憎恨正直之士的国王。你也许会对我说,金钱能解决这些问题,富有就快乐。可是,手里紧紧抓住你的金钱、耳边响着各种流言、心中充满众多烦恼——这并不是我想要的生活。[1]

在这一场景中,对雅典民主政治生活和君主生活的描述看上去有些不合时宜,因为伊翁的问题是要找出他的母亲是谁,从而能够不带任何焦虑与羞愧的去到雅典。那么我们就

---

[1] Euripides, *Ion*. Trans. Philip Velacott, lines 621-632.

必须要找出一个理由来解释此处为何要插入这两种描述。戏剧继续进行，苏托斯告诉伊翁不必担心在雅典的生活，并建议伊翁假装是一名访客，不要泄露他是苏托斯儿子这一"实情"。等将来遇到合适的时机，苏托斯打算让伊翁继承他的王权；但是现在，不要向克瑞乌萨透露任何信息。伊翁想要作为厄瑞克透斯第二代王朝家族的真正继承人去到雅典，但对苏托斯的提议——让他假装是一名雅典观光者——并不上心。所以这一场景看起来有点不可理喻、不着边际。尽管如此，伊翁还是接受了苏托斯的建议，但是他声称如果不知道母亲是谁，他将不可能在雅典好好地生活：

> 伊翁：好吧，那我就去。可是还有一个好运没有降临到我头上：除非我找到生我的母亲，否则我的生活将毫无价值。[1]

为什么找不到母亲伊翁就不可能好好生活下去呢？他接着说：

---

[1] Euripides, *Ion*. Trans. Ronald Frederick Willetts, lines 668-670.

> 伊翁：……如果我可以祈祷，那么祈祷我的母亲是雅典人，那样通过她我就可以拥有言语的权力[παρρησία]。[1]

所以你们看，伊翁需要知道他的母亲是谁，以便确定她是否是雅典本土后裔；因为只有这样他才会拥有"直言"。他解释到，一个人如果作为异邦人来到雅典——即便他名义上和法律上被认为是公民——他仍然不能享用直言。苏托斯给出了那些语焉不详、令人费解的建议后，伊翁同意跟他一起回到雅典，那么，上述对民主制生活和君主制生活看似离题的批判性描述意味着什么呢，尤其是考虑到这些描述后本幕场景以最后一次提及"直言"一词告终？

我们可以很容易认出伊翁对民主制和君主制（或僭主制）看似离题的批判性描述是一种直言式话语的典型例证。因为，你们可以看到，后来柏拉图或色诺芬笔下的苏格拉底也说出了几乎同样的批判。所以，在公元前五世纪末和四世纪初的雅典政治生活中，直言式个体的品性特征之一就是借伊翁之口所展示的这种对雅典民主制和君主制生活的批判性

---

[1] Euripides, *Ion*. Trans. Ronald Frederick Willetts, lines 670-675.

描述。伊翁就是这样的直言者，是对民主制和君主制都有价值的直言式个体，因为他有足够的勇气来向公众（demos）和君王指出他们生活中的真正缺陷之所在。伊翁是一直言式个体，这既体现在他上述看似离题的政治批判上，也体现在他后来陈述说如果享有直言就需要知道自己的母亲是否是雅典人这一事实上。尽管从品性气质看，他是一个天生的直言者，但如果他的母亲不是雅典人，在制度和法律层面上他将无法使用这一符合自己本性的直言权利。因此，直言不是雅典公民人人享有的平等权利，而是在家庭和出身上都高贵非凡之人的特权。伊翁本性上是一个直言者，但同时也被剥夺了自由言说的权利。

为何这样一个直言形象却被剥夺了直言的权利呢？原因在于太阳神阿波罗——这个负责向普罗大众言说真相的预言之神——缺乏足够的勇气公开自己的过错，也没有勇气扮演直言者这一角色。对伊翁而言，为了使其合乎本性并且能在雅典扮演直言者角色、发挥直言作用，还需要另外一样东西，这样东西现在伊翁还没有，但在接下来他会在另一个直言形象那里获得，这个直言形象就是他的母亲克瑞乌萨。克瑞乌萨将愿意并能够告诉他真相，使她的儿子成为一名直言者，使用他天赋的直言权利。

克瑞乌萨的角色/作用

戏剧中，克瑞乌萨的直言作用与伊翁非常不同；作为一个女人，克瑞乌萨不是使用直言来向国王言说雅典政治生活的真理，而是要公开地谴责阿波罗的罪行。

当歌舞队告诉克瑞乌萨阿波罗单独给了苏托斯一个儿子之后，克瑞乌萨意识到，她不仅不会找到自己苦苦找寻的儿子，并且当她回到雅典后她将在自己的家里多一个继子，尽管这个继子是一个异邦者，但还是会继承苏托斯的王位。由于这两个原因，她不仅对丈夫生气，而且尤其怨恨阿波罗。因为，被阿波罗强奸并被他夺走儿子之后，她现在却获知阿波罗不仅送给了苏托斯一个儿子，而且不会回答她的问题——这对她来说太过不公了。她的怨恨、绝望和愤怒在对阿波罗的控告中一并爆发出来：她决定说出真相。因此，真相是作为对神明的不公与谎言的一种情感反应才大白于天下的。

在索福克勒斯的《俄狄浦斯王》一剧中，凡人不接受阿波罗的预言，因为预言中蕴含的真相看上去不可思议、难以置信；但是尽管人类竭力逃避阿波罗谕示给他们的命运，最终还是发现了神的话语中蕴含的真相。但在欧里庇得斯的《伊翁》这幕剧中，尽管人类受到了阿波罗的欺瞒，但面对神的谎言或沉默他们一步一步走向事实真相。由于阿波罗的谎言，克瑞乌萨相信伊翁就是苏托斯的亲生儿子，就在对自己错以为真的事情的情感反应中，她却最终揭露了真相。

克瑞乌萨的直言场景主要分为两部分，这两部分在铺陈结构和直言类型上均存在差异。第一部分的形式是一篇语言优美的长篇大论——针对阿波罗的抨击性演说——第二部分的采取的是轮流对白（stichomythia）的形式，是克瑞乌萨与她仆人之间的对话，一人一句，交互言说。

首先是抨击性的长篇演说。此时，克瑞乌萨出现在神庙前的台阶上，有一位老人陪在身边，他是克瑞乌萨家族的忠实仆人（在克瑞乌萨说话的时候一直保持沉默）。克瑞乌萨对阿波罗的长篇抨击就是一直言形式，其中一个人公开指责另一个人犯下的罪责、过错或是不公。这一指控是直言的一个实例，因为被指控者要比指控者权力要大；并且存在着一种风险，因为做出这一指控后，被指控者可能会以某种方式报复指控者。所以，克瑞乌萨的直言首先采取的是公开指责或批判的形式，批判的对象则是处于她上位、比她更有权势并且是她需要依赖的人。正是在这样一种脆弱不堪的情形之下，克瑞乌萨决定做出自己的指控：

克瑞乌萨：我的心啊，如何保持沉默？可我怎能公开隐情，把羞耻抛在身后？难道还有什么顾虑要阻止我么？我还能跟谁在德行上相媲美呢？我的丈夫不是背叛我了吗？我受骗失去了家庭，没有了孩子。希望也离我而去，我隐瞒事实，不提往事，不去说令人悲伤的孩子，原是希望诸事遂愿、井井有条，但事与愿违。不！不！我不要这样！现在凭宙斯闪闪发光的住所，守护在我们山峰上的女神和那水量充沛的特里托尼斯湖神圣的湖岸，我发誓不再隐瞒：当我放下这一切的负担，我也许会稍许心安。我眼睛流泪，灵魂痛苦，全因男人和神灵的居心叵测、不怀好意；我要揭露他们，这些对女人薄情寡义的负心汉。

啊，你，弹拨能发出七种声调的竖琴，叫它那无生命的野牛角做的弦柱发出缪斯美妙的赞歌。勒托之子啊，我将对着明亮的太阳公布你的罪状。你向我走来，长发闪着金光，我正采摘散发着金色光芒的鲜花，装进我的衣兜。你抓住我苍白的手腕，把我带到那洞穴的床上，我高喊"母亲"求救。你是一位神，就这么无耻地做了我的情夫，满足了你的淫欲。我，一个不幸的女人，悲惨地为你生下一个儿子，用母亲颤抖的手，把婴儿弃置在你的床上，那个你曾粗暴对待我的地方。啊呀！如今那孩子不知下落，我跟你的儿子呀，也许已被飞鸟撕食；啊，失去啦！可你却在弹那竖琴，吟唱着欢快的歌曲。

喂，我对你说，勒托之子，你坐在金的宝座上，在大地中央的神庙中，宣示着你的神谕，而我现在要对着你的耳朵大声说出我的话：你是个邪恶的爱人；你不亏欠我的丈夫，可你给了他一个儿子到家里去做他的继承人。可是我的儿子，当然也是你的，却渺无音讯，丢失了，被猛禽抓去了，只丢下母亲放在他身上的襁褓。提洛岛连同那把枝叶直伸到棕榈树边的小月桂树都恨你，那是当初勒托给宙斯生下了你这个神圣之子的地方。[1]

关于上面这一长篇大论，我想强调以下三点：（1）正如你们所看到的，克瑞乌萨的控诉是对阿波罗的公开诅咒与中伤，例如，说阿波罗是勒托（Leto）的儿子，是要传达这样的思想，即阿波罗也是个私生子：是勒托与宙斯的儿子。

---

[1] Euripides, *Ion*. Trans. Ronald Frederick Willetts, lines 859-922.

（2）指出了阿波罗身上存在一个非常明显的隐喻式对比：一方面，作为光明之神的福波斯·阿波罗，金光闪闪、光耀明亮；另一方面，他却将一个年轻女子带到洞穴的黑暗之中强奸她，同时还指出他是暗夜女神勒托的儿子，等等。（3）在阿波罗的音乐与克瑞乌萨的哭喊之间也有一个强烈的反差：前者弹拨着七弦琴，吟唱着歌曲；后者作为阿波罗的受害者，哭喊着寻求帮助，同时通过声嘶力竭的谩骂和诅咒，她定要说出神绝不会说的事实真相，克瑞乌萨是在关闭着的德尔斐神庙门前进行的控诉，此时，神圣之音沉默不语，克瑞乌萨只能自己宣告真相。

克瑞乌萨直言场景的第二部分紧接着上面的长篇抨击而来。一直守护在她身边的那个老仆人，完整地聆听了她的诉说后，接过话头，开始与克瑞乌萨展开一问一答式的探查，这与前面伊翁和苏托斯之间轮流交互式的对话结构完全一致，构成一种对称性的呼应。以相同的方式，克瑞乌萨的仆人不停地询问她，问她上面的事情是在什么时候、什么地方、怎么发生的，等等。

在他们的对话中，有两件事情特别值得关注。首先，在揭露真相这一点上，这种问答式的探查模式完全颠覆了神谕式言说方式。阿波罗通常发布模棱两可、晦涩难懂的神谕，从来不会直接、正面回答人们的问题，当然更不会以探查的模式展开；与此相反，一问一答的方式则可以化晦涩为清晰。其次，克瑞乌萨的直言式话语不再是针对阿波罗的控诉，不再是一个女人指控强奸她的人，而是采取了自我指责的方式，揭露了自己的过错、软弱、罪恶（遗弃孩子），等等。而她在这一自我指责中坦露事实真相的方式与菲德拉坦白她对希波吕托斯爱情的方式如出一辙。跟菲德拉一样，克瑞乌萨刚开始也是遮遮掩掩不愿说出一切，后来也是借仆人之口，才道出她不愿直接坦露的发生在自己身上的事情——采取了一种可谓之间接坦白的话语模式，我们在欧里庇得斯的《希波吕托斯》一剧以及拉辛的悲剧《菲德拉》中已经非常熟悉这种话语模式了。

总而言之，我认为我们可以将克瑞乌萨的真相言说模式称之为私人的（相对于政治）直言。伊翁的直言采取了反映现实的政治批判模式，克瑞乌萨的直言则表现为对另一个比她更强大的人合乎事实的指控，同时也是一种对自我真相的坦白。

正是由于同时拥有伊翁与克瑞乌萨这两个直言形象，戏剧才会在结尾处最终完全揭露事实真相。可是，克瑞乌萨的上述直言场景发生之后，除了神明之外，尚没有人知道克瑞乌萨与阿波罗的儿子就是伊翁，伊翁这时候也不知道克瑞乌萨正是自己的母亲，而自己并非苏托斯的儿子。所以，将伊翁与克瑞乌萨的直言式话语较好地结合在一起（来揭示最终的真相）还需要其他剧情的过渡——非常遗憾，我们这里没有时间对这些小插曲进行详细分析了。例如，有一个非常有趣的插曲，说的是克瑞乌萨（当时依然认为伊翁就是苏托斯的亲身儿子）密谋杀死伊翁；而伊翁发现这一阴谋后，也试图杀死克瑞乌萨——这是对俄狄浦斯情景的一种奇特调转与颠覆。

不管怎样，仅就前面列出的故事梗概图，我们可以看到，一系列来源于雅典（厄瑞克透斯—克瑞乌萨—伊翁）的事实真相在戏剧结尾处最终大白于天下。另外，苏托斯自始至终都被阿波罗所欺骗，直到返回雅典，他仍然认为伊翁是他的亲身儿子。并且，阿波罗从未出现在戏剧舞台上，他一直保持着沉默。

《俄瑞斯忒斯》（公元前408）

在《俄瑞斯忒斯》的一个段落中，我们可以发现直言一词在欧里庇得斯作品中的最后一次出现。这部剧写于公元前408年，或者至少是在这一年上演的，几年之后，欧里庇得斯就与世长辞了。当时，在雅典，关于民主政体存在诸多争议，由此导致了一系列的政治危机。这段文本十分有趣，因为这是欧里庇得斯的作品中唯一一次在轻蔑的意义上使用直言一词。这个词语出现在905行，翻译为"愚鲁无知的信口雌黄"（ignorant outspokenness）。戏剧中的这段文本主要是叙述一个报信人的话语，当时，这个报信人来到阿尔戈斯的王宫，将佩拉斯基人法庭上审判俄瑞斯忒斯的事情告诉了厄勒克特拉。正如你们从《厄勒克特拉》一剧中所知的，俄瑞斯忒斯和厄勒克特拉杀死了他们的母亲克吕泰涅斯特拉，由此以弑母罪名受到审判。我想给你们读一下这段文本：

> 报信人：……当民众坐满了的时候，一个传令官站起来说道："有谁要在法庭上说话，俄瑞斯忒斯杀了母亲，要不要处死？"于是，塔尔提比俄斯起来发言，这个人曾经跟随你的父亲进攻特洛伊。他总是附和那些有权力的人，所以说话暧昧两可，竭力称颂你的父亲阿伽门农，却不称赞你的兄弟，把好话和坏话掺在一起——说你的兄弟对待父母开了一个不好的先例；每说一句话，都要向埃葵斯托斯的朋友送去讨好的目光。传令官都是这个样子——这类人总爱趋炎附势，倾心于获

胜的一方；谁在城邦中有势力或是掌管大权，他们就是谁的朋友。接着站起来发言的是大王狄俄墨得斯。他反对他们宣判你和你的兄弟死刑，主张流放你们以尊重神律。有些人大喊赞同；有些人却不同意。

在他之后站起来一个人，这个人满嘴跑火车，胆大妄为，厚颜无耻，是一个走后门取得公民资格的、不是阿尔戈斯人的阿尔戈斯人；不过是别人的走狗、爪牙；依靠他的高声喧哗和愚鲁无知的信口雌黄[παρρησία]，竟也能说动市民自投到某种灾祸中去。他说你和俄瑞斯忒斯应该用石头砸死；但他在力主处死你们的时候所用的言辞并不是他自己的，而是廷达瑞奥斯的授意。

另一个人站起身来，表示反对——这个人外表并不好看，却是个勇敢的男子汉；是那种在街上或是市场集会中很少碰到的人，一个自耕农——我们这块土地上的唯一脊梁；精明强干，热心参加辩论；品行无瑕，行为无可指摘。

他主张给阿伽门农的儿子俄瑞斯忒斯带上花冠，因为他为敢于为父报仇，杀了一个不敬神的坏女人——这个女人败坏风纪；因为如果让没去征战的男人引诱了他们放心留下看家的妻子，丈夫们就绝不肯拿起武器，离家出去征战。他的话在正直诚实的人看来说的很有理；没人接着再讲话了。[1]

你们可以看到，这段叙述开篇就指涉到雅典刑事审判中的一个固定程序：当所有民众都在场的时候，一个传令官站起来大声喊道"τίς χρῄζει λέγειν"——"谁想说话？"[I. 885]。这指的是雅典人人享有的言论平等（isegoria）的权利。然后，两个演说者进行言说，他们两个都是希腊荷马时期的神话人物。第一个叫塔尔提比俄斯（Talthybius），曾跟随阿伽门农攻打过特洛伊——严格来说，是他的传令官。紧接着他发言的是狄俄墨得斯（Diomedes）——闻名遐迩的希腊英雄之一，以其无与伦比的勇气、果敢、武艺、体力、雄辩为人所知。

传信人将塔尔提比俄斯描述为依靠权贵的人，因此他并不是完全自由的。希腊文本说他是"ὑπὸ τοις δυναμένοισιν ων..."——"在有权势者的权荫之下"（"俯首于那些有权力的人"）[I. 889]。在另外两部戏剧中，欧里庇得斯也批判了传令官这种类型的人。《特洛伊女人》（*The Women of*

---

[1] Euripides, *Orestes*. Trans. Philip Vellacott, lines 884-931.（原文中被认为是伪作的插入部分被省去了。）——译注

Troy）一剧中，当特洛伊城被希腊军队攻陷占领之后，正是这同一个塔尔提比俄斯告诉卡珊德拉（Cassandra）她将成为阿伽门农的床上人。卡珊德拉则对传令官带来的这一消息进行了回复，预测说她将给她的敌人带来毁灭。你们都知道，卡珊德拉的预言总会成真。但是，塔尔提比俄斯不相信她的预言。作为一个传令官，他根本就不知道什么是真（他没有能力识别出卡珊德拉话语的真相），只会重复他的主人——阿伽门农——告诉他要说的话，所以他以为卡珊德拉简直是疯了；因为他对卡珊德拉说："οὐ γὰρ ἀρτίας ἔχεις φρένας"——"你的心智不健全"（"你神经有问题"）。对此，卡珊德拉是这样回答的：

> 卡珊德拉："奴才"！你们听到这个奴才说的了？他是个传令官。
>
> 除了是城邦和国王圈养的人人憎恨的走狗与奴才，传令官们还能是什么呢？你说我的母亲注定要去奥德修斯家，如果这样，那么阿波罗一字一句对我说的神谕算什么呢？他说过我的母亲会死在这里。[1]

---

[1] Euripides, *The Women of Troy*. Trans. Philip Vellacott, lines 424-429.

事实上，卡珊德拉的母亲赫卡柏（Hecuba）死于特洛伊城。

在欧里庇得斯《请愿的女人》(The Suppliant Women)一剧中，忒修斯（Theseus，他并不是严格意义上的国王，而是一名雅典的居上位者）与一个未具名的传令官（来自于忒拜城）有一次讨论[II. 399－463]。这个传令官上场后第一句话就问道，"谁是雅典的国王？"忒修斯告诉他不会找到一个雅典国王，因为在雅典城里根本就没有僭主（tyrannos）：

忒修斯：……这个城邦不会屈从于某一个人的意志，这是个自由的城邦。在这儿，国王就是人民，每年轮流执政。我们不给富人特权；穷人的声音拥有同等的权威。[1]

这挑起了一场口头辩论：君主制和民主制，哪个才是最好的治理模式？传令官赞扬君主政体，批判民主政体，认为民主制受制于乌合之众，屈从于他们的善变与虚妄。忒修斯针锋相

---

[1] Euripides, *The Suppliant Women*. Trans. Philip Vellacott, lines 405-408.

对，赞扬雅典民主制，认为法律订成条文后，穷人和富人拥有相同的权利，每个人都可以在公民大会（ekklesia）上自由言说：

> 忒修斯：……自由栖居在这一惯用语句中："谁有对城邦有益的主张要向公众提出的？"想说话的人会赢得名声；不想说话的人都可以不做声。在哪还可以找到比这更平等的？[1]

为了反对传令官——他是专制君主权力的代言人，忒修斯引用了一句惯用语，从中可以看出，在忒修斯眼中，言论自由与民主制的平等概念同义。

自由体现在人们可以自由地言说事实真相；塔尔提比俄斯无法就俄瑞斯忒斯的审判直截了当、坦诚布公地进行言说，因为他并不自由，而是依附于那些比他更有权势的人。因此，他只能"暧昧两可地说话"[λέγειν διχόμυθα]，使用一种相互抵牾的话语。所以我们看到，他既赞扬阿伽门农（因为他曾是阿伽门农的传令官），又谴责阿伽门农的儿子俄瑞斯忒斯（因为他不赞同俄瑞斯忒斯的行为）。忌惮于两个派

---

[1] Euripides, *The Suppliant Women*. Trans. Philip Vellacott, lines 438-442.

系的权势，他两面三刀，说着言不由衷的话语，以期取悦双方；但是，现在埃葵斯托斯的朋友当权，希望将俄瑞斯忒斯置于死地（你们还记得，在《俄瑞斯忒斯》中埃葵斯托斯是被俄瑞斯忒斯所杀），因此塔尔提比俄斯最后还是主张判决俄瑞斯忒斯死刑。

紧接着这一负面神话人物说话的是一个正面人物：狄俄墨得斯。他是一名希腊勇士，以其英勇事迹及雄辩而闻名：既巧于言说，又睿智聪慧。不同于塔尔提比俄斯，狄俄墨得斯是独立自主的；他言说自己的想法，提出一个不带任何政治意图的折中方案：这并不是充满复仇的以牙还牙。以宗教为由，"为了尊重神律"，他建议驱逐俄瑞斯忒斯和厄勒克特拉，以此洗涤由于克吕泰涅斯特拉及埃葵斯托斯的死而带给整个国家的罪恶，这完全符合传统上对谋杀罪名的宗教惩罚。尽管狄俄墨得斯的裁定既适中又有理，但他的建议却使公民大会分成两派：有人赞同，有人反对。

然后，我们看到又有两个言说者起身陈述自己的意见。我们无从得知他们的名字，他们既不是荷马时期的神话人物，也非城邦英雄；但是通过报信者对这两个人的详细描述，我们可以看到他们代表两种"社会类型"。第一个（与坏的演说者塔尔提比俄斯相对应）是那种对民主制伤害至深的人。我想我们应该仔细考察一下这个人的具体特征。

他的第一个特征就是拥有一张"如喷涌不止的泉眼一样的嘴巴"——是由希腊单词athuroglossos[άθύρογλωσσος]翻译而来。Athuroglossos一词来源于希腊词γλῶσσα（舌头）及θύρα（门）；因此，从字面意思来看，它说的是那些舌头上没有把门的人，也就是喋喋不休、无法闭嘴的人。

在古希腊文学中，我们可以频繁发现，在描述一个人沉默不语的时候，会将他的嘴巴、牙齿或嘴唇比喻成一扇关闭的门。例如，公元前6世纪，泰奥格尼斯（Theognis）在他的《哀歌集》（*Elegies*）中写下了这样的诗句，以此表示存在太多絮叨饶舌的人：

> 每个舌头都有一扇门，却都太轻易地飞速打开。对别人的蜚短流长，口无遮拦，絮叨不休。最好将坏消息关在门内，只为好消息敞开。[1]

公元2世纪，普鲁塔克在《论饶舌》（*Concerning Talkativeness*）一文中写道，牙齿就是一道篱笆或是一扇

---

[1] Theognis, *Elegies*. Trans. Dorothea Wender, lines 421-424.

门，因此"如果舌头不听话，无法约束自己，我们可以用牙齿紧咬住它，直到它血流不止"[1]。

"Athuroglossos"或"athurosunnia"[ἀθύροστομία]（嘴上没门的人）这种说法指的是有些人喋喋不休、口无遮拦，无法保持沉默，想到什么就说什么。普鲁塔克将这种人的饶舌与黑海做了一番比较——黑海没有闸门阻止海水流入地中海：

>……那些人相信，没有门的储藏室以及没有扣件的手提包对主人是没用的，可是却不在自己的嘴巴上装一把锁或上一扇门，任由其像黑海的海口那样不停地泛滥成灾，似乎认为言语[λόγος]是最不值钱的东西。因此，他们所说的并不是自己所信的，而信念才是所有言语的目标之所在。[2]

所以你们看，"athuroglossos"具有以下两个特征：（1）当你有了一张"像喷涌不止的泉眼般的嘴巴"的时候，你就无法辨清什么时候该说话，什么时候该保持沉

---

［1］ Plutarch, "Concerning Talkativeness." Trans. W. C. Helmbold, 503c.
［2］ *Ibid.*

默；或者什么话该说，什么话不该说；或者什么样的环境或状况下应该说话或是保持沉默。所以，泰奥格尼斯才会陈述到，多嘴的人无法区分什么时候该说好消息，什么时候该说坏消息；或者无法在自己的事情和他人的事情之间划分明确的界限——因为他们陷入他人的家长里短，无法自拔。（2）正如普鲁塔克所指出的，当你是一个"athuroglossos"的时候，你就不会关心"逻各斯"（logos 真理/理性）的价值，因为理性话语才是通达真理的手段。因此，"athuroglossos"几乎等同于"直言"一词的轻蔑之意，与"直言"的正面意义截然对立（这一正面意义是一种智慧的象征，表明有能力使用直言，同时不至于沦落为"athuroglossos"的喋喋不休）。那么，直言式人物必须解决的问题之一就是：如何辨别什么该说，什么不该说。正如下面的例子所阐明的，并不是每个人都能够在两者之间做出区分。

在《论儿童教育》[Περί παίδων ἀγωγῆς]一文中，普鲁塔克讲述了关于诡辩者忒奥克里托斯（Theocritus）的一桩轶事，来举例说明"athuroglossos"这种人以及无节制的言说所带来的不幸。马其顿国王安提哥那（Antigonus）派信使去请忒奥克里托斯到他的宫廷参与一个讨论。偏巧这个信使是安提哥那的首席御厨，名字叫尤特拉皮安（Eutropian）。国王安提哥那在战争中失去了一只眼睛，因此他是一个独眼人。国王的厨子尤特拉皮安要他必须去参拜安提哥那，这时，忒奥克里托斯显得很不高兴，就对这个厨子说："我很清楚，你想把我作为新鲜的菜肴敬献给你们的库克罗普斯（Cyclops 希腊神话中的独眼巨人——译注）"[1]——也就是说，他在嘲弄国王的身体缺陷及尤特拉皮安的职业。对此，这个厨子回应道："那么你的意思是不想前去了，不过你会为你的胡说八道[athurostomia]、疯言疯语而付出代价的。"[2]随后，尤特拉皮安将忒奥克里托斯上面的话告诉了国王，国王就派人处死了忒奥克里托斯。

正如我们会在第欧根尼身上看到的，一个真正优秀、勇敢无畏的哲学家能够针对君主使用直言；可是，就忒奥克里托斯而言，他的坦率绝不是parrhesia（直言）而是athurostomia（口无遮拦、胡说八道），因为，拿国王的外貌缺陷或一个御厨的职业来开玩笑没有任何的哲学意义。总而言之，在报信人对俄瑞斯忒斯的审判所作的叙述中，第三个演说者的第一个特征是"athuroglossos"或

---

[1] Plutarch, "The Education of Children." Trans. F. C. Babbitt, 11c.
[2] *Ibid.*

"athurosunnia"。

他的第二个特征是"ἰσχύων θράσει"——"鲁莽自大、厚颜无耻的巨人"。"ἰσχύων"一词表示某人的力量,通常是指能够在竞技中使他战胜别人的身体力量。因此,这个言说者非常强大,但他的力量表现在"θράσει",意思是说,他的强大并不是由于自己的理性或修辞的能力或是宣告真相的能力,而是归因于他的妄自尊大。他只是由于自己的狂妄自大而显得强大。

第三个特征:"一个取得了公民资格,但不是阿尔戈斯人的阿尔戈斯人。"他并非本土的阿尔戈斯人,而是来自其他地方,后来才成为城邦的一员。"ἠναγκασμένος"[I. 904] 这一表达是指被强迫或借助不光彩的手段而成为城邦一员的人(有时翻译成"爪牙、帮凶")。

从"θορύβω τεπίσυνος"("凭借他的咆哮声")这个短语可以见出他的第四个特征。他的自信来源于"thorubos" [θόρυβος],这个词语指的是一种噪音,强烈的声音、高声尖叫、大声叫嚷或是喧嚣骚动。例如,在战场上,当士兵为了鼓舞勇气或是吓唬敌人而高声尖叫的时候,希腊人用的就是"thorubos"一词。或者,在公民大会上,拥挤的人群大喊大叫发出的喧嚣噪音也被称作"thorubos"。所以,第三个演说者的自信不在于他清晰组织话语的能力，而是利用自己的高声喧哗来煽动听众的情绪。因此，他的声音能在公民大会上产生直接的情感反应，而声音与情感效应之间的紧密关联与清晰话语的理性精神背道而驰。

第三个（负面）说话者的最后一个特征是他自满于"κάμθει παρρησία"——"愚鲁无知的信口雌黄[parrhesia]"。"κάμθει παρρησία"这个短语是"athuroglossos"的重复表达，但有其政治意蕴。因为，尽管这个说话者是阴差阳错地具有了公民身份，按照雅典宪法他却拥有"直言"这一正式的公民权利。但是，他的直言由于缺乏mathesis [μάθησις]——学识或智慧，因此具有了轻蔑或负面的意义。直言若要具备积极正面的政治效应，现在必须要与良好的教育、知识与道德的塑造、paideia（教育）或mathesis（学习）联系在一起。只有这样，直言才不会沦落为仅仅是thorubos或喧闹的噪音。因为，当说话者缺乏mathesis（学识、才智）但却使用直言的时候，也就是当他使用"κάμθει παρρησία"的时候，城邦会陷入绝境。

你们或许还记得，柏拉图在《第七封信》[336b]中就缺乏"mathesis"曾经做过类似的评论。在信中，柏拉图解释到狄翁（Dion）不可能在西西里取得事业的成功（亦即，将狄俄尼索斯培养为既是一个伟大的城邦统治者，同时也是一个献身于理性与正义的哲学家），原因有两个。首先，当时可能普遍存在一种嫉妒与复仇的邪恶精神。其次，柏拉图解释到"愚昧无知"[άμαθία]开始肆虐西西里。对于"άμαθία"，柏拉图说它是"所有人的各种邪恶的方式扎根和茂盛的土壤，然后又会给播种者带来最苦涩的果实"[1]。

那么，第三个说话者——代表在轻蔑的意义上使用直言的那一社会类型——的特征就是：他粗暴无礼、感情用事，是一名城邦的外来者，缺乏mathesis，因此也是危险的。

现在，我们看一下在俄瑞斯忒斯的审判过程中第四个也是最后一个发言者。这最后一个演说者的情况与狄俄墨得斯相类似：他在阿尔戈斯的政治世界中扮演了狄俄墨得斯在荷马世界的角色。作为一种"社会类型"的正面直言者，他具有以下特征。

首先，他"外表并不好看，却是个勇敢的男子汉"[μορΦή μέν ούκ ευωπός άνδρείος δ'άνήρ][I. 918]。不同于女人，他不是用来赏心悦目的，而是一个"充满男子气概的男人"，是一个勇敢的男子汉。这里，欧里庇得斯玩弄起άνδρεία（男子气概或勇气）一词的词源游戏，它源自于άνήρ。Άνήρ意

---

[1] Plato, *letters* (VII). Trans. L. A. Post, 336b. Cf. *Laws*, 668c.

思是"(男)人"(它的反义词是"女人",而不是"野兽")。对希腊人而言,勇气是一种男人才具有的品质,据说女人并不拥有。

其次,他是"那种在街上或是市场集会[ἀγορά]中很少碰到的人"[I. 919]。所以,作为使用正面直言的代表,他并不是那类将自己的大部分时间花在市集上(agora)的职业政治家——市集是人们聚集在一起召开公民大会展开政治商讨和辩论的场所。他也不是那种赤贫的人,这种人出现在市集上参加公民大会(ekklesia)是为了领取赏金,除此之外没有任何其他谋生手段。他参加公民大会仅仅是为了在关键时刻参与城邦的重要决策。他并不以政治为稻粱谋。

再次,他是一个"autourgos"[ἀυτουργός]——"一个体力劳动者"[I. 920]。autourgos一词指的是在自己的土地上劳作的人,这个词语指称一个特定的社会类型——这既不是无所事事的大地主也不是纯粹的农民,而是依靠自己的双手在自己的土地上工作与生活的土地所有者,间或需要仆人或奴隶的帮忙。这样的土地所有者——他们大部分时间都在田间自己耕作以及监督仆人耕作——在色诺芬的《家政学》(*Oeconomicus*)[1]

---

[1] Cf. Xenophon, *Oeconomicus*, Tr.ms. Carnes Lord, Chapter V.

中得到高度赞扬。《俄瑞斯忒斯》一剧最有趣之处在于，欧里庇得斯特别强调了这类土地所有者所具有的政治才能，提到了他们的三个品质。

第一，他们比其他任何人都愿意出征打仗，为了城邦而战。当然，欧里庇得斯并没有合理地解释他们为什么会这样；但是，我们看色诺芬在《家政学》一书中对autourgos的描绘，里面给出了一些理由。[1] 其中最主要的一种解释是，自己耕作土地的地主天然热衷于抵御外侵、保家卫国——他们不同于商店店主以及居住在城邦中没有土地的人，因为这些人并没有自己的土地，也就不太关心敌人是否洗掠乡村。但是，那些像农民一样辛勤耕作的地主，即使连敌人有可能践踏农场、烧毁作物、屠杀牛羊等等这样的想法都绝对不能容忍；因此，他们能够成为优秀的战士。

第二，autourgos"精明强干，论辩认真负责"[I. 921]，也就是说他能够使用语言提出对城邦有益的建议。正如色诺芬所解释的，这样的地主习惯于给他们的仆人发出指令，善于因地制宜地做出决定。因此，他们不仅是优秀的战士，还是优秀的领导者。那么，只要他们在公民大会上

---

[1] Cf. Xenophon, *Oeconomicus*, Tr.ms. Carnes Lord, Chapter XXI.

开口发言，他们就不会使用thorubos；他们所说的都是重要的、合理的，因此会给出好的建议。另外，这最后一个演说者还是一个德和正直的人："品行无暇，行为无可指摘"[I. 922]。

关于autourgos的最后一点在于：与他前面那个发言者要求判决厄勒克特拉和俄瑞斯忒斯用石头砸死正相反，这个土地所有者不仅呼吁俄瑞斯忒斯无罪释放，而且坚持认为俄瑞斯忒斯应该为自己所做的事"被授予花冠"。要理解autourgos这一陈述的意义之所在，我们需要认识到，在俄瑞斯忒斯的审判中，雅典听众——生活在伯罗奔尼撒战争期间——最关心的是要战争还是要和平的问题：对于俄瑞斯忒斯的决定是会挑起事端、导致双方敌意的加深，正如在战争中那样，还是会带来和平？autourgos无罪释放的建议象征着求和平的意志。但他也指出，俄瑞斯忒斯应该为他杀死克吕泰涅斯特拉的事被授予花冠，"因为如果让没去征战的男人引诱了他们放心留下看家的妻子，从而使勇敢的人蒙受屈辱，丈夫们就绝不肯拿起武器，离家出去征战"[II. 925—929]。我们一定要记得，阿伽门农从特洛伊战场上刚回到家就被埃奎葵斯托斯谋杀了；在他远离家乡与敌人激战的时候，克吕泰涅斯特拉却与埃奎葵斯托斯暗通款曲、勾搭成奸,厮混在一起。

现在,我们可以非常清晰地看到上述场景的历史与政治语境。这部戏剧是公元前408年写成的,当时雅典与斯巴达在伯罗奔尼撒战争中激战正酣。此时,两个城邦已经战斗了二十三年之久,期间偶有停战。雅典在公元前413年曾遭受到毁灭性的打击,到公元前408年,其海军实力有所恢复;但陆上情况不是很好,对斯巴达的入侵并无招架之力。尽管如此,斯巴达多次向雅典提出停战协议。因此,当时的雅典,在继续迎战还是和平停战问题上,大家争执不休、各持一词。

在雅典,民主派很明显出于经济原因希望继续战争;因为这个派系大体上受到街头小贩、小店店主、商家巨贾以及那些对雅典帝国主义扩张感兴趣的人的支持。保守的贵族派赞同和平,因为他们从大地主以及那些希望与斯巴达和平共处的人那里获得支持,其中有些人还希望雅典政制在某些方面可以向斯巴达政制靠拢。

民主派的领导者是克里奥丰(Cleophon)——他不是雅典本土人,而是一个后来取得公民身份的异邦者。他拥有出色的辩才,并且极具煽动性,但却口碑不佳,同时代人对他生活的描述颇为不堪(例如,据说他没有足够的勇气成为一名战士,在与男人的性关系中总是扮演被动的角色,等等)。所以你们可以看出,第三个演说者(即负面直言者)的所有特征都可以在克里奥丰身上找到。

保守派的领导者是塞拉门尼斯(Theramenes)——他想要恢复公元前六世纪倾向于温和寡头制的雅典政制。根据他的建议,城邦主要的公民及政治权利应该由地主所专有。因此,autourgos(及正面直言者)的特征对应于塞拉门尼斯。[1]

所以,俄瑞斯忒斯的审判过程中存在的一个明显的问题就是民主派与保守派之间的争论:雅典应该继续与斯巴达战争,还是要和平?

直言的问题化置疑

欧里庇得斯的《伊翁》一剧大概写于公元前418年(比《俄瑞斯忒斯》早十年写成),其中,直言一词只具有正面的意义或价值。正如我们所见,它既是一种言说自己真实想

---

[1] 根据福柯的规划,言说者的演替可以归置如下:

直言

	负面意义	正面意义
神话人物	塔尔提比俄斯	狄俄墨得斯
政治-社会类型	amathes parrhesiastes	aurourgos
影射的政治人物	[克里奥丰]	[塞拉门尼斯]

法的自由，又是赋予雅典优秀公民的一项特权——伊翁期望能够享有这项特权。直言者能够言说事实真相的原因只是在于他是一位好公民，出身高贵，在城邦中享有盛誉，并且尊重法律及真理。对伊翁而言，问题的关键是，为了承担起他自然应有的直言者角色，首先就必须找出他出身的真相。可是，由于阿波罗并不想要揭露这一真相，克瑞乌萨就不得不在大庭广众之下以谴责神明的方式来使用直言，从而揭露伊翁是如何出生的。这样一来，伊翁的直言者角色就在神明与凡人的对抗游戏中得以确定了，其基础就是雅典的本土出身。因此，在这第一个关于直言的概念中，并不存在后来才出现的对直言的"问题化置疑"。

然而，在《俄瑞斯忒斯》一剧中，直言内部存在一种分裂，这一词语本身分裂为正面的与负面的这两种意义；并且，直言问题仅仅发生在关于人类直言者的角色这一领域内（而与神明无关）。这种直言功能的危机有两个主要方面。

首先有关于这一问题：谁才有资格使用直言？是否应该将直言仅仅看作是一种公民权利，任何一个公民只要愿意都可以在公民大会上加以使用进行言说？还是应该根据公民的社会地位或是个人品德，将直言专门赋予某些公民？这样，就产生了一种矛盾或冲突：直言应该是平等制度内人人都能使用的一种权利呢,还是必须在公民之中挑选出那些在社会地位及个人品质方面突出的人,使其使用直言,从而真正给城邦带来益处?这一矛盾或冲突致使直言成为一个需要探讨、急需应对的问题。因为,直言不同于"isonomia"(法律面前人人平等)和"isegoria"(人人享有言说自己想法的权利),它当时并没有在制度上得以明确界定,例如,当时并没有明确的法律条款来保护直言者,使其免受潜在的报复或惩罚。由此,在法律(nomos)与真理(aletheia)的关系上也出现一个难题:怎样有可能赋予与真理相关的人以法律形式?存在各种有关有效推论的成文法,但却没有任何社会的、政治的,或是制度的法律来断定谁能够言说真理。

直言功能危机的第二个方面关涉"直言"与"学识"[mathesis](知识与教育)之间的关系——也就是说,直言本身不再被认为足以揭示事实真相了。直言者与真理之间的关系不再仅仅建立于绝对的坦诚或彻底的勇气基础之上,现在两者之间的关系需要教育的介入,这种教育更广义上说是某种形式的私人教导。但是,需要哪种具体的私人教导或教育形式呢?这在当时并不清晰,还是个悬而未决的问题。在《俄瑞斯忒斯》一剧中,"学识"看上去并不是苏格拉底或柏拉图意义上的一个概念,而是指剧中"autourgos"

这类人所具有的那种生活体验。

那么,我想我们现在可以将围绕着"直言"所引发的危机看作是一个真理问题:在一个人人都能平等发表意见的制度结构内,如何辨识出有能力言说真相的那个人。民主制本身不可能判定谁才有言说真理的独特品性(而只有这种人才拥有言说真理的权利)。直言是一种言语行为,是指言说过程中绝对的坦诚,但它本身也不足以揭露事实真相,因为在言说过程中,也可能产生那种负面的直言类型,即愚鲁无知的信口雌黄。

直言的危机出现于对民主制与对真理双重质询的十字路口处,这导致了在公元前五世纪末的雅典,对自由、权力、民主制、教育及真理之间关系的问题化置疑,而这种关系以前并不是一个亟须应对的问题。以前问题的关键是,在神的沉默面前,人们如何能够获得直言;而现在我们则将重心转移到对直言本身的问题化置疑,也就是说,直言本身成为一个亟须应对的问题,在直言内部产生了一种断裂。

我并不是要暗示说,直言只是在危机发生的这一刻才作为一个明确的概念出现的——就像是说,希腊人以前从未有过任何连贯一致的关于言语自由或是关于自由言说之价值的观念。我的意思是,言说行为、教育、自由、权力及现存体制之间的关系成为一个新的亟需应对的问题，需要加以问题化置疑，而这一问题化置疑则标志着雅典人在理解言论自由的方式方面产生了危机。同时，这一问题化置疑也需要或逼促人们用一种新的方式来关注或质询上述各种关系。

我特别强调这一点，至少是基于下面这一方法论的原因。我想要在"观念史"与"思想史"之间加以明确区分。大多数时候，一个观念史学家试图判定一个特定概念是何时出现的，而这一时刻通常伴随着某个新词的出现。可是，作为一名思想史学者，我一直试图去做的事情与此不同。我尝试去分析的是这一现象：对那些以某种特定方式行事、拥有某种特定习性、从事某种特定实践、投身某种特定机制中的人来说，这些机制、实践、习惯及行为是如何成为一个问题的。观念史关涉的是对某一概念的分析，分析它是如何产生的、是怎样发展的，在它产生的过程中与其他观念的关系是怎样的。思想史分析的是某一未被问题化的经验领域或一系列的实践类型（这些经验与实践曾经被认为是理所当然、习以为常、"寂然无声"的）是如何成为一个亟需应对的问题，从而引发一系列的探讨与争论、煽动新的应对与反应，并且致使以前"寂然无声"的各种行为、习惯、实践及制度产生危机。从这个意义上理解，思想史的工作就是要研究人们是怎样开始关注某事，如何开始忧虑这事或那事的——譬如，疯癫、犯罪、性、他们自身，或者真理。

3．结语

关于这次研讨班，我再交代几句。首先，出发点问题。我的意图并非要解决真理问题，而是要探讨真理言说者（truth-teller）或作为一种行为活动的真理言说（truth-telling）这一问题。我的意思是，在我看来，这并不是要分析各种内部或外部标准——这些标准能够使希腊人、罗马人或其他什么人认识到一个陈述或命题是否为真。对我而言，以下问题才是需要探讨的重点：人们是如何试图将真理言说看作是一种特殊的行为活动或一种功能的？但即便是要探讨一个社会中真理言说者发挥何种作用或扮演何种角色，在这一普遍性问题框架之下，我们也可以从不同的角度加以具体分析。譬如，我完全可以就希腊社会、基督教社会、非基督教社会中真理言说者的作用和地位加以比较——先知作为真理言说者的作用，传神谕者作为真理言说者的作用，诗人、专家、牧师的作用，等等。但事实上，我并不打算对不同社会中真理言说者所发挥的不同作用进行社会学描述。我要分析的是，在希腊哲学中，真理言说者的作用是如何从不同的角度被加以置疑探讨的。我想向你们表明，如若希腊哲学从真实陈述和合理论证的标准这一角度提出了真理问题，那么它同时也从作为一种行为活动的真理言说这一视角对真理问题进行了探讨。它提出了这样的问题：谁能够言说真理？某人自认为及被认为是真理言说者需具备何种道德、伦理和精神条件？在何种话题上，言说真理才是当务之急？（关于世界、自然、城邦、行为、人？）言说真理的后果是什么？对城邦、城邦统治者、个体而言，它预期的积极效果何在？等等。最后：真理言说活动与行使权力之间的关系是怎样的？真理言说是否应该卷入权力的行使，或者两者之间能够单独进行、相互分离？它们互不相关还是彼此需要？似乎围绕着苏格拉底，特别是透过他与智者学派关于政治、修辞和伦理的一系列交锋，作为一种行为活动的真理言说所涉及的这四个问题——谁能够言说真理？言说何种真理？后果是什么？与权力的关系是怎样的？——在公元前五世纪末突显为诸种哲学论题。

对真理的问题化置疑（problematization）标明前苏格拉底哲学的终结以及我们当前时代哲学的开端，我的意思是，这种对真理的问题化置疑拥有两个方面，呈现两种风貌。一方面，它关注的是如何确保推理过程的准确性，以此判定一个陈述是否为真（或是说，它关注我们获取真理的能力）；另一方面，它关涉这样一个问题：对个人或社会来说，言说真理、认识真相、拥有讲真话的人以及知道该如何认出他们，这一切的重要性何在？考察前者，即关注如何确保判定一个陈述为真，我们可以发现西方哲学中一个伟大传统的根源，我称这一传统为"真理的分析学"（analytics of truth）。另一方面，从后者出发，即重点关注言说真理、认识到谁能够言说真理以及认识到为何我们应该言说真理这些问题的重要性，我们找到了可称之为西方"批判"传统的根源之所在。正是在这一点上，你们将会看到，我在这次研讨班的目标之一是要建构一种西方哲学中批判态度的谱系。而这构成了这次研讨班的总目标。

从方法论的角度来看，我想重点强调下面这一主题。你们可能已经注意到，在研讨班上我频繁使用"问题化"（problematization）一词，但并没有详细解释它的意思。我曾经非常简略地提过，我的大部分工作并非是要分析过去的人的行为（这属于社会史领域），也不是它们诸多表征价值中的各类观念。从一开始，我试图去做的是要分析"问题化"这一过程——也就是说，某些事物（行为、现象、过程）是为何及如何成为一个问题的。[1]例如，在某一特定的历史时期，为何某些行为方式被标类为"疯癫"，而其他类似的行为则完全被忽略；同样的情形也可见之于犯罪及过失行为，对"性"我们也可以进行同样的问题化置疑。

有些人将这种类型的分析阐释为一种"历史唯心主义"，但我认为这种分析迥异于此。因为，当我说我正在研究疯癫、犯罪或性的"问题化"的时候，并不是要否认这些现象的真实性。正相反，我试图证明，这些都是这个世界中的真实存在，只不过在某一特定时期，成为了社会规制的对象。我提出的是这样一种问题：例如，这个世界中某些如此不同的事物是如何及为何被整合在一起加以标类、分析，并被认为是"精神疾病"的？对于某个特定的"问题化"而言，与之相关的元素是什么？即便我要说，被描述为"精神分裂症"的事物在这个世界上不会有某种真实的对应物，这也与唯心主义无关。因为，我认为在被问题化置疑的事物与问题化的过程之间存在某种联系。问题化是对某一具体且真实的境况的"回答"。

还有一种错误的解释，认为我对某一特定问题化的分析

---

[1] Cf. Michel Foucault, *L'Usage des Plaisirs*, 16-19.

缺乏任何历史背景，率性而为、漫无边际，好像从天而降的自发过程。但事实绝非如此，例如，我曾试图展示，18世纪末对疾病或身体病患的新的问题化置疑与以下问题直接有关：各种纷纭复杂的实践发生了何种变更？对疾病发展出何种新的社会反映？这些进程提出了何种挑战？等等。但我认为，我们必须非常清晰地认识到，某一特定的问题化并不是一种历史背景或历史境况的效应或后果，而是某些确定个体所给出的一种应答（尽管你们可能会发现，这同一种应答出现在各色文本中，在某种意义上，它变得如此普遍、广为人知以至于无从考据其具体出处）。

例如，关于某一特定时期直言是如何被问题化置疑的，我们看到苏格拉底—柏拉图曾具体回答过如下问题：我们如何能够确定某人是一个直言者？城邦中拥有一个直言者的重要性是什么？如何培养一名优秀的直言者？——所有这些问题，苏格拉底或柏拉图都曾给出过答案。这并不是一种集体应答，并非来源于任何形式的集体无意识。但是，说某一应答既不是一种表征亦非某一情景的效应，这并不意味它什么都不回答，并不意味着它仅仅是一个梦或是一种"反创造"。问题化总是一种创造；但却是如下意义上的创造：即使给出了某种特定情景，你也无法推断这种类型的问题化置疑会随之而来；即便面对某一问题化，你也只能知道这只不过是对这个世界某一具体而特定方面的某种应答。在问题化置疑的过程中，存在着思想与现实的某种关系。这就是为何我认为有可能分析某种具体的问题化，将之作为对某种特定情景的历史回答——某种新颖的、具体的、独特的思想应答。在本次研讨班上，我梳理了各种对直言的问题化置疑方式，其中，我竭力分析的正是真理与现实之间的这种特定关系。

（杜玉生　尉光吉　译）

说真话的勇气

编者按

本文选自福柯：《说真话的勇气（对自我和他人治理之二）：法兰西学院讲演1983—1984》，格雷厄姆·伯切尔英译，帕尔格雷夫·麦克米兰出版社2011年版。在1982—1983的演讲《对自我和他人的治理》中，福柯也大量地讨论了直言的问题。这年度的讲座与上一年度的讲座密切相关。可参看本书中前面一篇《何谓直言？》。

[……]^[1]今年我想继续"直言",也就是"说真话"^[2]这一我去年开始谈论的主题。我要作的讲座无疑有些与时代脱节,因为它们处理的是我希望已经处理完的[关于古代文化的]东西;在数年漫长的希腊—拉丁之"旅"^[3]后,我希望在某种程度上处理完这些东西,以便回到一些当代的问题。我或者将在课程的第二部分,或者也许以研讨班

---

[1] 福柯这场演讲的开场白如下:
——我不能够像以前那样在一月初开始我的讲座。我生病了,真的生病了。坊间谣 传说,改变讲演日期是我用以摆脱一些听众的一个办法。一点也不是这样。我真的生病了。因此我请求你接受我的道歉。我还看到没有解决好地点的问题。另外的房间没有开吗?你们问了吗?回复清楚吗?
[听众回答]——哦,是的。
——它会不会开?
——是的,如果我们提出请求。
——如果我们提出请求……那么我更要抱歉了,因为我原以为它会自动开放的。如果你们去看看,是否现在,或许下一个小时它可以开放,这会给你们造成困扰吗?让你们跑这儿来,可是这里的物质条件却是如此的糟糕,我对此感到很遗憾。

[2] 福柯在讲演中不断提到的"truth"一词,多用在"tell the truth"、"truth-telling"这样的表达里面,本译文一般将此类表达译为"说真话"或"言说真相";对福柯的重要表达"tell the truth about oneself",本译文通译为"述说自己之真"(意为"讲述关于自己的真话/真")。视上下文,本译文也经常把"truth"一词译为"真理"、"真实",例如在本次讲演中,福柯谈到几位学者或语法学家教授他们所认定的"truth";此时的"truth"一词,译者就译为"真理"或"真实",而不译为"真话"或"真相"。福柯所讨论的"parrhēsia"一词,本译文译为"直言",取"直言"一词在汉语语境中隐含"可能冒犯别人"之意。在讲演中,福柯认为"直言"与勇气有关,在进行直言的时候,直言者冒着打破和结束与他者的关系的危险,甚至冒着生命危险。汉译中也有把"parrhēsia"译为"诚言"、"坦白"、"直率"、"讲真话"的。对原文中一些关键性术语及表述的中译,青年学者黄积鑫学友提出了中肯的意见和建议,谨此致谢! ——译注

[3] 福柯在讲演中使用的是英文"trip"一词。从1981年1月的"主体性和真理"(Subjectivité et Vérité)讲演开始,福柯致力于探讨古代思想。见福柯《谈话与写作》中的课程提要(*Dits et Écrits, 1954–1988*, eds. D. Defert and F. Ewald (Paris: Gallimard, 1994) vol. 4, pp. 213- 218)。英译见 Robert Hurley 翻译的《主体性与真理》("Subjectivity and Truth"), in *The Essential Works of Michel Foucault, 1954- 1984*, vol. 1: *Ethics*: *Subjectivity and Truth*, ed. Paul Rabinow (New York: The New Press, 1997) pp. 87-92。

的形式处理这些当代的问题。

　　那么,我要对你们作一些说明。大家知道,按照规则,法兰西学院的讲座都是而且必须是面对公众开放的。因此所有人,不管是不是法国公民,都有权来听,这很对。法兰西学院的教授有义务在这些公开讲座中定期报告他们的研究成果。然而,这一原则造成了一些问题和困难,因为人们从事的工作,从事的研究——尤其是[关于]像我先前处理,现在我又想回到的那些问题,也就是说对现代社会中的某些实践和体制的分析——越来越需要集体的努力,这当然只能以不公开的研讨班的形式进行,而不是在像这样的一间房子里,面对这么多人的形式进行[1]。我不想隐瞒这一事实,就是我会提出问题,就是将我在这里的工作划分为两类是否可能,是否从制度上可以接受:一类是面对公众的公开讲座,我再说一次,这些公开讲座是我工作的一部分,也是你们的权力,另一类则是限于小范围的研究小组的讲座,这些小组

---

[1] 在上一年,面对同样的困难,福柯已经要求在主要课程之外,举行小规模的、仅由研究相关主题的研究人员组成的研讨班,参见福柯《对自我和他人的治理》。See Le Gouvernement de soi et des autres. Cours au Collège de France, 1982-1983, ed. Frédéric Gros (Paris: Gallimard- Le Seuil, 2008) 第 3 页(1983 年 1 月 5 日讲演。第 1 个小时)与第 68 页(1983 年 1 月 12 日讲演,第 2 个小时); Graham Burchell 英译, *The Government of Self and Others. Lectures at the Collège de France, 1982-1983*, ed. Frédéric Gros, English series editor Arnold I. Davidson (London: Palgrave Macmillan, 2010) p. 1 and p. 70.

由对研究的问题有着更为专业兴趣的学者或研究人员组成。面对公众的讲座，可以说是在小组中的某种程度上更具秘传性的工作之公开版本。总之，我不知道我要做多少个公开讲座，也不知道这将持续多久。因此，如果你们愿意，那就让我们继续吧，到时我们就知道了。

今年我想继续关于"自由言说"（free-spokenness, 法语"franc-parler"："直言不讳"）的研究，继续关于作为真话/真理言说模式的"直言"（parrhēsia）的研究。我将为去年没有到这里听我讲座的人，重述我在这个问题上的大致思想。对那些声称而且也被认为是真实的话语之特有结构的分析，既是有趣的，也是重要的，这一点绝对是千真万确的。宽泛地说，我们可以将对这些结构的分析称为一种认识论的分析。另一方面，对我来说，分析这一行为类型的诸种条件和形式，也同样是有趣的。通过这一行为类型的诸种条件和形式，当言说真相的时候，主体就**呈现**[1]了他自己；我是说，通过这一行为类型的诸种条件和形式，主体认为自己言说了真相，也被他人承认为言说了真相。与其说分析一种话语藉以被承认为真的诸种形式，不如说这涉及分析

---

[1] 此处原文"manifests"是斜体，现改标黑体。——译注

这么一种形式：以这种形式，在他言说真相的行为中，个体将自己建构为，也为他人建构为真理话语的一个主体；以这种形式，他向自己展示，也向他人展示自己是讲真话的人；这也涉及分析讲真话的主体的形式。与对认识论结构的研究不同，对这一领域的分析可以被称为是对各种"真理程序"（"alethurgic"）形式的研究。我在此使用的是我去年或两年前评论过的一个单词。从词源学上来讲，真理程序是真理的生产，是一种真理得以呈现的行为[1]。所以，让我们把聚焦于"认识论的结构"的那种分析放到一边，转而开始分析"真理程序形式"。这是我用以研究"直言"的观念和实践的框架，但是对去年不在这里听课的你们中的那些人，我要回顾一下，我是如何抵达这一问题的。我是从居于西方哲学核心之处的一个古老的、传统的问题，也就是主体和真理的关系问题出发，抵达这一问题的。我首先是以经典的、惯常的和传统的术语提出和处理这一问题的。也就是说，基

---

[1] 关于"alethurgy"（"真理程序"）的概念，福柯在 1980 年 1 月 23 日的法兰西学院讲演中说："通过从'alēthourgēs'一词生造新词'alēthourgia'，我们可以将一套可能的言语或非言语的程序称为'alethurgy'，通过这套程序，人们可以揭示被设定为真的，与假的、隐匿的、不能以言语表达的、不可预见的，或被遗忘之物不同的东西。我们可以称'alethurgy'为那套程序；没有像类似'alethurgy'的东西，就不会有权力的实施。"[从"alethurgy"的构词来看，alethurgy=alethic + liturgy，"alethic"源自古希腊语"alētheia"（"真理的"），"liturgy"源自古希腊语"leitourgia"（"仪式"）。——译注]

于何种实践，通过何种话语，我们试图讲述关于主体的真理？由此，基于何种实践，通过何种话语，我们试图讲述关于疯狂的主体或者犯罪的主体的真理？[1]基于何种话语实践，言说的、劳作的和生活的主体被构建为一个可能的知识（savoir）客体？[2]这是我一段时间内试图涉及的研究领域。

然后，我试图以另外一种形式来设想这同一个主体/真理关系的问题：不是这样一种真理话语的形式，即以此种真理话语的形式，关于主体的真理能够被告知；而是另一种真理话语的形式：即主体有可能且能够谈论他自身，这种真理话语的形式或许譬如是坦白（avowal）[3]、忏悔，或内心

---

[1] 见福柯《疯癫史》，《规训与惩罚：监狱的诞生》：M. Foucault, *Histoire de la folie à l'âge classique* (Paris: Plon, 1961; Gallimard, 1972); Jonathan Murphy and and Jean Khalfa 英译 *History of Madness* (London: Routledge, 2005); M. Foucault, *Surveiller et Punir* (Paris: Gallimard, 1975); Alan Sheridan, *Discipline and Punish: Birth of the Prison* (London: Allen Lane and New York: Pantheon, 1977, reprinted Harmondsworth: Peregrine, 1979).

[2] 见福柯《词与物》：M. Foucault, *Les Mots et les Choses* (Paris: Gallimard, 1966); Alan Sheridan, *The Order of Things* (London: Tavistock, and New York: Pantheon, 1970). 关于对"言说的、劳作的和生活的主体"的分析之类似表述，见基本上由福柯本人撰写的词条"福柯"，在 *Dits et Écrits*, vol. IV, p. 633；Robert Hurley 对该词条的英译，见《福柯作品精选》第 2 卷。See "Foucault" in *The Essential Works of Foucault, 1954-1984, vol. 2: Aesthetics, Method, and Epistemology*, ed. James D. Faubion (New York: The New Press, 1998), p. 460.

[3] 福柯对作为一种真理话语形式的"坦白"的讨论，见 2014 年芝加哥大学出版社出版的《做错事，讲真话：坦白在正义中的作用》（*Wrong-Doing, Truth-Telling: The Function of Avowal in Justice*）一书，该书收录的是福柯 1981 年在比利时天主教鲁汶大学所做的一系列讲座。——译注

审视（examination of conscience）。这是对主体关于他自身的真实话语的分析，显而易见这一话语对于刑事实践或者在性经验领域中的重要性。

在前些年的讲座中，这一主题，这一问题，使我试图历史地分析"述说自己之真"的实践。在进行这一分析的时候，我注意到一些全然意料之外的东西。更准确地说，很容易在希腊和罗马文化中，在一切古代的道德中发现这样一个重要原则，就是人们应当"述说自己之真"。为了支持和例证在古代文化中这一原则相当重要这一说法，我们可以举出被如此频繁、持久和连续推荐的内心审视的实践。这种内心审视为毕达哥拉斯学派或者斯多葛学派所规定，其中斯多葛学派的塞涅卡为此提供了极为精致的例子，它也在马可·奥勒留（Marcus Aurelius）那里被再次发现[1]。我们也可以引证像通信，像交流道德、精神问题的书信往来这样的实践，这样的例子我们可以在塞涅卡、

---

[1] 关于作为一种精神训练的"内心审视"，见福柯1982年3月24日在法兰西学院的讲演（第2个小时），载福柯《主体解释学》：M. Foucault, *L'Herméneutique du sujet. Cours au Collège de France, 1981-1982*, ed. Frédéric Gros (Paris: Gallimard-Le Seuil, 2001) pp. 460-464；以及福柯1982年1月20日和27日在法兰西学院的讲演，ibid. pp. 86-87, 146-149, and 151-157；Graham Burchell, *The Hermeneutics of the Subject. Lectures at the Collège de France, 1981-1982* (New York: Palgrave Macmillan, 2001) pp. 480-485, and pp. 89-90, 151-154, and 157-163。

小普林尼（Pliny the Younger）、弗龙托[1]和马可·奥勒留那里找到[2]。作为"人们应当述说自己之真"这一原则的例证，我们还可以引证其他留下更少痕迹的、也许不太为人所知的实践，比如笔记，人们被建议保存的关于他们自己的日记：它们或者是作为对自己所经历或者阅读过的东西的回忆和思考之材料，或是作为梦醒之后对梦境的记录[3]。

因此很容易在古代文化中定位一套非常明晰和确实的、关涉到"述说自己之真"的实践。这些实践当然并不是鲜为人知的，我并不声称我发现了它们，我并不打算那样做。但是我认为存在着一种一贯的趋势：就是通过把"述说自

---

[1] 马可·弗龙托（Marcus Cornelius Fronto，100年—约170年），古罗马语法学家、修辞学家、辩护士，出生于基尔塔（Cirta）。早年曾在罗马城求学，以口才见长，被认为是仅次于西塞罗的天才演说家之一。曾于马可·奥勒留（Marcus Aurelius）和卢基乌斯·维鲁斯（Lucius Verus）身边供职。公元143年担任执政官。他凭借其才能积累了惊人的财富，但晚年生活凄凉，其作品现仅存残篇，包括致安托尼乌斯·比乌斯（Antoninus Pius）、马可·奥勒留、卢基乌斯·维鲁斯等人的一些书信。——译注
[2] 关于通信作为一种精神练习，见福柯1982年1月20日与27日的讲演，载福柯《主体解释学》: M. Foucault, *L'Herméneutique du sujet. Cours au Collège de France, 1981- 1982*, ed. Frédéric Gros (Paris: Gallimard- Le Seuil, 2001) . pp. 86- 87, 146- 149, and 151- 157; English translation by Graham Burchell as *The Hermeneutics of the Subject. Lectures at the Collège de France, 1981-1982* (New York: Palgrave Macmillan, 2001) pp. 89- 90, 151- 154, and 157-163.
[3] 关于"*hupomnêmata*"（笔记、备忘录）和其他的书写实践，见福柯1982年3月3日的讲演，in *ibid.*, Fr.pp 341- 345; Eng. pp. 358- 362, 以及《自我书写》: "L'écriture de soi" in *Dits et Écrits*, vol. IV, pp. 415-430; Robert Hurley, "Self Writing" in *The Essential Works of Foucault*, Vol. I, pp. 207- 222.["*hupomnêmata*"包括簿记、公共登记名册、语录、笔记等，被用于备忘者。福柯认为，这是一种内心审视的实践，目的是为了塑造自我。——译注]

己之真"的这些实践形式,似乎在某种程度上与一个中心轴联系起来,从而对这些实践形式进行分析。这一中心轴当然就是——这完全合理——苏格拉底"认识你自己"（know yourself）的原则：这些实践形式从而被视为"认识你自己"（gnōthi seauton）原则的说明、实现和具体的范例。但是我想,将这些实践置于一个更加广阔的的语境之中,会很有意思。这一语境由一个这样的原则所规定："认识你自己"本身只不过是其一种蕴涵。我想我在两年前的讲座中就试图阐明这一原则,这就是"epimeleia heautou"（关心自己,应用于自身）[1]。这一格言相当古远,在希腊和罗马文化中非常古老；在柏拉图的文本中,更准确来说,在苏格拉底的对话之中,通常是与"认识你自己"（gnōthi seauton）联系在一起的。我认为"epimeleia heautou"这一格言,"epimelē seautō"（关心你自己）这一原则导致了一种可以称之为"自我教化"（culture of

---

[1] 见福柯《主体解释学》,1982年1月的所有演讲。[福柯在此论述的是,应该把"认识你自己"（gnōthi seauton）放到"关心自己"（epimeleia heautou）这一更大的古希腊思想背景和框架下来理解,"认识你自己"（gnōthi seauton）在古希腊思想中不是独立的,后世历史和哲学传统大力强调"认识你自己",而不强调"关心自己",福柯认为这是建立了一种错误的连续性,是一种伪造的历史。对福柯来说,"关心自己"支撑着"认识你自己"；"认识自己"也只不过是"关心自己"的一种形式；包括"认识自己"在内的各种"关心自己"的活动,福柯统称为"自我实践"。——译注]

self）[1]的发展。在这一"自我教化"中，一整套的自我实践（practices of self）被构想、发展、实现和传播。在研究这些作为历史框架的自我实践之时——在这种历史框架中，"人们应当述说自己之真"这一指令得到发展——我看到了在"述说自己之真"的义务中，一个作为必不可少的伙伴，无论如何是必需的助手的形象，不断在场。更明确和更具体而言，我会说：对于"述说自己之真"的实践依赖和诉诸他者的在场，我们不必等到基督教，不必等到13世纪初忏悔的制度化[2]，不必等到牧师权力的组织和设置[3]；这一他

---

[1] 关于"自我教化"这一概念，见福柯1982年2月3日在法兰西学院的讲演，in *ibid.*, Fr. pp. 172-173; Eng. pp. 179-180；亦可见法国古代哲学史研究大家、法兰西学院教授阿多（Pierre Hadot）的文章《反思"自我教化"的观念》，载《哲学家福柯》一书：*Michel Foucault philosophe* [*Rencontre internationale Paris*, 9-11 January 1988] ed. *l'Association pour le Centre Michel Foucault* (Paris: Le Seuil, 1989); Timothy J. Armstrong 英译：*Michel Foucault Philosopher* (Hemel Hempstead: Harvester Wheatsheaf, 1992)。福柯的古代哲学研究很受阿多的影响。

[2] 关于这一历史，见福柯1975年2月19日在法兰西学院的讲演，in M. Foucault, *Les Anormaux. Cours au Collège de France, 1974-1975*, ed. Valerio Marchetti and Antonella Salomoni (Paris:Gallimard-Le Seuil, 1999) pp. 161-171; Graham Burchell, *Abnormal. Lectures at the Collège de France, 1974-1975* (New York: Picador, 2003) pp. 174-184. 亦见 M. Foucault, *La Volonté de Savoir* (Paris: Gallimard, 1976) the chapter "L'incitation aux discours"; Robert Hurley 英译：*The History of Sexuality, vol. 1: An Introduction* (New York: Pantheon, 1978 and Harmondsworth: Penguin, 1984), "The Incitement to Discourse."

[3] 关于牧师权力，见福柯1978年2月22日在法兰西学院的讲演，载其《安全、领土与人口》：*Security, Territory, Population. Lectures at the Collège de France, 1977-1978*, ed. Michel Senellart (Paris: Gallimard-Le Seuil, 2004); Graham Burchell 英译作 *Security, Territory, Population. Lectures at the Collège de France, 1977-1978*, English series editor Arnold I. Davidson (Basingstoke: Palgrave Macmillan, 2007). See also, "Omnes et singulatim" trans. P.E. Dauzat, in *Dits et Écrits, vol. IV*, pp. 136-147; Original English version, " 'Omnes et singulatim': Toward a Critique of Political Reason" in *The Essential Works of Foucault, 1954-1984, vol. 3: Power*, ed. James D. Faubion (New York: New Press, 2000) pp. 300-315.

者倾听着，也迫使人们去言说，他也言说自己。在古代文化中，由此在基督教出现很久以前，"述说自己之真"是一种涉及几个人的活动，是和他人一起进行的活动，甚至更准确地说，是与另一个人共同进行的一种活动，是一种两个人的活动。正是这一在场的他者，这一在"述说自己之真"的实践中必定在场的他者，攫取和持续吸引了我的注意力。

这一对于我能够"述说自己之真"如此必要的他人，其身份和存在明显造成了一些问题。因为如果这是真的，就是说，我们相对而言熟悉基督教文化中对于"述说自己之真"显得必要的那个他者——在基督教文化中，他采取了告解神父或者是灵性导师这样的制度性形式；如果说在现代文化中，很容易辨认出这一其身份和功能无疑应当得到更精确分析的他者——这一对于我能够"述说自己之真"不可或缺的他者，不管他是扮演医生、精神病学家、心理学家或是精神分析学家的角色——那么这并不很容易分析。另一方面，在古代文化中，这一他者的角色尽管可以很好地得到证实，但是我们不得不承认，其状态更加易变、模糊，更不明确和更不制度化。在古代文化中，这一对于我能够"述说自己之真"是必要的他者，可能是一名职业的哲学家，但也可以是任何人。例如你想想盖伦（Galen）论治疗错误和激情的文字，其中他说，为着"述说自己之真"，为着认识自己，我们需要别人，这种别人我们几乎在任何地方都可以找到，只要这个人足够年长，足够稳重[1]。这个人也许是一个职业的哲学家，或者他也许只是任何一个人。他或许是一名教师，或多或少是一个被体制化了的教育结构的组成部分（比如指导着一个学校的爱比克泰德[2]），但是他也许是一个私人的朋友，或者一个爱人。他或许是一个尚未完全成熟的、尚未在生活中作出基本选择的、还不是他自己之完全主宰的年轻人的临时指导人，但是他也可能是一位永久的顾问，能够伴随某个人一生，引导这人，至死方休。例如你想想犬儒学派的狄米特里乌斯（the Cynic Demetrius），他是特拉塞亚·帕埃图斯（Thrasea Paetus），一世纪中期的罗马政治生活中一位重要人物的顾问；狄米特里乌斯作帕埃图斯的顾问，一直到帕埃图斯自杀身亡的那一天——因为帕埃

---

[1] 盖伦：《论灵魂的激情与错误》。Galien, *Traité des passions de l'âme et des erreurs*, trans. R. Van der Elst (Paris: Delagrave,1914); P.W. Harkins, *On the Passions and Errors of the Soul* (Columbus, Ohio: Ohio State University Press, 1963)。福柯对盖伦这一文本的分析，见 *L'Herméneutique du sujet*, pp. 378- 382; *The Hermeneutics of the Subject*, pp. 395- 398；福柯1983年1月12日在法兰西学院的讲演（第1个小时），in *Le Gouvernement de soi et des autres*, pp. 43- 45; *The Government of Self and Others*, pp. 43- 45.
[2] 关于爱比克泰德（Epictetus）的学校的组织情况，见福柯1982年1月27日在法兰西学院的讲演（第1个小时），in *L'Herméneutique du sujet*, pp. 133- 137; *The Hermeneutics of the Subject*, pp. 138- 142。

图斯自杀的时候，狄米特里乌斯在场，他自然地以苏格拉底式对话的方式，与帕埃图斯谈论灵魂的不朽，直到帕埃图斯咽下最后一口气[1]。

所以这一他者的身份是可变的。将其角色和实践孤立出来，并加以界定，也不更容易，因为从一个方面来说，它与教育相联系，也依赖于教育，但是它也是灵魂的向导。它也可以是一种政治建议。但是同样地，这一角色也许可以被隐喻式地呈现出来，甚至将自身展现和具体化为一种医学实践，因为它是一个关切灵魂的问题[2]，是一个专注于养生的问题[3]，它当然既包括对激情的养生，也包括饮食养生，以及全方位的生活模式。

无论如何，即便这一对于"述说自己之真"而言必不可少之他者的角色，是不确定的，或者是多面向的（polyvalent），如果你愿意这么理解的话，即便它以很多不同的面貌或形象呈现——医学的、政治的和教育的——这

---

[1] 关于这一形象，见 ibid., Fr. pp. 137-138; Eng. pp. 142-144。
[2] 关于"关切灵魂"（care of the soul）的这一"医疗"维度，见福柯于1982年1月20日在法兰西学院的讲演（第1个小时）中的澄清, ibid., Fr. pp. 93-96; Eng. pp. 97-100。
[3] 见福柯《快感的享用》一书之《一般养生法》（"Du régime en général"）一节。M. Foucault, *L'Usage des plaisirs* (Paris: Gallimard, 1984); Robert Hurley 英 译: "Regimen in General," *The Use of Pleasure* (New York: Random House, 1985, and Harmondsworth: Viking, 1986).

意味着不总是很容易地准确捕捉到他的角色到底是什么，即便如此，无论他的角色、身份、功能和形象是什么，这一他者拥有，或者毋宁说应当拥有一种特别的资格，使得他能够成为"述说自己之真"之实在的、有效的伙伴。基督教文化中的忏悔师或者是灵性导师的资格是由宗教机构给予的，与此不同，这一他者所拥有的资格不是由机构给予的，也与特别的精神力量的占有和运用无关。它也不是为心理学、精神病学，或者心理分析学之知识作保的一种机制性的资格。这一不确定的、相当模糊的和易变的他者所要求的资格是一种实践，是某种言说的方式，也就是准确来说被称为"直言"（自由言说，free-spokenness）的东西。

的确，我们现在很难重获"直言"的观念，重获这一自由言说的观念，它构建了对我能够"述说自己之真"所必不可少的那个他者的形象。然而，"直言"在拉丁和希腊语文本中留下了不少的痕迹。首先，这一观念明显体现在"直言"一词[在拉丁和希腊语文本中]的相当频繁的使用上，其次也体现在[拉丁和希腊语文本中]对这一观念的指涉上，甚至是在"直言"一词本身并未在行文中被使用的时候。我们会发现很多例子，尤其是在塞涅卡（Seneca）那里：在进行描绘和特征塑造的时候，"直言"的实践会相当明显地被拣选出来,但实际上并不使用"直言"这一单词本身,原因恰恰在于,希腊文的"直言"一词本身难以被翻译成拉丁文[1]。除了行文中出现"直言"一词或者指涉"直言"观念的那些文本之外,也有一些文本差不多完全致力于"直言"观念的论述。公元前一世纪伊壁鸠鲁学派的菲罗德谟斯著有《论直言》,但是令人悲哀的是,这本书的很大一部分都佚失了[2]。但是还有普鲁塔克的论文《如何区分奉承者和朋友》,这篇论文完全是对"直言"的分析,或者说是对两种完全相冲突的实践——奉承和"直言"(自由言说)的分析[3]。在我刚才提到的盖伦论治疗错误和激情的文本中,有一整节是专论"直言"的,专论如何选择那些

---

[1] 关于塞涅卡的 "libertas" 概念(拉丁文对 parrhēsia 一词的翻译),见福柯 1982 年 3 月 10 日在法兰西学院的讲演(第 2 个小时),载《主体解释学》(*L'Herméneutique du sujet*, pp. 382-388; *The Hermeneutics of the Subject*, pp. 398-405)。

[2] 菲罗德谟斯(Philodemus):古罗马时期伊壁鸠鲁学派的重要成员。叙利亚的加达拉(Gadara)人。大约出生于公元前 110 年,死于公元前 40 年。他在拿不勒斯建立了一个团体,成员中包括当时著名的罗马执政官庇索·凯索尼努斯(Calpurnius Piso Caesoninus)。西塞罗说他的诗歌在当时很受罗马人的欢迎。除擅写诗歌外,他主要致力于在罗马传播希腊哲学,著述众多。他从伊壁鸠鲁主义的立场出发,撰写过 10 卷本的《希腊思想家学说纲要》,另著有《论直言》(Peri parrhēsia,当代英译本作《菲罗德谟斯论率直批评》(*Philodemus on Frank Criticism*, Scholars Press, 1998)等。菲罗德谟斯的活动影响了当时罗马的许多杰出人物。福柯对菲罗德谟斯《论直言》的最初分析,见其《主体解释学》, Fr. pp. 370-374; Eng. pp. 387-391, 以及福柯 1983 年 1 月 12 日在法兰西学院的讲演(第 1 个小时),载《对自我和他人的治理》: Le Gouvernement de soi et des autres, pp. 45-46; *The Government of Self and Others*, pp. 41-59。——译注

[3] 对普鲁塔克这篇论文的分析,见福柯《主体解释学》, *L'Herméneutique du sujet*, pp. 357-358; *The Hermeneutics of the Subject*, pp. 373-374, 以及福柯 1983 年 3 月 2 日在法兰西学院的讲演,载其《对自我和他人的治理》。

有合适资格的人，那些人能够以及必须使用这种自由言说，以便相关的个体能够反过来"述说自己之真"，将自身建构成"述说自己之真"的主体。所以，这就是为什么我被吸引到集中研究"直言"这一观念上来，我视"直言"为"述说自己之真"的建构性元素，或者更准确地说，视为使得他者具有合适资格的元素：这一他者在"述说自己之真"的游戏（game）和责任中是必要的。

你们也许记得去年我分析了这一自由言说，分析了"直言"的实践，也分析了能够运用"直言"、被称为"直言者"（parrhesiast, parrhēsiastēs）的形象，"直言者"一词是后起的。古代之自我教养中的"直言"和"直言者"的研究，显而易见，是后世围绕一些著名对举而组织和发展起来的那些实践的一种前史，这些著名的对举包括：忏悔者和告解神父，被指引者和灵性导师，病人与精神病医生，患者和精神分析师。从某种意义上说，我想要写的正是这一前史。

直到那时，在我从此角度，来研究这一作为这些著名对举之前史的"直言性"实践的时候，我再一次意识到一些令我相当吃惊的事情，一些我没有预见到的事情。尽管"直言"在精神指导、灵性指引或者灵魂咨询的领域是一个重要的观念，但不管它在希腊尤其在罗马文献中如何重要，重要的是要认识到它的起源在别处，认识到它本质上、基本上，或者主要不是起源于灵性指引的实践。

去年我试图向你们指出，"直言"的观念首先基本是一个政治观念。对作为一个政治观念、政治概念的"直言"的分析，明显地使我有些偏离我当下的研究计划，也就是偏离对于"述说自己之真"的古代实践史的研究。但是另一方面，下面这一事实弥补了这一缺点：通过在政治实践的领域重新开始或承担对于"直言"的分析，我更加接近了一个主题，也就是归根结底总存在于我对主体和真理之间关系的分析之中的这一主题：对权力关系及权力关系在主体和真理之间的相互作用中所扮演角色的分析。有了最初源于政治实践和民主的问题化（problematization of democracy），然后向着个人伦理领域和道德主体的形成分叉的"直言"观念[1]，有了这一植根于政治、随后向着道德分叉演进的"直言"观念，非常概要地讲，我们就有了——这是我很感兴趣的，是我停下手头的工作来对此进行审视，并且依然在对此进行集中研究的原因——从可以被称为自我和他者

---

[1] 关于这一"分叉"的历史，见福柯于 1982 年 3 月 2 日在法兰西学院的讲演（第一个小时），载《对自我和他人的治理》（*Le Gouvernement de soi et des autres*, pp. 277- 282; *The Government of Self and Others*, pp. 299- 323 ）。

的治理之实践的角度,来提出主体和真理问题的可能性。由此,我们就回到了我多年前研究过的治理的主题[1]。在我看来,通过审视"直言"的观念,我们就能够明白真言(veridiction)[2]的模式、治理术技术的研究,以及自我实践形式的辨识是如何交缠在一起的。将真言的模式、治理术的技术,以及自我的实践联系到一起,大致说来,是我一直想要做的[3]。

就其牵涉到对真言的模式、治理术的技术,以及自我实践形式之间关系的分析这一意义上而言,你可以看到,将这种研究描绘成一种将知识化约为权力的企图,将它变成无主体的结构中的权力之面具,这完全是一种漫画手法。与之相反,这里面牵涉到的,是对三种不同元素之间的复杂关系的分析,这三种元素中的任何一个元素都不能被化约成另外的元素,或者被另外的元素所吸纳,它们之间的关系是互为组成部分。这三种元素是:按照其特有的真言模式而被研究的知识形式;权力关系,它不是被作为一种实质的和侵略性权力的发散之物来研究,而是在人们的行为以此被支配的规程

---

[1] 指福柯的法兰西学院讲演集《安全、领土与人口》。
[2] 真言,即真实话语。——译注。
[3] 福柯将"直言"视为研究"真言的模式、治理术的技术,以及自我的实践"这三者的结点。福柯类似的说法,见《对自我和他人的治理》(*Le Gouvernement de soi et des autres*, p. 42; *The Government of Self and Others*, p. 42)。

中来研究；最后是通过自我实践而进行的主体的形成模式。对我来说，通过这三重的理论转换，从获得的知识的主题转换到真言的主题，从宰制的主题转换到治理术的主题，从个体的主题转换到自我实践的主题，我们能够研究真理、权力和主体这三者之间的关系，而从来不会将它们中的任何一个化约为其他两者[1]。

现在，在回顾完一般的轨迹后，我想简要地提一提赋予"直言"以及"直言性"的角色以特点的一些关键性的因素。很简短，我讲几分钟；再一次地，为着那些去年没在这里听讲的听众，我要回顾一下我已经讲过的一些东西（对那些要再次听我讲这些东西的人，我表示道歉），然后我要尽快转到对同一个"直言"观念的另外一种看待方式。

你们记得，从词源学上来说，"直言"（parrhēsia）是指说出一切（pan rēma）的活动。"Parrhēsiazesthai"就是"告知一切"。"parrhēsiastēs"（直言者）是说出一切的人[2]。因此，

---

[1] 对这种研究方法的更详细一些的叙述，见福柯于 1983 年 1 月 5 日在法兰西学院的讲演的开始部分，*ibid.*, Fr. pp. 3-8; Eng. pp. 1-6。
[2] 对"*parrhēsiastēs*"（直言者）的最初定义，见福柯 1982 年 3 月在法兰西学院的讲演，载其《主体解释学》（*L'Herméneutique du sujet*, p. 348; *The Hermeneutics of the Subject*, p. 366）以及 1983 年 1 月的讲演，载其《对自我和他人的治理》（*Le Gouvernement de soi et des autres*, pp. 42-43; *The Government of Self and Others*, pp. 42-43）。

作为一个例子，狄摩西尼[1]在他的《论[伪]使节》[2]中说，有必要以"直言"来说话，在一切事情上不隐瞒，不隐藏任何东西[3]。类似地，在《第一篇反腓力辞》（First Philippic）中，他采用了完全一样的术语说，我要毫不隐瞒地告诉你们我所想的[4]。"直言者"即是告知一切的人。

但是我们应该立即加以说明，"直言"一词的使用可能有两种涵义。我想我们可以发现，这个词在贬义的意义上被使用，首先在阿里斯托芬那里，其后被用得非常普遍，甚至是在基督教文献里面。在贬义的意义上使用的时

---

[1] 狄摩西尼（Demosthenes，前384－前322），又译德摩斯梯尼。古雅典的雄辩家、政治家。早年随伊萨攸学习修辞，因口含石子在海边练习演说终成大演说家而闻名。后从政，为反对马其顿腓力二世入侵希腊，曾发表《反腓力辞》（分第一篇、第二篇、第三篇反腓力辞）等演说，动员舆论。曾任希腊联军统帅。喀罗尼亚战（前338）后逃亡海外。亚历山大死后，返雅典组织反马其顿运动，失败自杀。现存演说61篇。——译注
[2] 公元前343年狄摩西尼发表演说《论[伪]使节》（On the Embassy，亦作 On the False Embassy 和 On the Dishonest Embassy），控告雅典派遣与马其顿讲和的使节埃斯基涅斯等人在与马其顿国王腓力的谈判中通敌受贿，致使雅典利益受损。——译注
[3] 狄摩西尼说："雅典人，有必要坦率（meta parrhēsias）地说话，在任何事情面前都不要隐瞒。"Démosthène, Plaidoyers politique（《政治主张》）, vol. III, trans. G. Mathieu (Paris: Les Belles Lettres, 1972) p. 76, §237）Douglas M. MacDowell 英译为："雅典人，有必要自由地、不受拘束地对他们说话。"（狄摩西尼《论伪使节》）, in Demosthenes, On the False Embassy (Oration 19), ed. Douglas M. MacDowell (Oxford: Oxford University Press, 2000) p. 157。
[4] 狄摩西尼在《第一篇反腓力辞》中说："我刚才向你们毫不隐瞒地说了我的想法（panth'haplēs ouden huposteilamenos, peparrhēsiasmai）"（Démosthène, Première Philippique, §50, in Harangues, vol. I, trans. M. Croiset (Paris: Les Belles Lettres, 1965) p. 49）J.H. Vince 将这句话英译为："今天，我一无所隐，自由地说出了我坦率的意见。"（First Phillipic in Demosthenes. Orations, vol. I, §51 (Cambridge, Mass.: Harvard University Press, Loeb Classical Library, 1930) p. 99）。

候,"直言"一词确实是说出一切(everything),但是在说出"随便什么事情"(anything)的意义上而言的(在脑海中浮现的随便什么东西,随便什么可以服务于说话者辩护目标的东西,服务于驱使说话者说话的激情或者利益的随便什么东西)。"直言者"从而变成和显得像顽固的话匣子,是不能抑制自己的人,或者是无论如何都不能把自己的话语,与合理性和真理的原则挂起钩来的人。在伊索克拉底[1]那里有一个从贬义的意义来使用"直言"这一术语的例子(说出一切,说出随便什么事情,说出想到的无论什么东西,而不管任何理性或者真理),这就是他的《布西里斯》(Busiris),就中伊索克拉底说,不像那些将一切事物和随便什么事物,将一切和随便什么品质和缺点都绝对地归之于神祇的诗人们,人们不应该言说有关神祇的一切[2]。类似的,《理想国》的第8卷(我一会儿会

---

[1] 伊索克拉底(Isocrates,前436—前338),是希腊古典时代后期著名的雄辩家、修辞学家和教育家。他是智者普罗哥拉和高尔吉亚的学生,与苏格拉底亦有师生关系。公元前392年,以培养演说家为己任的伊索克拉底在雅典创设第一所修辞学校,这是古希腊最著名的学校之一,培养了许多著名的演说家和政治家。伊索克拉底本人一生写了许多演说词,其中最有名的是《全希腊盛会献词》、《泛雅典娜节献词》等,多是政论性文章、修辞学论文及法庭辩论。他的演说和信件(如《致腓力书》)是古代希腊政治思想的一个宝贵源泉。——译注
[2] 伊索克拉底说:"有关神祇,我们不要什么都说(tés d'eis tous theous parrhēsias oligōrésomen)。"(Isocrate, Busiris, §40, in Discours, vol. I, trans. G. Mathieu and E. Brémond (Paris: Les Belles Lettres, 1972) p. 198) Larue Van Hook 英译的《布西里斯》第125页说:"我们将不理会神祇信口开河的中伤。"(Isocrates, Busiris, in Isocrates, vol. III, (Cambridge, Mass.: Harvard University Press, Loeb Classical Library, 1945) p. 125)。

给出确切的引文，因为我将回到这一文本）有对坏的民主城邦的描述，这种城邦在不同的利益、激情和互相达不成一致意见的个体的作用下，显得乱七八糟、支离破碎、一盘散沙。"直言"在这种坏的民主城邦大行其道：任何人可以说随便什么事情[1]。

但是"直言"这一单词也从积极的意义上被使用，"直言"从而就是说真话，就是毫不隐瞒和保留地言说真相，不以虚浮的言说方式，或者不以可能对真相进行编码或遮蔽的修辞装饰来言说真相。于是，"说出一切"就是：说真话，而不隐瞒其中的任何部分，不把它隐藏在任何东西的后面。在《第二篇反腓力辞》（Second Philippic）中，狄摩西尼由此说到，不像坏的、说出随便什么东西而不将其话语与理性相联系的"直言者"，他，狄摩西尼，不想不带理性地说话，不想"求助于侮辱"，"以牙还牙"[2]（在那些那些声名狼藉的论辩中，只要有利于损害对手，有利于达成自己的目标，随便什么话都会说）。他不想这么

---

[1] 福柯对《理想国》这段的最初分析，见其1983年2月9日在法兰西学院的讲演（第一个小时），载其《对自我和他人的治理》（Le Gouvernement de soi et des autres, pp. 181-185; The Government of Self and Others, pp. 197-201）。
[2] Démosthène, Seconde Philippique, in Harangues, vol. II, trans. M. Croiset (Paris: Les Belles Lettres, 1965) §32, p. 34; J.H. Vince 英译的《第二篇反腓力辞》中说："我不会堕落到谩骂之中，那样我会使自己在你们面前遭受到[同样的]回敬。"（Demosthenes, The Second Phillipic, in Demosthenes. Orations, vol. I, p. 141）。

做，而是要以"直言"（meta parrhēsias）来告知真相（ta alethē，真的事物）。还有，他补充说，我一无所隐（oukh apokhrupsōmai）[1]。不隐瞒任何东西地言说真实，就是践行"直言"。"直言"因此是"告知一切"，但是与真理相联系的：告知全部的真理，不隐瞒任何真理，告知真理而不把它隐藏在任何东西后面。

但是，我不认为这足够作为对这一"直言"观念的描述和定义。实际上——先暂时把这一术语的消极性意义撇在一边——除了告知一切的规则和真理规则之外，还需要两个补充性的条件，我们才能从"直言"这一术语的积极意义来谈论"直言"。不仅这一真理必须真的是说话人的个人意见，而且他必须将其作为他所想的东西说出来，并且[不是]不情不愿[2]——这就使得他成为一位"直言者"。"直言者"给出他的意见，他说出他所想的，他可以说是在他所陈述的真理上签上了他个人的名字，他将自己绑定到这一真理

---

[1] 狄摩西尼说："啊！我要敞开心扉对你们说话，我请神灵作证，我不希望隐瞒任何东西（egō né tous theous taléthé meta parrhésias erō pros humas kai ouk apokrupsōmai）。"(Démosthène, Seconde Philippique, in Harangues, vol. II, trans. M. Croiset (Paris: Les Belles Lettres, 1965) §31, p. 54)《第二篇反腓力辞》英译第141页："我发誓，我要大胆地告诉你们整个的真相，一无所隐。"(Demosthenes, The Second Phillipic, in Demosthenes. Orations, vol. I, p. 141)

[2] 这里是对福柯的原话意义的重构，也就是对福柯的原话作了调整。福柯的原话是："……不仅他恰好说了真话，或者不情不愿地说了真话，而且他必须按照他的所思所想将真话说出来。"

之上；由此他被绑定到真理之上，也被真理所绑定。但是这还不够。因为毕竟一位教师、一位语法学家或者一位几何学者，也可能说些关于他们所教授的语法或者几何学的真的东西，这是他们所相信的，也是他们所想的一种真理。但是我们不能称其为"直言"。当几何学者或者语法学家教授他们所相信的真理的时候，我们不会把他们说成是"直言者"。因为要践行"直言"，你们会记得——我去年对此作了强调——主体必须在叙说他表述为自己的意见、自己的思想、自己的信条的这一真理时，冒某种类型的风险；这一风险与他和其说话对象的关系有关。因为要践行"直言"，要说出真理，他必须开启、造成和直面冒犯他人、使他人烦躁、激怒他人，刺激他人甚至诉诸极端暴力行为的危险。所以真理遭受到暴力的危险。例如，在《第一篇反腓力辞》中，在说到他在进行（坦率的）"直言"（meta parrhēsias）后，狄摩西尼补充说，我清楚地意识到，通过运用这种坦率，我不知道我刚才说的事情，会对我造成什么样的后果[1]。

简言之，"直言"也就是说真话的行为要求：首先，在

---

[1] 狄摩西尼在《第一篇反腓力辞》中说："实际上，我不知道我的的倡议，对我会造成什么样的后果。"（*Première Philippique*, §51, p. 49）；英译为："我的倡议对我自己会有什么样的后果，还在未定之天。"（*First Philippic*, p. 99.）

说出的真相和说出真相者的思想之间,有着根本性的联系;其次,这对两个对话者(言说真相的人和这一真相被告知的人)的关系构成一种挑战。因此就有了"直言"的这一新特点:"直言"与某种形式的勇气有关,其最低限度的形式,是"直言者"冒着打破和结束与他者的关系的危险,这一与他者的关系恰恰使得"直言者"的言说得以可能。在某种意义上,"直言者"总是冒着损害与他者的关系的危险,而那种关系是"直言者"的话语得以可能的条件。比如,这在作为精神指引的"直言"中体现得相当明显;在精神指引中,只有当存在友谊时,"直言"才可以存在;在这种精神指引中的真话的运用,恰恰会有使这种真话得以可能的友谊关系,变得成问题和破裂的危险。

但是在一些情况下,这种勇气或许也会采取一种最高的形式:当一个人不得不接受这一事实,如果要说真话,不仅他与交谈者的个人友好关系变得成问题,而且他甚至可能要付出生命的代价。当柏拉图去见大狄奥尼西奥斯[1]——这

---

[1] 大狄奥尼西奥斯(Dionysius the Elder,前432年—前367年),或称狄奥尼西奥斯一世(Dionysius I of Syracuse),古希腊西西里岛叙拉古的僭主(公元前405年至公元前367年在位),他进行三次战争,把迦太基人逐出西西里,使叙拉古成为古希腊西部最强大的城邦和重要的经济中心。后因民怨沸腾而为迦太基所败,在动荡不安中死去。——译注

件事被普鲁塔克所重述[1]——他说的真话如此冒犯了这位暴君,以至于大狄奥尼西奥斯打算杀掉柏拉图,当然实际上他并没有实施这个计划。但是柏拉图从根本上来说,是知道和接受这一风险的[2]。"直言"因此不仅将说话人和说话人讲真话的对象之间的关系置于险境,而且甚至可能将说话人的生命置于险地,至少如果权势在说话者之上的言说对象不能够忍受被告知真相的话。在《尼各马可伦理学》中,当亚里士多德将他称之为"megalopsukhia"(灵魂之伟大)的东西和"直言"的实践相联系的时候,他强调的是"直言"和勇气之间的关系[3]。

"直言"唯有——这是我要简短回顾的最后一个特点——可以在被称为"直言游戏"(parrhesiastic game)的东西之中被组织、发展和稳定。因为一方面,如果"直言

---

[1] 事见普鲁塔克《狄翁传》;亦见柏拉图的第 7 封信,载《柏拉图全集》第 4 卷,王晓朝译,人民出版社 2003 年版,第 78 – 108 页。——译注
[2] 关于这一故事和福柯从"直言"角度对此进行的分析,见福柯于 1983 年 1 月 12 日在法兰西学院的讲演(第 1 个小时),载其《对自我和他人的治理》(Le Gouvernement de soi et des autres, pp. 47- 52; The Government of Self and Others, pp. 47- 52)。
[3] 亚里士多德在《尼各马可伦理学》第四卷中写道:"他也必须公开地表示自己的爱憎(因为掩饰自己的情感是怯懦的标志);他必须更注重真理而不是人们的所思所想,他必须公开地言说和行动;因为心存蔑视,他放言不羁;他热衷于说真话,除了当他向庸众语带讥讽地说话的时候。" See Aristotle, *Nicomachean Ethics*, trans. W.D. Ross, revised by J.O. Urmson, Book IV, 1124b,26-29, in *The Complete Works of Aristotle*. The Revised Oxford Translation, Vol. 2, ed. Jonathan Barnes (Princeton: Princeton University Press, 1984) p. 1775.

者"是通过不顾及任何其他考虑地说真话,说出全部的真相,而使得其与他者的关系变得成问题,甚至使自己的生命置于险境之人的话,那么另一方面,被告知真话的人——不管是正在斟酌采取最佳选择的公民大会中的人民,或是必须对其进行建言的君主、僭主或国王,还是被指引的朋友——如果他要扮演对他说真话的"直言者"所希望他扮演的角色的话,这种人(人民、国王、朋友)必须接受真相,而不管它对公民大会所普遍接受的观点有多大损害,对君主的激情或利益有多大损害,或者对个体的无知或盲目性有多大触动。人民、君主和个体必须接受这种"直言游戏";他们必须自己进行这种游戏,而且必须认识到,他们不得不倾听冒险对他们讲真话的人。因此,真正的"直言游戏"将建立在这样一个协议的基础上:如果"直言者"不顾任何事情,通过讲真话展示了他的勇气,那么这种"直言"所针对的人,必须通过接受被讲出的真话,来展示自己灵魂的伟大。冒险讲真话者和同意倾听真话者之间的这种协议,存在于可被称为"直言游戏"的东西的核心之处。

故简言之,"直言"是指言说的人身上所具有的真理的勇气,是不顾一切,冒险说出他所认定的全部真相的人身上的真理勇气,但是,它也是同意接受其所听到的伤害性真相之对话者的勇气。

因此你可以看到,"直言"的实践是如何地在每一个方面都与修辞艺术相反。简言之,我们可以说,就像其在古代被界定和被实践的那样,修辞基本上是一种关于事物被言说方式的技术,但无论如何,修辞不能够决定说话者和他所说的东西之间的关系。修辞是一种艺术、一种技术、一套能够使得说话人说出可能根本不是他所想的话的程式,但是这套程式可以达成这样的效果,就是能产生说服力,诱导某些行为,或者给[说话所针对的]人[1]灌输某些信条。换句话说,修辞并不包含任何说话人和他所陈述的东西之间的信念连接。好的雄辩家、好的修辞学者是这样的一种人:他可能说得很好,他能完美地言说一些与他所知、所信、所想完全不同的东西,但是因为他能够以这样的方式言说,结果,他所言说的——不是他所信、所想,或所知的东西——变成他所言说的对象去想、去信的东西,变成他的说话对象认为他们知道的东西。在修辞中,说话人和他所言说的东西之间的联系断裂了,但是修辞的效果却是在所说的东西和这种言说所针对的人或人群之间,建立起一种有约束性的连接。你们

---

[1] 福柯在这里口误成"说话人"(the person who speaks),按照上下文,应为"说话所针对的人"(the person to whom he speaks)。

可以看到，从这一角度来说，修辞正好是"直言"的反面。"直言"则与之不同，它使得在说话人和他所言说的东西之间建立一种强烈的、显在的、清楚的基础成为必要，因为他必须公开地表达自己的思想，而且你可以看到，在"直言"中，不存在言说与言说人所想的东西不同的情况。因此"直言"在说话人和他所说的东西之间建立了一种强烈的、必要的和建构性的连接，但是"直言"冒着破坏在说话人和他所言说对象之间的连接的危险。因为毕竟，言说人所交谈的对象不欢迎言说人所说的东西，这种情况总是可能的。言说对象可能对言说人所说的东西感到冒犯，他可能对此加以拒绝，甚至惩罚或者报复对他讲真话的人。因此，修辞并不以说话人和他所说的东西之间的任何连接为条件，而是以在所说的东西和言说所针对的对象之间，建立起一种约束性的连接、一种权力连接为目标。另一方面，"直言"则包含着在说话人和他所说的东西之间的一种强烈和建构性的连接。通过真话的效果，通过真话的伤害性，"直言"展现了打破说话人和说话所针对对象之间的连接的可能性。简言之，我们说雄辩家是，或者无论如何很可能是一个有效的约束他人的说谎者。"直言者"则相反，是真相的勇敢揭示者，通过说真话，他将自己，将自己与他者的关系置于险境。

这些大概都是我去年向你们谈到的。现在我要稍微换个角度，我要毫不迟疑地指出，我们不应该认为"直言"是一种明确的、与修辞形成抗衡和对称关系的技术。我们不应该认为在古代，面对职业的、作为一种技术专家的雄辩家，面对作为一种技术的、需要作专门训练的修辞术，存在着[相对应的]"直言者"，存在着"直言"，它也会是……[1]

"直言者"并不是一种职业。"直言"归根结底是不同于技术或技巧的东西，尽管它有技术性的层面。"直言"不是一种技巧；它是难以被界定的东西。它是一种立场，一种近于德性、近于一种行动模式的生存方式。"直言"涉及行动方式、涉及为了达到一种目的而采取的手段，从这个方面来说，"直言"当然与技术有关，但是它也扮演了一种角色，一种对城邦和个人有用、有价值和必不可少的角色。"直言"应当被视为一种说真话的形式，而不是一种像修辞那样的技术。为了对此进行更好的界定，我们可以将"直言"与在古代发现的其他基本的说真话的形式相比照，这些其他的说真话的形式，无疑也以变动的、不同的外观和形式，存在于其他的社会，如同存在于我们自己的社会一样。

---

[1] 这里福柯被一台录音机里传出的流行音乐所打断。我们听到一名听众跑去弄机器。福柯就此说："我想你们搞错了。起码是迈克尔·杰克逊？太糟糕了。"

关于这些东西，我们基于古代社会给予我们的明确认识，或许可以界定四种基本的说真话的形式[1]。

首先是以预言的形式说真话。我不想在这里分析预言家所说的东西的内容（可以说是预言家所言说的东西的种种结构），而是想分析预言家将自己建构为，也为其他人承认为说真话的主体的方式。很明显，预言家和"直言者"一样，都是说真话的人。但是我想，从根本上赋予预言家的说真话、预言家的真言以特点的，是预言家展现的一种中介（mediation）的姿态。从定义来说，预言家并不以自己的名义说话。他是为其他声音代言的；他的嘴巴，作为一种中介，是为在其他地方说话的声音服务的。预言家通常传布神祇的言辞。他所吐露和表达的话语不是他自己的。他将来自他处的真理讲给人们。在另外一个意义上，预言家的立场是中介性的，因为他处在当下与未来之间。预言家之中介性立场的第二个特点，是他揭示了时间向人们所隐藏的东西，揭示了没有他，人类的眼睛不可以看到的东西，人类的耳朵不可以听到的东西。预言性的讲真话也是中介性的，这是因为，预言家当然以某种方式揭示、表明，或者烛照人所不见

---

[1] 福柯刚介绍了作为一种"说真话的模式"的"直言"，福柯接下来要讨论其他三种"讲真话的模式"。

的东西，但以另外一种方式，或者毋宁说同时，预言家进行的是有所隐匿的揭示；以谜的形式来包裹他所说的，这就是预言家揭示的方式。因此预言基本上从不给出任何单义的、明确的指令。预言从不直截了当地说出纯粹的、明了的真相。甚至当预言家说出了应当怎么办的时候，人们依然要问是否自己真的理解了，是否自己不再那么盲目；人们依然必须要质疑、犹豫和阐释。

现在，正是在这每一个方面，"直言"与预言式说真话的这些不同特点，形成了鲜明的对照。你们由此可以看到，"直言者"是预言家的反面，因为预言家并不代表自己说话，而是以别人的名义说话，他发出的声音不是他自己的。相反，"直言者"从定义上来说，是以自己的名义说话的。关键的是，他表达的是他自己的意见、思想和信念。他必须对自己的话负责；这是他的坦率的代价。预言家并不必须坦率，甚至是他在说真话的时候。其二，"直言者"并不预告未来。当然，"直言者"展现和揭示人们的盲目性阻止他们看到的东西，但是他并不展露未来。他展露的是事物之所是（what is）。"直言者"并不帮助人们以某种方式超越人类之本体论结构中的某种界阈（threshold），也不帮助人们超越把他们与其未来分离开来的时间之本体论结构中的某种界阈。"直言者"帮助人们克服他们的盲目性，关于他们是什么的，关于他们自身的盲目性，所以，人们的这种盲目性不是源于一种本体论的结构，而是源于一些道德过失、精神涣散，或者缺乏纪律，是疏忽大意、懈怠或者软弱的结果。正是在人类及其由于疏忽大意、自满自得、软弱和道德放松而导致的盲目性之间的这种相互作用下，"直言者"扮演起自己的角色，就像你们看到的那样，这因而是一种与预言家所扮演的很不同的揭示性角色；对预言家来说，他站立的位置是人类的有限性和时间的结构之连接点。第三，再次从定义上来说，"直言者"不像预言家，并不以谜的方式说话。相反，他尽可能清楚和直接地说话，不作任何伪装或者修辞学的装饰，因此他的言辞可能被直接地给予其规定性的价值。"直言者"不给阐释留下任何余地。当然，"直言者"留下了一些有待去做的事情：他给他的言说对象留下了一个困难的任务：去勇敢地接受、承认这种真理，将其变成自己的一个行为准则。"直言者"留下了这一道德任务，但是，与预言家不同，他并不留下困难的阐释任务。

其次，我想我们也可以将直言式的讲真话与另外一种讲真话的模式相比照。这后一种模式在古代非常重要；对于古代哲学而言，毫无疑问，这甚至比预言性的说真话更加重要。正如你们知道的，不同于我们刚才一直在谈论的预言家，贤哲（the sage）用他自己的名义说话。即便这种智慧或许是为一位神祇所启发，或者是为一种传统、为一种有点秘传性质的教谕传递给他的，贤哲仍然存在于他说言说的，存在于他的讲真话里面。他所表达的智慧真的是他自己的智慧。贤哲在他所言说的东西之中展现着他的智慧模式，在那种程度上，尽管他在永恒的、传统的智慧和他所言说的对象人之间，起到了某种中介的作用，但不像预言家，他并不仅仅是一个代言人。他自己是睿智的，是一位贤哲；其作为个人存在方式的智慧模式，使得他有资格成为一位贤哲，使得他有资格言说智慧之语。在那种程度上，就其在睿智话语中存在，及在睿智话语中显示其智慧模式而言，比接近预言家而言，他更接近"直言者"。但是贤哲将他们的智慧保持在一种本质上是隐退（withdrawal）的，或者至少是缄默的状态——这赋予了他特点，至少通过我们在古代文献中能够发现的一些特征。基本上，贤哲的睿智是自在的，也是自为的，不需要说出来。他没有被迫言说，没有什么东西强迫他与人分享他的智慧，讲授他的智慧，或者展示他的智慧。这解释了或许可以被称为其结构性沉默的东西。如果他开口说话，仅仅是因为他被某个人的问题所吸引，或者是被城邦的紧急情势所吸引。这也就解释了为什么他的回答——在这方面他从而或许很像预言家,而且经常模仿预言家和像预言家那样说话——可能很高深莫测,使得他的听话人,不知道或者不确定他实际说了什么。智慧型的讲真话的另外一个特点,是智慧言说了当下"所是的东西"(what is),这与预言不同,预言言说的是"将是的东西"(what will be)。贤哲言说"所是的东西",这就是说,他述说的是世界的存在,是事物的存在。如果说,这种对世界的存在和事物的存在的真理进行言说有着规定性的价值的话,它不会是以与一个时机相联系的建议的形式,而是会以一个普遍的行为原则的形式。

贤哲的这些特点可以在第欧根尼·拉尔修(Diogenes Laertius)描绘赫拉克利特的文本中被读到,被重新发现;这是一种晚出的文本,但是是各种信息最为丰富的文本之一。首先,赫拉克利特本质上过着一种隐退的生活。他生活在沉默之中。第欧根尼·拉尔修回顾了赫拉克利特和以弗所人(Ephesians)之间的关系破裂的时刻,以及发生这种破裂的原因。以弗所人(Ephesians)放逐了他的朋友赫尔谟德鲁斯(Hermodorus),恰恰是因为赫尔谟德鲁斯是睿智的,比这些以弗所人都优秀。而以弗所人说,我们希望

"我们之中没有人比我们更优秀。"[1]如果有比我们更优秀的人，就让他去别的地方居住。以弗所人恰恰不能容忍说真话的、更优秀的人。他们赶走了"直言者"，他们赶走了赫尔谟德鲁斯，赫尔谟德鲁斯被迫离开，被迫流亡，以弗所人就是这样惩罚能说真话的人的。就赫拉克利特本人而言，他以自愿的隐退来回应这一局面。既然以弗所人以流亡来惩罚他们之中最优秀的人，那么，赫拉克利特说，其他所有比不上赫尔谟德鲁斯的人，就应该被处死了。既然他们没有被处死，那我会是那个要离开的人。从那以后，当被问到为城邦提供律法，赫拉克利特拒绝了。因为他说，这个城邦已经被一种*ponéra politeia*（坏的政治生活模式）所统治。所以他退隐了，他退隐后的一个著名形象，就是与孩子们玩跖骨接子游戏。对于那些对他和孩子们玩跖骨接子游戏表示生气的人，赫拉克利特回答说："为什么你那么奇怪呢，无赖？难道这不比和你一起治理城邦更

---

[1] 见第欧根尼·拉尔修《名哲言行录》之《赫拉克利特》一章。"Heraclitus" in Diogène Laërce, *Vie, doctrines et sentences des philosophes illustres,* vol. II, ed. and trans. R. Genaille (Paris: Garnier-Flammarion, 1965), p. 163; and Diogène Laërce, *Vie et doctrines des philosophes illustres,* ed. and trans. M. O. Goulet Cazé (Paris: Le Livre de poche, 1999) Book IX, §2, p. 1048; R.D. Hicks 的英译作："在我们之中，不会有比我们优秀的人。"("Heraclitus" in Diogenes Laertius, *Lives of Eminent Philosophers,* Vol. II, Book IX [Cambridge, Mass.: Harvard University Press, Loeb Classical Library, 1925] p. 411.）

加值当吗[met'humōn politeuesthai：意为"比和你一起从事政治生活"；米歇尔·福柯]？[1]他退隐山林，蔑视人类（misanthropōn）[2]。当问到为什么保持沉默，他回答说："正因为我保持沉默，你才可能喋喋不休。"[3]第欧根尼·拉尔修讲到，在这种隐退生活之中，赫拉克利特故意以晦涩的语言写下了他的《诗篇》，这样，只有那些有才能的人才可以阅读他的作品，也正是这样，他，赫拉克利特，才不会因作品被三教九流的所有人阅读而被鄙视[4]。

"直言者"的形象和特点，与贤哲的这一角色，以及对贤哲的这一特性描绘，形成了鲜明的对照；贤哲基本上保持沉默，仅仅在他真地想言说的时候才言说，而且仅仅以谜的形式言说。"直言者"本质上不是保持沉默的人。相反，言说是他的本分、责任、义务和职责。他无权逃避这一职责。我们正好在苏格拉底那里看到这一点。在《申辩篇》

---

[1] R.D. Hicks 的英译作："为什么你会感到吃惊呢，无赖？难道这样做不比参与你的市民生活更好吗？"（"Heraclitus" in Diogenes Laertius, *Lives of Eminent Philosophers*, Vol. II, Book IX [Cambridge, Mass.: Harvard University Press, Loeb Classical Library, 1925] p. 411.）

[2] 第欧根尼·拉尔修《名哲言行录》: Diogenes Laertius, *Lives of Eminent Philosophers*, Vol. II, Book IX (Cambridge, Mass.: Harvard University Press, Loeb Classical Library, 1925) p. 411.

[3] *Ibid.*, Fr. p. 165 (Goulet-Cazé trans. IX, 12, p. 1050); R.D. Hicks 的英译作："当问到为什么他保持沉默的时候，他回答说：'为什么？就是为了让你喋喋不休。'"（Eng. p. 419）

[4] *Ibid.*, Fr. p. 165 (Goulet-Cazé trans. IX, 6, p. 1050); Eng. p. 413.*Ibid.*, Fr. p. 165 (Goulet-Cazé trans. IX, 6, p. 1050); Eng. p. 413.

中，苏格拉底频繁地记起，神祇给了他这一职责来劝阻人们，将他们带到一边，对他们进行提问。而他将永远不会放弃这一职责。甚至在死亡的威胁面前，他也会践行自己的职责，直到生命的最后一刻[1]。贤哲总是保持沉默，只是有节制地、尽可能少地回应可能被问到的问题，而"直言者"是无节制的、永远的、令人难以忍受的质询者。第二，在一种本质上沉默的背景下，贤哲是以谜的形式来言说的人，而"直言者"必须言说，必须尽可能清楚地言说。最后，贤哲言说"所是的东西"（what is），但是以事物和世界之存在的形式来言说的，而"直言者"进行干预，言说"所是的东西"，但是是按照个体、情势和时机的独异性（singularity）来言说的；其具体的角色是不去言说自然和事物的存在。在对"直言"的分析之中，我们将不断地发现下面这一对立：一方面是谈论事物和世界存在的无用知识，另一方面是"直言者"的说真话，它总是被运用到个体和情势，总是质询和指向个体和情势，旨在言说它们实际所是的样子，旨在向个体说出关于他们自己，可是他们自己的眼睛

---

[1] 见柏拉图《申辩篇》（Platon, *Apologie de Socrate*, 30b, trans. M. Croiset (Paris: Les Belles Lettres, 1970) p. 157; English translation by Hugh Tredennick, *Socrates' Defence (Apology)*, in Plato, *The Collected Dialogues*, eds. Edith Hamilton and Huntington Cairns (Princeton: Princeton University Press, 1961) p. 16 ）。

看不到的真相,旨在向他们揭示他们当下的情势、他们的特性、弱点、他们行为的价值,以及他们的选择之可能的后果。"直言者"并不向其对话者揭示所是的东西;他向对话者揭示,或者帮助对话者认识自己是什么人。

最后,可以与"直言者"的说真话相比照的第三种说真话的形式,是教授、技术专家[和教师]的说真话。预言家、贤哲,以及授业者[1],[这就是"直言者"之外的三种说真话的人]。

(蒋洪生　译)

---

[1] 在这里,福柯说:"因为你们中的一些人有点听累了,而另外一些人由于没有听到而有点累了;一些人坐累了,而另外一些人站累了;而我自己无论如何有点讲累了。这样,如果你们愿意,我们将休息5到10分钟,然后我们很快再开始,好吗?我将力争在11点1刻结束。谢谢你们。"

"我想知道这关涉到什么"：
福柯的最后一次访谈

编者按

2014年6月20号,法国《解放报》刊发了福柯生前所做的最后一次访谈,作为对福柯逝世30周年的纪念。访谈的时间是1984年5月29日,由安德烈·斯卡拉和吉尔·巴比代特完成。采访数天后福柯即住院治疗,于6月25日去世。访谈摘要收入《谈话与写作》(*Dits et Ecrits*),《新文学杂志》(*les Nouvelles littéraires*)也曾出版访谈部分内容。(【...】表示录音残破)

问：是不是可以说，在《快感的享用》中您才第一次肯定了我们在您此前的著作中只能在字里行间读到的东西？

福柯：很多暗含的事情都会因为提问的方式变得无法解释清楚。我认为我一直在尝试确定三种类型的问题：真理，权力以及个体行为。在我看来，它们是经验的三个领域，而且我们只能通过它们彼此的关系缺一不可地去理解这三个领域。这正是在以前的书中困扰我的东西。在我看来（在《快感的享用》和此前的著作之间）存在着某种一致性，并且我们也不需要为了给自己辩护求助于那些略带有修辞性的方法，凭借后者，我们能够接近经验的这三种基本领域。

问：如何使风格成为一个重大的哲学问题而不是美学问题呢？

福柯：事实上我认为风格问题在我的经验中占据绝对的核心地位：行动风格，与其他事物关系中的风格……古典时期也一直追问有无可能定义一种共同风格，更进一步，如果这种风格存在，能否得出一种新的主体本身的定义。在我印象中古典时期实际上并没有描述这个问题，直到公元二三世纪罗马帝国时期，人们才开始定义风格的道德统一体——一种定义人的内心推测和内在举止的道德。【……】我对风格的用法大部分是从彼得·布朗（Peter Brown）那里借用来的，不过现在我要说，这种风格和彼得·布朗所说的没什么关系，对我来说这是一个简单明确的事实，由此，我说的那些蠢话只能归咎于我，不能归咎于布朗（笑）。我觉得风格观念在古代道德中非常重要；我总是说古代道德的坏话，现在尝试说下它的好话：古代道德中存在若干对理解过去来说非常重要的东西。首先，因为这种道德仅仅指向极少数个体，它完全不是那种指向所有人并让所有人都遵循同样规范的道德，相反，它只涉及一小部分人，甚至只涉及男人中的一小部分，乃至只跟希腊城邦内部的一些新人有关。然后，当我们追溯这种道德的历史时，有趣的是它开始一点点地培育某些价值，后者开始关涉到数量庞大的群体。举例来说，在塞涅卡或马克·奥勒留的时代，道德变得对所有人都有约束力。最后，即使它对所有人都有约束力，问题也从不在于使之成为所有人的义务，对任何人来说，这都是一个进行选择的问题。每个人都能分用这种道德并从中寻得首要的行为动机，但这仅是一种个人选择，以至即使在罗马帝国我们也很难知道谁在实践这种道德。在最早的一批斯多葛哲学家中，你会看到一种哲学构想，它在认识论、政治观和对个体行为的思考之间保持着完美的平衡，你会保持这三者的平衡，但从公元前三世纪到公元二世纪，人们逐渐不再关心普遍哲学的问题，他们开始探讨政治权利并对道德问题进行反思……

问：对希腊人来说，书写似乎是一种特别重要、享有特权的自我实践……

福柯：确实，自我的书写问题在自我的形成中绝对占据核心地位、非常重要。略过苏格拉底不谈，因为我们只能通过柏拉图来了解苏格拉底。我们可以举柏拉图为例。可以说，柏拉图并没有像倡导书写实践、记忆实践和从回忆出发自我还原的实践那样，造就自我实践。相反，他写了很多关于具体政治问题和形而上学的东西，而后者证明在柏拉图的论辩中就已存在自我关系。【…】不过，从公元1世纪起，你会发现数量繁多的文本，它们似乎都遵循着某种属于我们当前的书写典范，由此使书写成为自我关系的一种基本模式。很多作者写下信件、文书，给他们的学生留下忠告和建议。很可能，他们教导年轻人要像面对长者留下的戒条般自持。之后，并且只是在此后，人们教年轻人提出问题，形成自己的意见，并且是以戒条——最终是以说教（didactique）的方式形成自己的意见。对此我们有充分的证据，在塞涅卡、爱比克泰德和马可·奥勒留的不同文本中我们都能发现这一点。因此，我并不主张说古代道德在其历史发展中始终都是一种自我关注的道德，相反，它只在某一特定时刻才开始提倡自我关注。基督教在这一时刻引入的颠倒错乱或者说修正同样有很大影响，因为它组织的忏悔机制覆盖的范围非常广，它要求我们关注自身并向他者讲述自身，而这并不需要书写。【…】19世纪的基督教刊物与我们能在四世纪或五世纪发现的基督教文本截然不同。它们回应的不是同样的问题。它们的认识对象不同，处理的也不是同一种类型的问题。

问：那么，圣奥古斯丁的《忏悔录》情况又是如何？

福柯：确实，《忏悔录》非常奇特。彼得·布朗曾就此写过一本书【…】。我们应该记住，圣奥古斯丁是按照其4世纪末5世纪初的样貌来接受基督教的，而事实上那时候西方基督教还不存在。说到底，这个时候只有基督徒却没有基督教文化，而只有在这种意义上才能说基督教存在。要记住，圣奥古斯丁最终【…】在字面意义上建立了如其所是的基督教，十六七世纪在法国创立的基督教正是奥古斯丁的基督教。

问：在《词与物》中，你曾就文学是什么提出问题。您写道："这种语言，它什么也没有讲述却永远无法沉默，它被称为文学，可是，它究竟是什么呢？"文学不也是自我的一种形式、一种自我技术吗？

福柯：是的，我认为书写曾在某一特定时间，在15、16世纪之间以及19世纪扮演过这个角色，不过文学正迅速地丧失作为自我意识形式的角色。

问：我们今天所谈的可被定义为自我文化的事物和您在著作中所说的毫不相关吗？

福柯：毫不相关，既是也不是。如果说的是在罗马或希腊的古代道德与当代道德之间对事情的发展做严格哲学意义上的把握，那么就没有任何共同之处。反过来，如果我们就其作为规诫、劝告，就其具有倾向性来理解这两种道德的话，我们就会意识到它们非常接近，并且，古代道德的劝告（conseils）与我们当前采纳的道德如果不能说相像，至少也很接近。正是在这里我们要突显两者的趋同和差异，并且，借助于同与异的游戏，展示古代道德留下的同样一些建议如何在当代道德风格中以另一种方式起作用。

问：同样，还有在性经验中的自我关系以及自我构成的问题……在古希腊不存在乐趣、激情的狂热、自我的丧失以及与陌生事物的关系等这些主题吗？

福柯：我认为，就您所说的这种经验，这种已被认识到的、强大的爱的激情经验来说，在公元前三或二世纪直到公元三世纪的希腊哲学文本中并没有已得到确证的爱情构想。

问：即使柏拉图的《斐德罗篇》中也没有？

福柯：我认为没有。现在，这或许会使我们偏离主题，不过我认为在《斐德罗篇》中，紧随爱欲体验你会拥有一种经验，它因发现自身的终点而结束，这也就是说，经验。（《斐德罗篇》中的人物）置自身所处时代那些司空见惯、恒久不变的实践于不顾以便获得一种知识，这种知识一方面使他们可以彼此相爱，另一方面就法律和公民职责来说，可以使他们拥有一种与个体行为方式一致的态度。我不认为（在古希腊）有（如你所说的）那种经验。我们要到比如说奥维德那里才能发现它。对，正是在奥维德那里……才有这种可能性，才有某种经验的开启，其中个体可以说完全丧失了头脑。他忘了自己是谁，忘了自己的身份。他的爱情经验犹如永恒的自我遗忘。不过，我认为这种爱情经验与四世纪柏拉图或亚里士多德那里的爱情经验完全不同。

问：关于希腊人，海德格尔曾说过哲学家完全不是爱知识的人，相反，他们是知爱（s'y connaissent en amour）的人……这是在哪种意义上说的呢？

福柯：是的，确实。哲学家是认识、懂得爱的人。不过在确认这一点之后，我并不认为，在如我们所知的（公元四世纪柏拉图的话语中体现的）希腊哲学经验中有人将爱的体验置于知识经验之外。

问：能不能说重读希腊著作总是思想断裂的症候？这不是一种回返根源的意志吗？

福柯：我认为，在不断出现的重读希腊著作的运动中，当然存在着某种乡愁，某种找回原初思想形式并在基督教现象之外构想希腊事物的尝试。这具有不同的形式。首先在16世纪，人们试图穿越基督教并在保留基督教的条件下，发现某种已经是希腊—基督教式的哲学形式。人们也试图在基督教之外找回希腊思想本身，这正是黑格尔所做的事情，在尼采那里我们也能发现这一点。在我看来，当前重新思考希腊人的尝试根本不在于将希腊道德作为有代表性的道德领域凸显出来并促使我们反思，相反，问题在于再次开启希腊思想，以使后者同时成为给定的经验，并且相对于它，使我们获得完全的自由。

问：谈到自己的工作时您曾说，"我已经发生了改变"，"我做的并不是我曾宣称自己要做的"。在这一点上您是否不太慎重呢？或者，您认为对知识分子和研究者来说事情已经发生了变化，而我们应该采取一些预防措施……

福柯：从写下《性史》的第一卷到现在已经七八年了，我还是非常愿意继续写下去，继续从差不多16世纪开始的关于性经验的历史研究【…】我已经完成了部分工作。不过在这一过程中我意识到工作止步不前，因为出现了很多重要问题，尤其是关于性的道德经验问题。正是在这里我发现，"我想知道这关涉到什么。"（Je veux savoir de quoi il s'agit.）这促使我放下关于16和17世纪的工作并开始追溯。首先我追溯到大约五世纪，四世纪末五世纪，并且发现了我认为从这一时刻开始的基督教经验【…】。之后，我开始检视在此之前出现的事物【…】这使我转向对四世纪到五世纪性的研究。研究已经了持续三年。因此，就有必要解释为什么相对一开始，我完全改变了自己的研究计划。你问道这是不是因为我的不小心，或者是出于一种被掩盖的、临近结束时才显示出来的隐秘欲望。对此我也不是很清楚。我承认我甚至不想弄清楚。此刻我的感受就是这样。毫无疑问，只有在重新思考古典时代发生的事情，以便展示性的世界是如何被接受、被操控以及不断地被修改之后，我才能恰如其分地书写性经验史【…】。就实际情况来说，我不可能很好地研究19世纪。我还可以研究17、18世纪的性经验史，不过，从19世纪开始，这会占据我大量时间。反过来，我觉得在对古典时期的研究中，我更能得到乐趣。

（胡新宇　译）